没有不散的筵席

顾维钧夫人回忆录

黄蕙兰 著

中国文史出版社

图书在版编目（CIP）数据

没有不散的筵席：顾维钧夫人回忆录 / 黄蕙兰著.
-- 北京：中国文史出版社, 2018.5
ISBN 978-7-5205-0264-1

Ⅰ. ①没… Ⅱ. ①黄… Ⅲ. ①顾维钧（1888—1985）
—回忆录 Ⅳ. ①K827=7

中国版本图书馆CIP数据核字(2018)第097303号

责任编辑： 戴小璇
封面设计： 陈欣欣

出版发行： 中国文史出版社
社　　址： 北京市海淀区西八里庄路69号　**邮编：** 100042
电　　话： 010-81136606 81136602 81136603（发行部）
传　　真： 010-81136655
印　　装： 廊坊市海涛印刷有限公司
经　　销： 全国新华书店
开　　本： 1/16
印　　张： 17.75　**字　数：** 262千字
版　　次： 2018年10月北京第1版
印　　次： 2025年7月第8次印刷
定　　价： 49.00元

黄蕙兰（顾维钧夫人）

这是1923年父亲和我及裕昌一起在新加坡的时候，我怀着福昌大约三个月，那时爸爸约55岁，一如既往穿着洁白无瑕的衣服。

我和我的孩子们，左边是福昌，右边是裕昌。

黄蕙兰在中国驻美使馆“双橡园”留影。

1929年在北京与墨索里尼的女儿艾达·齐亚诺在一起。她丈夫是意大利派驻中国政府的外交使节。

在华盛顿和母亲在一起，时在 1947 年她去世前不久。

这张照片是1938年在巴黎大使馆内拍摄的，顾维钧和我与使馆人员的妻子们为一次慈善活动盛装准备。

蒋夫人、顾维钧和我在华盛顿出席一慈善事业的聚会。

1944年英国玛丽王太后由她的侍女、侍从官陪同首次访问伦敦中国大使馆茶叙。二儿子福昌后立，即将参军。

1944年伊丽莎白王后（后来是王太后）出席红十字会慈善募捐的花园招待会。后立者为爱德薇娜·蒙巴顿，红十字会领导人。

译序

本书是黄蕙兰女士（已故著名职业外交家顾维钧前夫人）于20世纪70年代，近80岁的高龄，在美国女作家伊莎蓓拉·泰弗斯（Lsabella Taves）协助下用英文写成的一部自述。黄女士是爪哇华侨首富“糖王”黄仲涵（奕柱）嫡室所生的爱女。其母中年与黄氏分居，常住欧洲，晚年旅美。蕙兰幼年生长在爪哇，曾随父母到过上海、北京，青少年时期随其母、姊住在欧洲。她一直过着富室豪门掌上明珠的生活，接受其家庭和社会教养，娴习多种语言，形成了独自的性格。1920年，她在巴黎与当时已崭露头角的青年外交家顾维钧相识。顾氏适在新鳏，两人一见钟情，不久就在欧洲结婚。黄蕙兰自此成为贵夫人，挟慈父之多金，依贵婿之显要，生活豪纵，非同一般。

正如作者在第一章中所说：“在我与顾维钧结婚后的岁月里，他出任中国驻法国、英国和美国的大使。我生活在令人兴奋的时代和人们中间。不过这不是一本谈政治的书，这是一个女人身世的故事。”

本书共24章，前9章描述黄氏家族的发迹和富豪生活，其祖父（黄志信）及父亲的生平及家庭中的矛盾（据说她父亲娶过18个姨太太），也触及了生活于荷属东印度殖民地的华人所受到的歧视，虽为首富，也难尽免（黄仲涵晚年不得不逊居新加坡）。第10章以后主要记述她与顾氏婚后在英国（顾任公使）、在北京（顾任北洋政府外交总长和内阁总理）、在巴黎和伦敦（顾任驻法、驻英大使），直到20世纪50年代在华盛顿（顾任国民党政权驻美大使）这30多年的生活。她以类似意识流的跳跃笔法，写出了军阀官僚和外交界上层社会人士的骄奢生活、杂事秘辛；写出了她对顾维钧外交事业的支持和帮助；写出了她的家人近戚的离合悲欢；以及她和顾维钧夫妻间感情的和谐与隔阂，波折与破裂。文笔细腻、坦率，富于感情色彩。最后描绘了她老年独居的情景和她的人生哲学，从绚烂归于恬淡。

作者虽说不谈政治，文字中自有她鲜明的立场，请读者鉴别。她又自称相信鬼神灵异，书中有不少记述她“亲见”或听到的一些她认为是神奇的事情，娓娓而谈，事涉荒诞，有如前人志异笔记。译者姑译之，但并不以为然，读者幸留意为是。

本书已绝版，承顾菊珍女士贻以原著，并对若干人名关系加以指点，至为感谢。译文部分章节并承何林荣、王俊文、刘钟兰诸同志读校，并此致谢。原作中对某些重要事件偶有误记，译者就所知间作译注。唯是才识疏陋，错误难免，尚祈读者不吝指正。

天津编译中心

1988年5月

目录 — contents

一

我的闺名是蕙兰

中国有一句老话："人不能抬自己的轿子。"换句话说，就是切勿自吹自擂。在我们中国，有钱有势的人与同等地位的人说话时自称"鄙人"。我的父亲是东南亚最富有和最有权力的人。他在同等地位的人中，自称"鄙人"，而他们称我，一个小女孩，为"千金"。

在我成长的时代，人们从不亲脸。西方妇女间和男女之间随便接吻的习惯现在已为东方所采纳，但在我那个时候，只有母亲抚摸和吻她们的婴儿。这样做的习惯是因为母爱十分强烈，但是到孩子们三四岁时挚爱孩子的母亲也要克制自己。我父亲回家时，给我一个礼节性的吻，这是钟爱的表示，因为我是他的娃娃，但是我到四五岁时，他也中断了这种习惯。

可笑吗？在西方生长的人也许认为守礼和拘束是可笑的。但对我来说，人们相互间细致周到的关系，敬重长者的智慧和尊严，构成一种美好的生活方式。今天我很满足，因为我是在我儿孙辈仍然尊崇的道德标准下长大成人的。

我常站在我们府邸宽广的长廊上，等着看爸爸的马车飞驰过下面的山谷。当进口的澳大利亚骏马拉着车穿过我们的前门时，一名马来仆人立即迎出来，捧着一个银盆，其中放着一条花露水浸过的热毛巾。爸爸穿着一条洁白长裤和一件时髦西式白上衣，漂亮得引人注目。他先用香毛巾擦擦他的脸和手，然后下马车，走近我。就像芭蕾舞一样，一切动作都优美、协调，从不匆忙。

在我年轻时，礼节甚至不许人握手。我母亲要对她母亲或婆婆请安，长辈伸出右手表示还礼。我父亲去见他的父亲时，从来不敢在他父亲面前坐下，即使要谈上几个小时，也站着说话，吃饭时在他父亲让他坐下之前，他也不敢坐。轮到我爸爸当父亲时，他对他的儿子们也要求讲规矩。有一次我到新加坡去看爸爸时，我的一位异母兄弟宗孝从爪哇来向他请示买卖上的事。他们几个月未见面了，所以宗孝和他的妻子对爸爸磕头，那是正式的请安礼节。然后他的妻子小心谨慎地坐在一张竹椅上，但在整个长达两小时的谈话中宗孝一直站着。

当我们问对方名字时，我们有礼貌地说："请问尊姓大名？"我从童年到父母去世，对他们说话从不用"我"或"你"；我总以第三人称自称，就是说，用我的名字，蕙兰。他们对我说话也总用第三人称，"爸爸要"或"爸爸喜欢"或"妈妈认为你该洗澡了"。对姑姑或叔叔们，我们可以说"我"，但决不能用"你"。"姑姑要做什么？"这是不能改变的。对姐姐和平辈近亲，我们较直接地谈话，但对陌生人，我们仍按正式的礼貌用第三人称。对任何妨碍我们动作的人，我们要说"借光"。在我们社会里，当向主妇举杯时，总是用双手端起茶杯或酒杯，用一只手被认为没有礼貌。我始终保持这个习惯。有良好教养的中国人也不会像西方人那样，随手拿起一个枕头坐在上面。坐一个枕头不仅是无礼举动，而且还是一种侮辱，因为那是人脸靠着的地方。

我出生在爪哇，现在叫印度尼西亚。当时是在荷兰殖民统治之下。我的父母和祖父母是"华侨"。我在北京住过，但我大部分生活是在国外度过的。在伦敦、巴黎、华盛顿或纽约，使我接受了西方生活方式。即使如此，我的童年教养仍留下了不可磨灭的烙印。我能说六种语言，包括法语和英语，但我用华语思考。我对我的两只小狗——我老年时的孩子——用华语讲话，就像我对我的幼年儿孙们总是用华语讲话一样。这是一种非常精确的语言，对于教育儿童是十全十美的，它使小家伙们很快就理解了。我对礼节和规矩仍然有好感，我在年轻时学会这些，我一直珍惜至今。我按中国人的方式行事。当一个西方人解不开绳结时，他会不耐烦地拿剪子或刀子将它割开，而中国人就耐心地解，直到解开为止。

中国人有时——常常——被人误解，有什么奇怪呢！而且，我们既保守又自以为是，恐怕这些也常常使得外国人不易理解我们。这情况是在我们开始与西方进行贸易时形成的，那时洋船长们认为我们是落后的傻瓜，而我们把入侵者看作野蛮的番子。这种不同文化的人民之间的奇怪的误解仍在继续。

当我丈夫顾维钧任中国驻华盛顿大使时，蒋介石夫人常到美国来。蒋夫人是在美国受教育的，所以她在美国有很多朋友，而且她的英语和他们的一样流利还带有美国口音。她和我属于同代人。她在她丈夫的政府中处于第一夫人的地位，因而有其尊严和个人的小天地。

她来访时，出于礼貌，维钧将他在大使馆的套房让给她，而我则在她停留的期间，谨慎地退出一切活动。她不是一个苛求的客人，她喜欢简单的食物，而且能体贴别人，带来了自己的绸被单。但是她的作息时间很不规律，而且为她举行招待宴会以及和她想见的人约定时间花费我很多时间。我常常晚上睡不到几个小时，而我丈夫就睡得更少了。

大使馆是中国领土，她既是中国的第一夫人，我就将迎接客人的位置和我在餐桌上面对我丈夫的席位让给了她。我还注意关照仆人在她需要站着和很多人握手时，悄悄地递给她浸过花露水的热毛巾，因为在接待大量客人时，可能被手汗沾得黏黏糊糊。

有一次在她来美时，我们为她举行宴会，宴会的贵宾是当时美国副总统理查德·尼克松。宴会前一天，我接到克莱尔·布斯·卢斯的电话，说她刚到达华盛顿，听说我们举行宴会，希望能参加。我丈夫在北京任总理时，我就认识了当时在报界工作的亨利·卢斯；我们一直是朋友，直到他去世。我也很清楚，卢斯夫人是一位有影响的新闻记者，而且知道她和蒋夫人以前见过面。所以我不能拒绝，即使这意味着重新安排席位。对于一位普通主妇，临时的变动可能成为问题。至于我们，由于外交的礼节中会出现好多令人为难的问题，所以我们在发出请帖以前，安排席位时，总有可代替的方案。这次我设法重新安排了座位。在卢斯夫人到达时，一切都安排好了。当她经过接待行列时，出乎我意料，她没有和蒋夫人握手，而是伸过头去吻她的面颊。

在中国人看来，这种举动对一位处于蒋夫人这样地位的人，是非常冒失，没有礼貌的。我看得出来蒋夫人的态度有些僵。卢斯太太根本想不到出了什么差错。实际上，她愉快地度过整个宴会，几乎垄断了和蒋夫人的谈话。

在我与顾维钧结婚后的岁月里，他出任中国驻法国、英国和美国的大使。我生活在令人兴奋的时代和人们中间。不过这不是一本谈政治的书，这是一个女人身世的故事。我和顾维钧结婚时，一点也不懂政治。我们的婚姻不完全是中国传统式的，不是两个互不相识的人在神案前首次见面；他对照片中的我一见钟情，于是妈妈安排我到巴黎和他会面。我嫁他是顺从妈妈的愿望，而他娶我是因为他看到一张漂亮的面庞，此外就没有什么了。

我对外交礼仪也一无所知。但是作为一个外交家的妻子，我必须学会。而且，继承我爸爸的经营理论，当我着手处理一件事时，我的目标不仅是要做到，而且要做得出色。所以我做顾维钧夫人后成了他的半边天，这种事在那时的中国妇女界是罕见的。当然，宋氏姐妹中较年轻的两位，蒋夫人和孙逸仙夫人是例外。确实，我曾多次被摄入镜头和接受新闻记者的访问，致使很多人认为我是革新者查理・宋的三位著名女儿之一。

20世纪30年代，中国外交的真正问题是向四强——法、英、苏、美——证明中国应与它们并列为第五位。这一任务是艰巨的。满族贵族统治的清朝以腐败和落后著称；苏联，出于它自己的理由，不欢迎中国在它的后院崛起成为一个主要强国；而且中国人在很多西方政治家的心目中，就是苦力和歌女。

我的丈夫是新一代的外交家。他是一位有理想的知识分子，终生为保持中国的完整而奋斗。他才华横溢，在哥伦比亚大学求学七年中取得三个不同的学位，加上耶鲁大学的法律学位。并且他以一位能处理最复杂处境的聪明耐心的斡旋家——真正的外交家——著称。而我也有我的角色，我那奇怪的、或许是沾有欧化的生活使我能充分适应这个角色。

第二次世界大战前不久，在巴黎一次宴会上，我的舞伴，一位法国外交家，轻佻地对我说："我认为中国人是可爱的——个子矮小，弯着腰趿拉着脚走路，而妇女则用缠过的小脚蹒跚而行。"

我转向他："我丈夫像苦力一样趿拉着脚走路吗？我是不是一个缠足的小玩偶？"

他说："哦不，你与顾维钧和我们完全一样。"

当然，我们确实与众不同。

我们什么地方都去。我浑身珠光宝气，穿着名师设计的衣服，外披雪貂或紫貂长大衣。维钧的大礼服是英国裁缝缝制的。我们的汽车是由司机驾驶的罗尔斯-罗伊斯牌，是妈妈送的结婚礼物。由于妈妈的培养，我深谙欧洲社交的习俗，使我能够进入没有几个中国妇女能进入的社交圈子。我爱跳舞，开高速汽车，下大赌注，而且爸爸支持，从他那里源源而来的金钱就像我们参加的华贵舞会和招待会上的香槟酒一样绵绵不绝。外交家和重要人物为我作诗，试图与我调情。我记得在我们新婚后的一次欢迎会上我大声向我丈夫叫道："维钧，那个老头想知道中国话怎样说'我爱你'。"

但是渐渐地，我眼看着我们神话般的世界消失了。爸爸去世，日本人没收了我们在爪哇的财产；他们剩下的则由苏加诺占有了。我妈妈给我的那所在巴黎的房子先被德国人占据，后来又被法国人接管了。我在北京的豪华公馆和在中国的其他九所房子现在红色中国人手中。最后的一次打击是我的价值25万美元未保险的珠宝在纽约被盗。其余的，我的皮货和金银器皿（那是妈妈给我们的另一份结婚礼物，共36件餐具）都在伦敦和纽约的银行保险库里，现在我不再需要它们；我不再过那种生活了，它们将传给我的儿孙们。

我的孩子们见过一些我以前的生活，但我觉得他们对过去有些厌烦。

我的孙子女与他们的同代人，对过去更一无所知。因此，就是所有记得我的世界的人都去世以前，就在那个世界完全消失以前，我尽可能准确地将我的生平写下来。历史将判断我写的某些人的重要性；我只能告诉你们，他们作为普通人是什么样子的。

我从我的童年写起，我是怎样在爪哇出生，以及对我父母和祖父母的回忆。我不是佛教徒；我没有正式的宗教信仰。我仅相信我们大家有一个共同的上帝。虽然如此，我却能理解我们家中人崇敬祖先，因为当我回顾我的一生时，我认识到正是我的祖先造就和培育了我。

我还理解到人们对我的看法是怎样不同。有一个从未见过我，而且据我所知从未到过华盛顿大使馆的中国妇女，竟然告诉一位我们都认识的朋友说，我有着一种由两个中国女孩托着我的长裙、大摇大摆地进入招待场所的习惯。凡是认识我的人都知道，这完全不符合我的作风。我不知道能从哪里去弄来这样的中国女孩；即使有，我也会笑得前仰后合，使这个办法行不通。我憎恨虚假，我恨今天年轻人所称的“做作”。

我还听到一种传说，到大使馆的客人必须携带重金，因为顾夫人酷嗜豪赌。我喜欢赌倒是真的，而且有时用斗纸牌作为我对我不幸婚姻的逃避；但是我只在公开的赌场和不相识的人或者和那些把钱不当一回事的，钱多得惊人的军阀赌。赢客人们的钱，对我来说是不可想象的；在我父亲家里，如果客人赌输了，作为可敬的中国东道主，有责任补偿他们的损失。

当我刚离开我丈夫时，我在纽约租了一所带小花园的公寓。隔壁住了两个讨人欢喜的年轻人。我告诉他们如果他们愿意可以使用我的花园进行烧烤餐。一个晚上，他们向他们的朋友提及我的名字时，他们的朋友的反应显得极度憎恶。“不要和那个女人交往”，他们警告说，“她是第二个慈禧太后，当她的情人们使她厌倦时，就砍掉他们的头”。

对于一个非常注意在各方面都成为一个谨慎的妻子，避免任何最微小的不守妇道的迹象的中国女人，竟被怀疑有情人，真是令人哭笑不得，更说不上砍情人的头了。因为我常在社会上露面，我倍加小心以免受到人们的私下议论。我也十分警惕，不参加任何小集团，以避免使自己处于说朋友闲话的嫌疑地位。

在我一生中，我形成了这种哲理，要使自己问心无愧，就必须努力去理解别人，尽量容忍各自的信仰和习惯，并且试图停止可怕的权力斗争和那种我曾亲历目睹的不仅毁灭国家，而且毁灭家庭的可怕的妒忌。有一个希腊词叫作“hubris”，意思是傲慢、妄自尊大或自以为是。我亲眼见到hubris在起作用，而且也看到了它对中国和对我自己家庭的影响。

我生活舞台上的大多数主要角色都已逝去，包括我母亲、父亲、姐姐和我最喜爱的两个异母兄弟。还有当大使夫人年代里所交的一些亲密女友中很多人也都死了。还有我父亲的姨太太们，包括他一生中最后的一个。她因为爸爸爱我而极端妒忌，致使我总认为她毒死了爸爸。

而我却还活着。每一天都是一次恩赐，太珍贵了，不能浪费在争吵和仇恨上。不知我生活的下一步会发生什么，但我也不能浪费时间为明天担忧。中国曾邀请我回去住。我在香港时得知这一邀请。少帅（就是扣留蒋介石的那位）的弟弟和他妻子来看我，告诉我有一列挂了窗帘的火车在澳门（原文如此，疑系深圳之误。——译者）等着我，如果我愿意，也可以乘一架专机。他们夫妇都穿得很好，并且对我说，他们作为中华人民共和国的永久公民，生活过得很好。事实上，他们就住在维钧天津的那所旧房子里。那位丈夫说：“你看得出我和从前一样胖。”

我不感兴趣。我很想有一天再看到我的旧居，但我不喜欢他们穿的单调的棉布衣服，不许用化妆品和香水。我仍然喜欢享受女人喜爱的东西。我也不可能住在台湾，由于我以前的地位，我会觉得太受约束。那个阶段对我已经结束了。

我不论选择什么地方度过我的余生，我知道儿女们会支持我，尊敬我。在这个世界上，我看到西方儿女们忽略他们的父母，将他们撇在退休村或养老院，而红色中国的青年受到鼓励揭发他们父母。我对自己的家庭地位感到满足，这是因为我始终以保持家庭完整作为主妇的责任。

我不主张离婚，除非做妻子的自己要求这样。我相信一个中国男人不能离弃他的合法妻子，除非她犯了七出之条，即盗窃、不孝公婆、当众出丑、通奸，等等。我有我的过错，但都不属于这些。虽然我与我的丈夫除了那次他来奠祭我姐姐时见过一面，已经分离了18年，我仍自认是顾维钧夫人。我确信只要我活着，我的儿子们谁也不会离婚。

而且我还知道儿女们虽然偶尔会生我的气或和我意见不一致，但总是接受我的教诲并且尊敬我。有一次我儿子的情妇进入他医院的病房，我用伞敲她的头。他不高兴我这样做，但忍受了，因为我是他的母亲。

最近，我的一个孙儿要在一所非教派的教堂里举行婚礼。当我得知我丈夫打算参加，也许还要带着现在和他同居我认为是他的侧室的那个女人，我决定留在家里，晚辈们当然尊重我的决定。但是，在婚礼后，新婚夫妇立即赶到我在纽约的公寓，仍穿着他们的结婚礼服，跪在我面前地毯上向我磕头，用这美好的中国古礼向我表达孝敬。

二

我的祖父

我的祖父在世时总考虑死的问题。他经商，退休时很富有。他用了25年的时间在爪哇的近海城市三宝垄的丘陵地上修建自己的茔墓。他是在中国被悬赏缉拿，逃到那里的。

尽管在东南亚发生了很多事情，我祖父的坟仍然耸立在现在的印度尼西亚。人家告诉我，现在被列为名胜古迹。花岗石是从中国用平底帆船运来的，大约要航行几个月。然后还要将它们转运到祖父的茔地。一切都是由土著们用人力慢慢地做。有时一批花岗石运到，他要雇整个村子的人来搬运这些巨大的石块。他还修了一条直通茔地的宽阔道路。这条路几乎有一英里长，其中有一级级用大块花岗石铺成的台阶，两边还开了池塘，灌以溪水，种上荷花，坟周围种有松柏。墓地是由风水先生精心选定的，风景的设计是为了吸收阴阳之精华，保护遗体不受妖魔侵害。而且，坟墓坐北朝南，也是一种吉兆。

墓约200英尺高，雕刻华丽，用龙和其他象征性动物做装饰，坐落在一个巨大的石基上。为了吉祥，涂成红色，祖父的名字——黄志信（OeiTjie-Sien）用金字书成。墓分三层，顶层为他和他妻子用；第二层留给我父亲（他的长子）和我母亲；第三层给我的画家叔父和他的妻子。这里没有他的四个女儿的地方，因为按中国传统，女儿应在他们丈夫的家中尽孝道，守妇职。

墓地在我出生前就完工了。它在营建时必然引起世人注意，因为整个岛上没有什么能比得上它的建筑物。在我父亲葬入给他预备的墓穴之后，我没有再去三宝垄，20年后，我母亲去世，她与他分居20多年，所以她就葬在她晚年居住的地方——美国。

在祖父的年代里，统治爪哇的荷兰殖民主义者对待中国人和对待当地受压迫的土人一样坏。他们只能住在特定地区之内，并且他们的行动在整个岛上也受限制。虽然祖父很富有。——他在中国城里拥有最高的焰火柱，这是财富的标志——而且在中国城以外还拥有房产，但不允许他住在那里。他和其他中国同行一样，将办事处和家合在一起。我祖父住在办公楼上的一间宽大的房间里，他有无数的书，多到堆在地上。

唯一可以不经专门召唤而进入他房间的是他的贴身仆人，一个从外岛来的老人。在我看来，他和我那威严的祖父一样，板着脸，令人生畏。他的任务就是使他主人不受打搅。由于他只说马来语而祖父则坚持讲中国福建话，即使对用人也如此，他们之间的谈话一定少得可怜。但是，我猜这正是祖父的要求。他有他的书做伴。

在我祖父房间的一角，放着他从中国运来的，巨大而华丽的棺材，是为他自己准备的。有时，他叫我父亲去奉行一桩长子所应尽的孝道：穿上我祖父将来入殓时用的寿衣，长袍马褂和厚底靴，躺在棺材里，为让他能事先看见死后的情景。

房屋的其余部分是一系列用宽广走廊连在一起的厅房，走廊两边排列着装满米和烟草的陶瓮。最里面是女眷住处,供祖母和他的女儿们居住；女儿们结婚后，她就和女亲戚们住。那是中国城最豪华的房子，比欧洲侨民居住区的大多数房子都宏伟得多，但被白色荷兰人强制居住在那里，这事本身就是有意的侮辱。

我很难想象祖父年轻时的样子。他死时我只有7岁，在我看来他似乎很老了。仅有几次在他召集我们全家一起吃饭时我才见到他。通常他是在他房里独自吃的，由他那肃静的仆人伺候。连我祖母也不能和他共餐，除非事先得到特别邀请。

我姐姐比我大10岁，她小时候大概得到他的一点欢心。他对她不那么严肃，因为他偶尔还和她谈谈话。至于我，多半是被忽略的，我对此也无所谓。有一次，他以一种少见的、不拘束的态度，将我抱在膝上，用马来语和我讲话，我小时只懂这种仆人们用的语言。他用筷子夹给我一块豆腐，我无礼地吐了出来。于是他给我一块猪肉，我吃了。

他对我父亲摇摇头说："她长大后，一定要嫁给一个能养得起她的丈夫。这样奢侈！"

在我看来，而且爸爸也常这样认为，他的吝啬表明他是一个抠门儿老头。然而他也曾有年轻的岁月，生活充满冒险。我听说，他相当漂亮，像意大利国王洪伯特（Humbert）。他的身材肯定和我的漂亮的父亲差不多。爸爸虽然只有5英尺9英寸高，但很粗壮，幼年时练举重，锻炼出强健的肩膀。无论如何，祖父年轻时心里一定燃烧着青春之火，使他敢参加太平军，反对清政府。

满人，北方的女真人，在1644年攻入关内。他们200多年的统治带来了异常清苦的生活和经济灾难。太平军起义，和所有的中国暴动一样，兴起于南方，那里较接近外国影响而又远离北京紫禁城中的皇上。起义是由一位名为洪秀全的人领导的，在19世纪40年代后期，建立了一个对在清政府腐朽统治下遭受苦难的年轻人有巨大吸引力的革新宗教。我的祖父从山里的家中走了两天到厦门参加起义军。他是受过教育的青年，在革命军中升迁很快。在厦门的一次激战后，虽然清军死伤惨重，但起义军终于失败了。疯狂的清朝统治者发誓要严惩那些负责的首领。

我祖父的名字列在煽动者之列。他知道，惩罚就是在酷刑下缓慢死去；常用的办法是将犯人钉在粗糙的十字架上，然后慢慢地从他们身上扒下皮来，到死为止。更糟的是，他的父亲也要由于养育了这样一个儿子而被处死。这里再一次出现常被西方文化误解的传统：对于那时候的中国人，父母总是放在首位。有时将父母斩首来惩罚儿子。就我祖父而言，他很清楚在让他死去以前，要他眼睁睁地看他父母被杀。

对一个不是在孔夫子教义下成长起来的人，子女的孝心是很难解释的。我只能讲两个我童年时听到的故事，其伦理是孝道高于一切。第一个故事是：有一家非常贫穷，慈爱的祖母藏起自己的食物，到夜里用筷子偷偷地喂孙子。她的儿子和媳妇十分担心母亲的健康，以致下决心将儿子活埋，使老人能吃饱，活得更长久。当他们挖坑时，找到了一罐金子，那是上天对他们孝行的赏赐。

第二个故事是关于一个移居到美洲的中国家庭的传说。儿子已成为富商,而他的母亲对他不满时仍要打他。直到母亲很老了,有一天,他又挨打时，儿子放声大哭。邻居们问他为什么挨了这么多年打现在才哭。他说："我哭是为了母亲打我不再觉得痛了。她太老了。"（译者注：这也是中国"二十四孝"中的一个故事，作者误将它搬到美洲去了。）

所以我祖父不得不逃离中国，不仅是为了他自己，而且也要救他的父母。当时厦门是一个自由港，对外国船只开放。港口总有平底帆船从南方的岛屿运来咖啡（原文如此。——译者）和米，然后带回中国产品。他在深夜逃离码头附近不安全的藏身地，游向一艘平底船，成为一个偷渡者。他并不知船开向何处，只知道它已装满了货，准备起航。

他上的船要开往赤道以南一个名叫爪哇的岛屿，是由其他几次起义失败逃到爪哇的中国人驾驶的。作为他们的报酬许可在返航时载上他们自己的小货，到地头可将这些小货进行交易获利；他们的小货包括绸缎、瓷器、药以及燕窝之类的珍味和春药等。

厦门离爪哇很远。一路上要穿过台湾海峡进入中国南海，经过菲律宾、越南、柬埔寨和泰国，然后是马来半岛、新加坡。在它的端部最后进入爪哇海到达爪哇岛，我祖父在海边城市三宝垄上了岸。在20世纪二三十年代，我结婚后住在北京时，乘现代化的船从上海到新加坡要走14天。在祖父的年代里，乘一艘笨重的平底帆船到爪哇，不是用几周而是长达几个月。

船上的中国船员们虽然自己也很穷，存粮少得可怜，但他们分给我祖父米饭和茶，加上他们捕到的鱼。他们没有钱可借给我祖父，在三宝垄下船时除身上的衣服外，身无分文。他只会讲中国话，这意味着他既不能与统治该岛的荷兰人，也不能与当地的土著讲话。唯一的谋生之道，是他的体力。他在海港找到一件工作，将陷在泥泞中的木船拖出来。那是辛苦的重活，而且要在他所不习惯的酷热下去干。不过他那时年轻，必须生存。他能找到的最便宜的住处是城外的难民窝棚，由一个一度也是难民的中国人经营着。在地面上铺一些木板供人睡卧，头顶上是临时凑合的竹顶棚。一星期只需几个便士。

一夜，难民窝棚的主人注意到一个熟睡的年轻人的头周围似乎有特殊的光。他的最初反应是恐惧。但是一连几夜他回去看，渐渐喜欢他所看到的情景：祖父年轻聪明的脸和他强壮的身体。他和很多爪哇华人一样，贫穷，但有很多女儿。一夜，业主下了决心：他叫醒祖父，要将他15岁的女儿许配给祖父，那是一位健壮听话的少女，她会生育许多儿子的。

祖父接受了。我不知祖母是否漂亮，但我肯定祖父没有去打听。这次许婚只是一种脱离难民窝棚进入较好环境的阶梯。直到结婚那天举行简单的婚礼时，年轻的夫妇才相互见面，祖父搬进他们在中国城的房子。没有盛况，没有欢庆，也没有传统的结婚礼服。直到祖父富裕了以后，他才从中国买来这种袍子。

祖母克尽妇道，操劳家务，为祖父生了三男——一个出生时夭折——四女。在他们能够从他岳父家中搬出来之后，多年来住在一间房子里。祖父成了一个货郎。他买进廉价瓷碗和杯子，用一根宽竹扁担挑着瓷器筐子到内地去贩卖。有时他带回农民们种的未干的稻谷在市内出售。起初，年轻夫妇和他们的家庭只靠几个小钱的收入糊口。我简直不能想象他们是如何活下来的。他们数米为炊。祖父天亮前就起床，一年到头不停地工作，不像当地人在周末休息。他渐渐地富裕起来，但他永不忘记俭省。我的父亲，从来不需自己动手操劳。由于他父亲要求严格而感到不耐烦。他常对我说他和他的弟妹们从不能在碗里剩下一粒米，因为他父亲仍牢记着每一粒米都来之不易的日子。

荷兰殖民者是爪哇的上层人物，与人民隔绝。他们对改善爪哇的经济不感兴趣，但是设法攫取一切。土著及其文化是无足轻重的，统治者不愿意发展教育，因为那会失去廉价劳力。一些低级官员娶当地少女为妻或收作情妇；他们的混血儿称为土荷兰人。由于他们是半个白人，他们自认高贵，和白色荷兰人一样看不起中国人。

中国人受的是二等公民的待遇。他们的行动受低级官员的种种限制。那时，如果中国人想要什么东西，没有贿赂是行不通的。但即使华侨没有代表，没有地位，对他们的将来没有任何权利和发言权，中国人仍在富裕起来。荷兰人认为这是由于神奇的炼金术。但是简单的答案是中国人和欧洲的犹太人一样，有事业心，精明能干。那些不如他们聪明，事业心不那么强的欧洲人眼看着他们富裕起来，在他们的居住地的外面买土地，寄钱回中国购买衣服和家具,这使他们很恼火。荷兰人不喜欢华侨,但又怕他们。他们抱怨华侨不和外族交往，不通婚，教育自己的后代不愿被同化。他们对聪明、勤劳的中国人将强加在他们头上的困难转化为财富愤愤不满。当然，引起他们抱怨不满的根本原因正是他们自己的政策。

我祖父始终以中国人自居。他将最初省下的钱寄回中国纳锾赎罪。这样他就可以带我父亲回去见他的父母。但严格地说，我父亲是无国籍的。他从未有过任何护照。我姐姐和我长大后，经过一名荷兰律师的审查，取得了所谓的“平等证书”。这是因为我们能讲荷兰话才能取得的。而祖父则一生被认为是一名“新客”。尽管他的真正的根——子女、事业、坟墓——都在爪哇，他依然终生在感情上倾向中国，对此我毫不奇怪。

父亲随祖父回到中国去时年仅7岁。中国人的特点是重男轻女；而在我们家中，则仅重长子，因为父亲的弟弟很早就表现出艺术方面的才能而无从商的倾向,所以不被重视。祖父那次虔诚地带着后裔回中国叩见双亲时，没有带他，大概那时他还太小，也有可能因为祖父从不喜爱他，以致他转向家庭圈子以外的职业。

总而言之，妻子和女儿留在家里。祖父给她们带来中国服装，但他的双亲没有必要见她们。虽然如此，我祖母时代的中国妇女的地位并不比某些国家的差。的确，在中国很多妇女缠足，这是由于从前某一皇帝的妃子的纤足可以站在他手掌上而开始流行起来的，但华侨没有这种习惯。中国妇女可以拥有自己的钱财，也可以继承遗产。即使她甘心逆来顺受，其实，如果我母亲不是气急了，她也会是一个顺从的妻子的。她也常按自己的方式来行使权利。至于我祖母，她一辈子没有掌过权势。

祖父尽可能按他的家乡厦门的方式生活。他懂马来语，但只讲华语（对幼儿时的我除外），只吃福建食品，而且始终穿中国服装。他寄钱到厦门为全家买中国衣服在节日穿。他的办事员们都是中国人。在他的办事处里，穿着浆过的白色中国褂子的办事员们和那柔和的嘀嗒算盘声我还记忆犹新。

祖母去世时，我刚满两岁。她很少出门，和儿女们在内宅度日，儿女长大后则有亲戚和仆人们做伴。她的女儿们从青春期起实际和犯人一样禁在闺中，婚前不许到公共场所，陌生人是见不到的。事实上，祖母也没有更多的自由。在喜庆节日里，她坐在她丈夫身边的太师椅上，让子女和亲戚向她磕头行礼。她参加为祖先“扫墓”的习俗，为在四周彷徨的鬼魂焚纸衣和修整坟墓。除此之外，她不离开家屋，在内上房，她和女眷们下棋、打麻将，有时吸水烟。她是很尊贵的，不能像我的外祖母或在爪哇的很多中国妇女那样学土著的习惯嚼裹着槟榔叶的烟草，那个样子很不雅观；内上房里遍布痰盂，承接血红色的唾液，久而久之，常嚼者的牙齿都变黑了。我的外祖母的容貌没有受到这种习俗的损害，但在我童年时，暹罗王国的后宫嫔妃们成群结队地来访问我们。这些所谓的丽人笑时露出漆黑的牙齿，使我感到无限惊异。

祖母比我娇小的母亲要高得多。她的肤色也深些，我父亲继承了这种肤色。我只记得这些了，但她不会没有自己的动人之处。她的怪癖之一是用第三人称，自称为“公司”。祖父像很多靠自己努力而致富或成名的男人一样，在成为重要人物后取了另一个名字。虽然在法律上他仍姓黄，并用黄志信签名，他决定自称建广并将他的公司称为建广公司，祖母不知怎么地，认为“公司”是指她。所以她命令仆人时说“公司要这个”或者向我父亲说公司不喜欢这样或那样的做法。

当我父亲成为要人时，他又用了另一个名字——泰广。而且由于他发了那么大的财，他很想也能够利用荷兰人雇用他们，他设法绕过那些限制而做到了。荷兰人的军阶从中尉到上校。我父亲是一名“玛腰”（Major），他是唯一取得这个高级职称的中国人。他的律师是一个荷兰男爵。巴达维亚（以后的雅加达）的荷兰总督，威廉女王在爪哇的代表，是父亲的朋友。妈妈私下很蔑视大多数官员的妻子，但却与他的妻子性情相投。所以我父亲是第一个在欧洲人居住区购买地产，并且搬出中国城的中国人。不久后，祖父的坟茔已竣工，又在他拥有的山区产业上建了一所别墅。这是他的鹰巢，他的退隐场所。是用花岗石和木材建造的中国风格的房子，厨房与正屋相距极远，以致雨季中非常尴尬，我一生中从未见到过爪哇那样的雨和雷电，仆人们经常打着伞送食物，要在雨里走好几百码，弄得浑身湿透。祖父仍保留着他在中国城的业务和房子，但在鹰巢建成后，他在那里的时间越来越多。其中的一切——床、窗纱、桌椅等都是从中国运来的。

也许他在那里度过的时间多一些，是因为他老年娶了两个姨太太，并安置在新居里。其中一个是一位美丽的中国少女，有着中国美女著称的白嫩皮肤。她还有一个最动人的特色：她光泽似漆的黑发十分浓密，松开后可以垂到足踝，但由于某种原因，那个怪癖的老人一旦娶了她，却又不喜欢她了。她被驱逐到产业上的一所小屋中，就像弃妇一样住在那里。他从不去看她。当然，她不愁衣食，而且我想她的家人偶尔也来看望她。但对于一个少妇这是悲惨的生活，我担心她是否能保持神志健全。

在正屋里，住着他宠爱的姨太太，一个大脚的黑婆娘。她不会讲华语，穿着当地的纱笼，光着脚来到他的家。不知为何他对她着了迷，给她取了一个中国名字，并且为她从中国订购华丽的绸衣服。我从未见过她，但是爸爸告诉我她也不可能比那弃妾快乐多少，她被迫穿上厚缎子衣服，宽足上必须套上拖鞋。不管怎样，她却为他生了两个孩子。当祖父去世时，父亲给她钱，将她打发走了，也不承认那些孩子是他的异母兄弟。她以后再也未见过他们。据说那两个孩子的肤色很浅，和祖父的一样，所以祖父虽然已很老，必然是他们的父亲。

那位美丽的姨太太得到了美满的归宿。我父亲安排她和他办公室的一个人员结了婚。有一晚，当我到那里去接爸爸时，见到她在那里等候她的丈夫。她秀丽动人；为什么祖父竟能对她漠然置之呢？

祖母从未被邀请到鹰巢去。这使她很不安，她常对我父亲抱怨。父亲是她的宠儿，她叫他作“Koewat”，这是马来语的一种爱称，意思是“壮汉”。父亲设法安慰她，要为她在任何她中意的地方造一栋房子，她可以和她的亲戚、仆人们一起去住。她不感兴趣。她只想让她去看看坟墓附近的那栋房子；我猜她知道了那两个姨太太的事，也想要看看她们。但她到死也未能如愿。

爪哇有医生，既有荷兰医生也有土著医生，但没有护士。当我祖母患病时，她由她的直系亲属照料。我太小，未包括在内，但是妈妈和姐姐被召去天天陪伴她。祖父也离开了鹰巢和他的宠妾，为我祖母送终，因为医生说死期已临近了。但她挣扎着不肯死，夜复一夜，她坐在那里喘气，不能进食，奄奄一息，眼睛盯着她的丈夫。

最后，他问她：“你为什么不走？”

她试图回答，但她太虚弱，发音不清楚。但老人懂得。终于他说：“你想我陪你一同去，是吗？”

她仍不能回答，只是瞪着他。他转过头去不看她。不论他是否爱她，他们共同生活多年，而且她给他生了他所要的孩子。他又转回头来向她说：“我还不能陪你走。我们必须有一个留在这里好让最小的女儿嫁一个合适的丈夫。但是我答应你，办完这件事以后，你可以来接我。”

这大概使她满意，因为她不久就死了。中国人相信死者的灵魂是永存的，而且必须加以抚慰。妈妈总在我的床下放一碗米，上面放着辣椒和煮熟的鸡蛋，供亡灵饥饿时享用。我不敢肯定所有的灵魂都在游荡，但我确信生前的愿望未得到满足的祖母一定在附近等待着，以保祖父实现诺言。

虽然我还很小，仍被领去看入殓前的祖母。她穿着礼服。两岁的孩子应该是没有记忆力的。但现在我闭上眼睛，就能看到祖母穿着她丈夫从中国定做的红色旗袍，头戴一个冠，躺在那里。而最使我害怕的是她脸上有道血迹，从她鼻中淌过她的下巴。当时没有防腐法，也许在热带气候下，死后血液仍在流。也许那血已干了，出于某种原因他们在等待适当的人来擦干净她的脸。我说不清，也从未敢问过。我总想忘掉这件事，但今天，自己也是祖母了，我仍然看到她。

祖母死后，我们守孝，就是说我们穿白棉布衣服，不戴珠宝，不用香水，而且不参与社交。守孝历时两年，祖父将他的房子交给他的次子，我的叔叔，自己住进了鹰巢。把心血、时间都用在黑姨太身上和嫁接他陵墓下方池塘中的各种各样的荷花和监督维护坟茔等方面。我肯定他知道他妻子在一旁观察和等待着他。但我们的家是一个奇怪的互不通气的家庭，除了爸爸和我以外，似乎没有人交谈。

我的大姑，爸爸的妹妹，和她丈夫一起被逐出家庭。我一直不知其原因；家中从不提起她的名字，我只能推测她丈夫一定做了什么得罪祖父的事。但究竟是什么事，连爸爸都不知道。爸爸的第二个妹妹嫁给了一个不能保住自己饭碗的人，所以爸爸雇用了他。也许情况无法维持了，所以不久他们就移居新加坡。她从未回来，爸爸到新加坡去办事时，甚至以后搬到那里去住，也不去看她。但她和妈妈是好朋友，妈妈在爸爸家庭中结交的唯一朋友。我还是孩子时，妈妈曾带我去看望她和表兄妹。第三个女儿嫁给了一个迟钝的人，他一定妒忌我爸爸，因为我只有在节日才见到他们和他们的孩子们。我最小的姑姑，黄珍娜（Oei Tjen-no）。在她妈妈死时只有14岁。她留在中国城的老家里，受亲戚的监护，直到出嫁。

每年祖父回到老家来欢度中国新年，大致在阳历二月初左右，也就是阴历年的开始。从我记事时起，就像欧美孩子盼望圣诞节和圣诞老人一样地盼望着过年。祖父给所有的小孩从中国订购新衣，给我的是绣花绸上衣和裤子；较大的女孩子得到穿在裤子外面的百褶裙。在除夕，我知道死人的灵魂离我们特别近，他们倾听一切，所以我很小心不说“死”“棺材”“蛇”或“鬼”之类的词去冒犯他们。

除夕夜，我拿到包在红纸里的压岁钱后（红色表示吉利），被放到床上去睡一觉。所有的用人都分到了红纸包着的赏钱。午夜前，妈妈用冷水轻轻地给我洗脸让我醒来。尽管我事先就知道，被叫醒总是难受的。我的女仆给睡意蒙眬的我穿上新衣，而妈妈穿着美丽的绣花长袖红上衣和红缎裤子，外面穿着配套的平金百褶裙。我在一旁看着她的长可及地的乌黑秀发抹了油，由她的女用人在脑后梳成华丽的髻，插上镶有一簇簇钻石并围以红宝石和祖母绿的金簪子。她的项链和手镯都与簪子配套。她像画一样美，而且她知道，爸爸也知道，她将是盛会中最显要的女人。

在祖父住宅的大门上贴了红封条，让吉祥留在屋里。墙上挂着红纸黑字的吉祥题词。有一幅写着“万世亨通”。祖父作为黄家几辈之长，坐在红漆宝座上，穿着他的长袍马褂、长筒靴和带绒结的帽子——我父亲曾不得不穿着这些寿衣躺在棺材里。在他后面是神案，红烛高烧，安放着黄氏祖先的牌位（来自家谱），摆着精美的供品。这些都是事先准备好的，因为仪式虽然有5天，但新年里任何人都不许用尖锐器具，特别是刀子，可能会不慎割断这一年的好运。

子夜，全家按次序排列——先是父亲和母亲，然后是叔叔和婶婶，再后面是女儿们和她们的丈夫，最后是未婚姑姑。之后是孙儿辈，先是儿子的孩子们，然后是女儿的孩子们。在每一辈中，都是男先女后。

祖父磕了三次头——先拜神明，感谢他们去年给全家人的恩赐，再拜天地，后拜祖先，然后家庭成员走向前，依次也磕三次头——对作为家长的祖父，对神明和对祖先。我们跪在缎垫子上，将头触地。磕头是顺从的表示。

家中人磕过头后，仆人们和土著酋长来致贺。他们不磕头——因为那是中国人表示服从和爱的礼节，这样做会降低他们的身份——而是用他们自己的礼节参拜，那是鞠躬合手致敬，然后将手放到脸上。在中国家庭中，外人不表示服从，致敬就够了。

然后端上食物。在各种各样食品中，我记得龙眼茶，是用桂圆的干果做的，果子像龙的眼睛并含有长寿和健康的意思，还有上面布了栗子和枣的小米饭。我们进餐时，揭下大门上的封条，使大家都能到外面去看烟火。50多名当地酋长盘腿坐在地上，后面是嘎麦兰——一种类似美国木琴的乐器。跳舞是男人的事，主要是当地酋长们，他们不带妻子来，在此停留五天，在这期间受到款待、宴请和接受财礼。

我们小孩可以整夜不睡。如果我们打瞌睡，像打雷似的爆竹往往把我们吵醒。但是女眷们很早就退回内上房，她们在那里下棋、抽水烟和嚼槟榔叶包的烟草来消遣。现在我自己管理仆人们，也举办大宴会，懂得宴请很多客人所需的组织工作量。我常为这种持续5天、宴请100余人，而且在最后一天，破五，以前不再做饭的事感到惊异。第五天称为破五，那天起家务恢复正常。那时才煮新饭，商店才开门，在庆贺的5天内，妇女是不许离开家的，但到第六天，如果有新婚妇女，允许她们回娘家。

我在祖父家最后一次庆贺新年是我7岁那年。那是我黄珍娜姑母和她丈夫最后一次露面。她在婚前从未和他见面，但还是给了她一点选择之权，因为我父亲将所有求婚者召集到长廊上来喝茶。当然没有她在座，但她和妈妈通过半闭的百叶窗相他们，并且选择了从遥远的爪哇城市苏腊巴亚来的个子高高的漂亮的年轻人。正巧，他的父母相当富裕，所以祖父很高兴地同意爸爸的看法，认为他很合适。在一般情况下，他们应在苏腊巴亚和他的家庭一起过新年，但由于我祖父的地位，年轻夫妇在女家度过了他们的第一个新年。

即使到现在我还相信在进行新年庆贺仪式时我祖母也在场看着，因为到了春天祖父就病了。他躺在床上，拒绝请医生。父亲领政府里最好的荷兰医生来给他看病，也不能诊断他得了什么病。他的病一天比一天重，不久他显然快死了。

我们搬到鹰巢，以便父亲和母亲能服侍他；那位黑姨太和她的孩子们被赶到一间外屋去，他对此也不抗议。他知道自己末日已临，告诉父亲说：“你的母亲来接我了，我必须信守诺言。”

他的神志非常清醒，他向父亲口述遗嘱。据说祖父的遗产多达700万美元，相当于1000万盾。那时在爪哇这是一笔巨款。父亲的支出按岛上的标准是特别奢侈的，每月给我们用人的工钱也不过30盾。当时爸爸已是巨富，他坚持要他父亲将主宅和一大笔财产留给叔叔，还给姑母们略少一些的财产。另外留出一笔巨款来帮助生活困难的黄姓后人。父亲在世时由他管理这笔钱。似乎是命中注定，最后还是他的小妹妹成为寡妇后回到爪哇时需要救济。当她丈夫在爪哇投资失败损失了一笔可观的钱后，珍娜和丈夫到巴黎去住了很多年。丈夫死后，她回家来了。我非常喜欢她，可是他们迁居欧洲后，我仅在结婚前和妈妈、姐姐住在巴黎时见到她一次。

当祖父口述他的遗嘱中的条款或者给父亲其他指示时，有时他会停下来说："仲涵，给你母亲打开门。你没有听到外面她的木屐声？她要和我说话。"父亲就打开门，并且按祖父的指示，移一张椅子到他的床边。祖父会对空椅子谈很久，有时他祈求多给他一些时间以便将一切安排好。当他显然得到应允时，他就向后靠，闭上眼，并要爸爸再开门让他母亲出去。

父亲从未听见她的说话声或脚步声。但是在他和祖父周围的其他人看来，祖父当时显然是神志清醒明白事理的，如果是他幻想的谈话，在其他方面他还是健全的。一天，我叔叔试将一些人参放在祖父口中，祖父将它们吐出来，严肃地说："没有用，你母亲不耐烦了。我必须走了。"

两夜之后，他去世了。他最后对父亲说的话是，"我已准备好。你母亲在门外，让她进来"。他穿着长袍马褂停放在那里，就是父亲曾穿了多次摆姿势的那套衣服。在全家向遗体告别后，棺材盖钉上了。按东方的方式，将他的照片放在顶上。在整个丧礼过程中，父亲尽了长孝子的职责。

丧礼后，他剪掉发辫。在爪哇的中国人中他是第一个这样做的人。他一直厌恶它，出门时将它盘在头上，用草帽遮盖起来。但他绝不敢在他父亲活着的时候剪掉它。留辫子的习惯始于满人统治时。他们要人们剃头，只留顶上的部分编成辫子；然后在他们骑在受屈辱的人背上过长城时，拿着辫子做缰绳。奇怪的是发辫终于得到公认，成为流行的式样，甚至满人自己也忘记了它原来是奴姓的标志而采用了它[①]。时髦的纨绔子弟，很像20世纪60年代后期的青年爱留胡子一样，在背后拖着粗大的、长长的辫子。每当剃头匠用剃刀刮爸爸的头顶前部，准备梳发上油，然后用丝线缠上，

① 留发辫原本是满人习俗，文中云云也许是作者当年在爪哇听到的说法。——译者

编成辫子时，他就要抱怨，说它碍事讨厌。我猜主要是因为他是一个现代化的年轻的商人难以容忍一种古老过时的习惯。

祖父的去世在另一方面使我们得到解放，我们第一次到欧洲去旅行，乘快船要用35天。虽然爸爸的事务已发展成一个影响广大的王国，而且尽管他常常乘自己的船经过东南亚各岛去办事，但我怀疑他是否会在他父亲活着的时候到欧洲去？对于我的祖父，中国就是世界。但是当我父亲成为当时的黄氏家长，想法就不同了。他回过中国，但中国对他没有特别的吸引力，而世界对他有吸引力。而当他进入世界时，便把我也带上了。

三

父亲的姬妾

中国的旧伦理允许男人广纳姬妾，只要他养活得起；这算是一种良好而合乎情理的中国逻辑。有的妻子为了防止丈夫去妓院，亲自为他选妾。像上海那种地方，玩偶似的妓女，缠过的小脚鞋上缀以珠宝，身穿绸缎，骑在大汉的肩上招摇过市。那些大汉身上除了短裤和垫在妓女身下的毛巾外，都是赤裸的。有一次在上海妈妈恭维一位刚结识的妇女，说她有一大群漂亮女儿。那妇女若无其事地说："这些不是我的女儿，她们是我丈夫的妾。我亲自挑选的。"道理是，如果他在家中有消遣，就不会涉足烟花柳巷。

妈妈决不会那样做。她憎恨纳妾这种想法，尤其恨爸爸的这种念头。她感到惭愧的是她未能为他生儿子，致使他到外面去想办法。她了解爸爸，知道他无论如何会娶姨太太的，重要的是她作为原配夫人的地位不许置疑。但事实上，账房的人往往把为父亲生了五个儿子的那位姨太太称为"二太太"——这使骄傲而不容有人和她匹敌的妈妈感到丢脸。

在中国男子中，生殖能力是受到高度珍视的；他们间或使用犀牛角粉之类的春药。我怀疑爸爸是否需要人为的助兴。他一生都对女人和性有很大兴趣。他有18个得到承认的姨太太，她们为他总共生了42个孩子。他们是我的异母兄弟和姐妹，因为在中国从不将孩子看作非法的。我猜他还有更多的孩子，因为他认为血统十分重要，他不承认那些生下来小手指不弯曲的是他的儿子。我父亲的弯曲小指是从祖父那里传下来的，而祖父又是从他的父亲那里继承的。我姐姐琮兰的小指也是弯曲的，她的儿子鲍勃·简也如此。有讽刺意味的是，我的小指不弯曲，但是从没有人怀疑我不是他的亲生女儿。我母亲决不会和别人睡觉，她只是对丈夫尽生儿育女的义务，因为她憎恨性行为。

我母亲是一位十足的美人，不到5英尺高，有受人称羡细腻如白瓷的皮肤，水灵灵的黑眼睛，生起气来却能冒出火来，还有长长的黑发。我天生消瘦，但她却丰腴动人。她来自一个没有钱的家庭——她的父亲是一家荷兰银行里工资微薄的出纳员——但我祖母因她貌美就选中了她。如果她能给父亲生一个儿子——或者几个儿子，那就更好了——或许他对她的态度会有所不同，而她也可能和我后来一样，体会到双方都能享受性行为的乐趣。但她对此既惧怕又厌恶，我肯定她在他的第二个姨太太为他生了他盼望的儿子后，就不再让他碰她了。当他随随便便地——而且是残忍地——从一个姨太太转向另一个时，她的怒气也随之增加。在她和我乘着胶轮马车穿过三宝垄的街巷时，她不能容忍的情景就是看到爸爸的姨太太们坐在爸爸为她们买的马车上。随着时光的流逝，那些儿子逐渐长大，接近成年，她变得越加敏感了。

母亲因为她自己没有儿子，就下决心让姐姐和我出人头地，从而提高她的地位。所以她拿我们当宝贝，并且致力于使我们成为上流社会的女性，这有时是令人难以忍受的。我更喜欢爸爸的态度：无论我做什么都是好的，我可以得到我想要的任何东西。我是一个漂亮的娃娃，他乐意将我带在他身边，显示给他的商业伙伴及他养活着的那一群如夫人看。妈妈总给我穿色彩柔和的薄软绸裤和浆挺的白色中式大襟褂子。当我换乳齿时，爸爸怕我会永久留下缺口，损坏我的相貌，他就带着我从医生找到牙医，从牙医再找到医生，直到证实以后会再长出牙来才放心。

至于我，就像小狗一样到处跟着他，崇拜他。偶尔他会忘记我在身边，好像我是他的一条小狗。在早上他让我看他的理发师给他剃头梳辫子，他的跟班莱曼帮他穿上他到办事处常穿的热带穿的白上衣、裤子和鞋。当他回家，脱了衣服洗澡时，我也在一边看着。我们的房子里安装了自来水，但只有冷水。当妈妈、姐姐或我洗澡时，用人送来一桶桶在炉上烧热的水。爸爸是有点斯巴达式的，他赤身站在他的方形大理石澡盆中央的一块大理石板上，由他的仆人们将大勺的冷水浇在他身上。然后他换上草拖鞋、蜡染裤子和较薄的中式短褂子。大多数荷兰生意人已当地化了，只穿一件汗衫，但爸爸讲究礼节，总是干干净净的。如果在他的热带穿的白衣服上发现一个污点，他就全身换一套，而且他总穿上褂子，即使在较热的晚上，我们两人坐在宽阔的走廊上乘凉时也如此——他抽着他的雪茄，我就心满意足地坐在他身边，听他赞扬我，或者听他认真地讲他的人生哲学和今后的打算。

我认为他是世界上最漂亮的男人。他的皮肤黑黑的像他母亲，深色的头发微带红色，在他剪掉辫子梳欧式发型时，就更明显了。早晨他到办事处以前，有时我们一起骑他养的澳大利亚马；或者在晚上吃饭前，到驯马场去看驯马。此外，几乎每天我们都在大理石铺地的府邸中的宽大长厅里一起吃晚饭。

母亲和姐姐在妈妈住的地方吃饭，由她的女仆服侍，有时姐姐的英国家庭教师伊丽莎白·琼斯小姐也参加。妈妈的家庭迁居爪哇已有十代，她爱吃爪哇的咖喱胜过其他外来的菜。她自己有一个当地的胖厨娘，在自己的专用厨房里做菜，在炭火上用特制的锅锅罐罐烹调。妈妈喜欢印度尼西亚食物，它们基本上是以各种鱼制成的酱来调味的。它们的酱油浓而甜，用在虾和姜上非常鲜美。地道的土著人将食物放在香蕉叶上，用手指抓着吃。我们的住在茅屋里的仆人们仍用手指抓饭吃，但是用盘子盛食物。

爸爸与我一起吃饭时就比妈妈讲究多了，由一名管家和六名穿着蜡染纱笼和挺括的白上衣、短头发上缠着三角形头巾的赤脚仆人伺候。我们吃的饭是由两个厨房做的，一个中式，一个欧式。欧式厨房总管曾当过荷兰总督的大厨师，他后来开了一家饭馆，那是岛上最有名气的地方，以法式菜为特色，他名叫巴悉登，在他的厨房里是统治者。我们每周吃一次冰激凌，这是他在法国受训后带回爪哇的美味。我不知那是用椰汁还是用真正的奶油做的——在印度尼西亚，母牛和公牛一样，被当作干重活的牲畜，所以土著人不饮牛奶——但是爸爸喜欢用这种稀有美味来招待外国王室。

从澳大利亚进口的牛肉就挂在厨房内四壁的巨大钩子上，所以巴悉登平时不随便让人进他的厨房。一天,有人不小心没有关门,我们的猎袋鼠犬，那些我们养来捕杀钻到马料槽里的耗子的庞然蠢物，溜进了厨房，在他将它们赶出去以前，狼吞虎咽地吃掉了大部分牛肉。他气疯了，扬言应当将狗锁在狗窝里，甚至不许放出来捕鼠，那本是每周要例行一次的事。爸爸默许了，因为那名厨师的确是宝贵的人才，只好姑息他。但是我常常故意地打开狗窝的门，放狗出来，以看巴悉登挥舞着刀冲出来为乐事。如果妈妈关心这事的话，我也许会受罚。爸爸却大笑。

爸爸喜欢吃他的生得带血的澳洲嫩牛排；他是一个真正的饕餮者。可是他永远也不能让我喜欢生嫩的东西，我只吃透熟的菜。虽说那时我还很年轻，但我不喜欢吃肉食，而且看见血就使我厌恶，我宁肯吃在第三个厨房的两位中国厨师做的菜，他们不仅能做大多数住在爪哇的华人爱吃的福建菜——用的鱼和肉比北方菜多些，而且较油腻——还会做中国其他地方的风味菜。我父亲最爱吃的菜之一是蜷曲在酱油和姜汁里的小墨鱼；他囫囵地吃，但却为我去皮和刺。

我是那样矮小，不得不在凳子上加放几个坐垫才能够到桌面。爸爸经常感兴趣地看着我告诉马来用人需用几个垫子，然后要他们拿来一个又一个垫子叠起来放在我面前，直到我认为正好便于吃饭为止。我肯定妈妈是不能容忍这种令人讨厌的行为的。涉及我的事，她比爸爸容易发火得多。

我想如果我们是一个普通的多子女的中国大家庭，一家人就不会像我们那样分裂。但是姐姐总与妈妈较亲，而我则是爸爸的宠儿。他常说我给他带来了好运气，因为我出生那年他首次赚满100万元，在那热带黄昏里，星星是那样近，似乎伸手就可以够到它们。我们坐在长廊上，他谈话时我倾听着，从他那里学了很多东西。有时他谈到深夜，晚到一个小女孩都支持不住了，然而我高兴能有那么多时间和他在一起，而且我从未忘记他的某些教导。他常对我说："不要甘居平庸，要胸怀大志。"还有，"不要相信人死后会受罚做驴马，负重和受苦。我们永不后退，我们向前进，要胸怀大志。也许你达不到目标，但是总要比胸无大志的人爬得高些。"他爱赌博，我是从他那里继承来的这种嗜好。但他也喜欢赢。他忠告我说："如果你不顺利，就放弃。切勿勉强。"

当他还非常年轻时，他违反了这条准则，几乎毁了自己。他的任务之一是在中国城外祖父的大片地产上向各家住户收租金。一天，当他身上带着约10000卢比（荷兰人称盾）回家时，经过一家他熟悉的赌场。钱不是他的，但诱惑力太大了。那些感觉不到赌博的吸引力和刺激性的人，是不能理解它打动人的力量有多强，它甚至能代替性行为。开始时，你必须碰碰你的运气，然后，如果你输了，就不断将赌注加倍，指望一次扳回老本。地球不转了，你忘记了时间，忘记了自己是谁，身在何地。

我父亲继续往下赌，直到输掉最后一个盾。他走出去之前，想都没有想自己干了什么事。他随即明白他无颜回家见他父亲；他做的事太丢人了，把别人的钱浪掷在碰运气的赌博上。他的父亲不仅严厉，而且不赞成赌博。爸爸转过身，背向中国城，朝港口走去。爪哇有很多河直通大海。他停在横跨一条流向爪哇海的河的桥上，认定自己是一个不肖子，只有一条出路：他要投入湍急的流水中，洗清自己的罪过。

但是首先，——爸爸就是这样一个人——他要和一个女人告别。她是个寡妇，比他年纪大，按当时习俗，没有再嫁。他去看她。她起床让他进去。我不知他们之间发生了什么事——爸爸没有讲故事的细节——但我猜想他们进行了他认为是最后一次的诀别。他一定流露出绝望的神情。他不打算告诉她自己做了些什么，但当她问他出了什么事时，他告诉她自己做出的可耻之事和自尽的打算。

那位寡妇走到柜子那里，拿出10000卢比给爸爸。他一再推让，但她坚持如此。他懂得她是将全部财产给了他。后来他不仅偿还了这笔钱，而且还确保她以后的生活没有短缺。她肯定非常爱我父亲，而他和我一样基本上性格孤独，却被这种无私的爱深深地感动了。

我知道他在我身上也感受到同样的忠贞不贰。他未曾在我母亲那里获得这样的感情，也许他没有争取。他也未在姐姐那里得到它。姐姐怕他，有时她和我在一条走廊里，听到爸爸在附近清嗓子，她会吓得逃开。他也没有任何男性朋友，否则他不会让我陪他到深夜。至于他的姬妾们，虽然她们为他生儿育女，供他发泄情欲，并且对他殷勤关注，但她们从来不是伴侣或妻子。他对待她们中的许多位很不好，当着我的面提及她们时称为娼妇。

父亲的众多姬妾中，有三个是一家人。三人中的第一位叫江夫人，是个寡妇，嫁来时带了一个两三岁的小女儿和一个年约10岁的妹妹。江夫人深深地爱着他，但未给他生孩子——而他所要的是长着弯曲小手指的儿子。当她的小妹妹长到十五六岁时，他就不要江夫人了，但还留着她，把她当成管家婆之类，娶了那女孩做妾。后者生了九个孩子——五男四女。爸爸从来就不喜欢她的第一个儿子宗德，他被他母亲宠坏了，但是爸爸让第二个儿子宗宣跟着自己做买卖。当他在新加坡半退休的时候，就依仗这个儿子和他的异母兄弟宗孝。爸爸办事处人员叫作“二太太”的就是这个女人，即江夫人的妹妹。当然,我们家中的仆人是决不会这样说的,因为对于他们，妈妈是唯一的主妇。她是爸爸的父母挑选的，结婚那天打发红漆描金的轿子去接来的。姨太太得不到这种荣耀。她们是买来的，就像养一条狗或别的牲口一样。

多年以后，我已和顾维钧结婚，乘船从伦敦到北京去，中途船在槟城靠岸上货，我们要在那里过夜，所以我和丈夫下了船。突然，我感到有人拍了一下我的肩膀。两位很好看、年纪和我相仿的女人期待地看着我。其中一位微笑着说：“我们是你的妹妹。”她们又是江夫人的外甥女，后来，我父亲离开了那位所谓的“二太太”——虽然他确保她受到很好的照料——而代之以江夫人的女儿。她给他生了两个女孩。

我们在槟城遇到的两个女人都有黄家的特征——弯曲的小手指。年长的很像我姐姐。她们都嫁得很好并且过得很愉快。她们告诉我江夫人住在爪哇爸爸原来为她造的房子里。1927年，我回三宝垄将爸爸安葬在他父亲的坟园中时，见到了江夫人。她参加了葬礼，胆怯地走近我，叫我“Nonah”——小姐——并且将爸爸的假牙交给我，以便放在他的棺材里，那是多年来她一直保存着的。我照她的要求做了，一边想爸爸一定会感到有趣。

我的异母兄弟和姐妹们大多见不到了。我知道有些人已经死了。爸爸最后一个姨太太生的那几个必然得到指示不得和我接触，也不许和我说话，因为她恨我。只有宗宣和另一个兄弟宗孝始终和我接近。宗孝是另一个被我父亲骗来的女人生的儿子。她来自我们在爪哇称为“上边”的乡下，就是指山区。我不知他在什么地方遇到她的，但她是那样天真，竟认为他会和她结婚。而他却鼓励这种傻念头，打发一顶轿子去接她。但她很快就发现这是骗局。当她到了他为她买的房子后，没有翁婆来受参拜，才知道上当了。但是她不能回家，因为那太丢脸了。有一段时间，她几乎疯了。爸爸讨厌那种自甘忍受折磨的人，我猜想妈妈能巧妙地操纵他的原因之一就是他欣赏她的精神，她那运用一切能采取的手段和他进行较量的方式。虽然那可怜受骗的姨太太给他生了四个儿子（最大的是宗孝，就是那个到新加坡我父亲家中来，一直站着谈话的人），但是他始终待她不好。在他抛弃她时，他要她为下一个姨太太缝床上的蚊帐。以后，她就隐退了，除了自己的孩子们外不见任何人。她和江夫人不一样，在为爸爸举行出殡仪式时，她没有跟在棺材后面。她的儿子们在那里。我问起她，还去看她。她围着一条腰带，带扣上有很多钻石，一定是爸爸给她的。不论他对她多不好，至少他没有让她受穷。

爸爸偶尔也带我去看望他的“外室”们。当然，是瞒着妈妈的。他借口带我去看望他弟弟或妹妹们，要马车来接我，并将我送到他的办事处。乘坐由一对澳大利亚进口的骏马拉着的马车上街，对我来说是件大事。车夫和跟班是由外岛来的，穿着洁白无瑕的衣服，臀部围着蜡染的纱笼，头上缠着三角形的ikoets——缠头。坐在车夫身边的跟班臂下总带着一个巨大的白刷子，用以清扫马车。

“外室”们见到我总是很高兴——或者是装着很高兴——并且为了讨他

欢喜，竭力奉承我，也就是拼命地逼我吃各种特色的美食。那是巴悉登厨师不屑一顾的，由妇女亲自做给自己主人吃的菜肴。例如，这一个做的是火腿汤面，另一个则是龙眼汤（甜食），再一个是煮白木耳制成的冻子。我从不告诉妈妈到哪里去了；我还算聪明，不去惹她生我们两人的气。但是有一次，我天真无知地露了马脚——我问妈妈为什么我们家里从未吃过火腿汤面或龙眼汤。她转向爸爸，说他竟然下流到把她的孩子带给他那些下流女人看。

在一次这类吓人的争吵后，她离开了他。我姐姐琮兰已是一位小姐了，不能抱起她就走，而我则像一个小狗一样被带走了。她的兄弟在低洼的三宝垄有一片地产，他在那里盖了很多小屋以廉价租给没有房子的华人。我们搬进了其中之一，周围的环境和我们在丘陵地带爽朗的府邸大不相同。那里很热，潮湿而拥挤，妈妈和我不习惯在这种简陋条件下生活。

我们在那里没有住多久，不到几个星期，但已度日如年。我病了，妈妈请来荷兰医生，就是那位一直给我们家看病的白种人。我的虚弱状况使他吃惊，他就到爸爸那里去警告他说，必须立即将我搬到较卫生的环境里，最好是到气候较凉爽的地方。由于妈妈就是拒绝回家，他在三宝垄外面的山地中约2000英尺高处为她买了一所房子。我的身体渐渐好起来，但我惦记父亲，而爸爸也想念我。不管怎样，妈妈在达到目的后，又变得坐立不安了。不到两个月，我们回家了。我又和爸爸在一起，而妈妈又能享受有姐姐陪伴的愉快生活。

四

父亲的住宅

我还不满周岁时，我们就从中国城搬到了三宝垄欧洲人区的大房产里。在此以前，没有中国人敢于不顾荷兰人的禁令迁出只许他们居住的地区。但爸爸的办法是雇一名荷兰男爵作他的代表。这个代表是殖民地上最精明的律师，他打破常规，我父亲就和往常一样成了先驱。

房子是老殖民地式的，由砖和竹盖成，房屋高敞，上盖圆形屋顶。它由一个主楼和两个侧翼构成。主楼有一间大门厅通向四间卧室，后面是起居室，布置的是藤竹家具，爸爸在那里进行密谈。房子的一翼是一间长形餐厅，另一翼则是举行大型宴会时用的长厅。侧翼和主楼之间用走廊连接。在整个房子周围有一条宽阔的游廊，放着摇椅，在那里招待大多数客人。我们的三个厨房是和房子分开的——而且离得很远——好让我们闻不着烹调的气味。

那是一片占地200多亩的大府邸，而爸爸又铺上使人感到凉爽的意大利大理石地板，并且从苏门答腊雇来一名有本事的中国园丁，将那从中国式油漆加雕花的大门到主宅之间约四分之一英里的地方精心布置成花园，使得它更为富丽堂皇了。园中有假山石和凉亭、人工小溪和盆景。到处都是养有金鱼、鸭子和鳝之类的池塘。巴悉登厨师常到外面去抓鳝鱼，就地剥皮活杀，给我们做菜吃。花园后面是一个私人动物园，爸爸在那里养了许多熊、鹿、食火鸡（像鸵鸟似的禽类）、在夜里放出来作为警犬的孔雀，以及我最喜欢的从我们自己的爪哇丛林里捉来的大无尾猴子。

仅负责维护房子的人就有40多个，由一个管家管理，他兼管全邸的采购，并从冰厂带回大冰块。我们买房子以后有很长一段时间是用煤气照明的。我们没有冰箱，所以冰块就放在各个厨房的冰槽里，冰槽装有泄水管通往屋外的两个水桶中。为了园地整洁，爸爸在园丁头的手下用了50名仆人。他的八对骏马各有一名专门的马童照料。还有两所大型客舍（有些亲戚来住个把月或更久些）和四所较小的客房给高级仆从们住——英国家庭教师、妈妈的私人按摩妇、洗衣妇和厨娘。

我们离中国人居住区有4英里远，快马要跑半小时。在房子和花园后面是茅舍群，那里有30多间独立的茅舍供已婚仆人住，还有一所大型的有食堂的公用建筑物，供单身仆人住。我不知道有多少人为爸爸干活，加上他们的家庭成员，共多少人。他们当然都由我们供养。他们的茅舍是用竹和茅草盖的，盖得很简单，但很好，而且干净。陡斜的屋顶铺着干椰子叶子，在雨季，雨会顺着屋顶淌下来。一般的仆人住屋是夯实的泥地；那些较高级的，如莱曼和他妻子真姆（母亲的侍女）的屋子，房间和走廊多些，并用水泥铺了地。

我可以去看望住在小客房里的人，但不许到茅舍群去。我到妈妈的大胖子土厨娘的小屋里去时，她常将我抱到她的大白床上，给我饼干吃。琼斯小姐有时让我喝茶，还让我看她的旧杂志《闲谈者》，那是经海运邮寄来的。但她通常把我去看望她的时候当作积极的教课时间。所以我不常到她的小屋去。

妈妈的女按摩师那里好玩得多。她是一个有鸦片瘾的中国女人，她坚持说只有在抽了大烟后才有力气给妈妈按摩，我喜欢鸦片的气味。她让我看怎样在烟灯上烧烟泡，同时看着我说："嗯……"然后她将它放到一支长烟枪上，将它吸入，并且咽下去。尽管我喜欢猎奇，但我从未尝试过。因为有一次我病得很重，医生给我服几滴鸦片药剂，使我恶心得要命。

她有一个糟透、坏透了的丈夫，他非常懒惰而无用，不准他住在茅舍群里。但是他间或背着我们的管家从他度日的窝棚中出来，溜进她的小屋，向她要鸦片。她有很多鸦片，但从不给他。所以我常看着他收集她用来清擦烟枪的碎布，他要煮这些布，从脏水里提取鸦片。

爸爸的办事处里布置了一个爪哇土产的展室，这是为那些想在当地投资来向爸爸征求意见的外国商人而设的，以引起他们的兴趣。那里有一段段的甘蔗、橡胶条、成袋的咖啡和几罐鸦片。我弄不清楚是出于恶作剧还是同情心——很可能是前者——有一天晚上在等候爸爸时，我打开展示柜，拿出一罐鸦片。下一次我在按摩妇小屋里看到她丈夫在可怜地扫地，搜寻他妻子可能遗落在地上的碎鸦片颗粒时，我叫他等一会儿，跑回房里把鸦片罐拿出来给了他。他都没有向我道谢。一个多月不见他的踪影，当他重又出现时，比以前更瘦得可怕了。虽然我没有告诉任何人我的所作所为，我已经吓得再也不敢去做慷慨的施舍家了。

妈妈还有一名专洗衣服的妇女，她的唯一职责是给我们洗衣服；她甚至不必烫或叠起来。她洗的衣服使好多浆，这在热带气候中使人很不好受。下午午睡后，妈妈打发我的女用人来找我洗澡，换上新洗的衣服吃晚饭。我一看到她来，就知道什么事在等着我，我就冲进房子爬上圆屋顶，不肯下来。或者飞奔到动物园里，爬进大猴子(当地人按它们的叫声称为哇—哇)的笼子里，躲到它们的怀中。它们有时是危险的；其中一只被链子锁着时还试图攻击我姐姐，但是我用蜜、花生和香蕉喂它们，它们把我当作同类。

通常，当我从屋顶上爬下来或者从猴子笼里出来时——我最后总是要这样做的——妈妈就感到放心了，在我被领回家时并不责罚我。但是有一天，因为妈妈要带我去访问一位荷兰殖民者的妻子，在一种异常恼火的心情下，我向马厩跑去，一面撕新浆过的衣服，一面跑，还在雨后的泥塘中打滚。然后我又冲回家，又脏又湿，闯进妈妈那宽大可爱的房间里，扑到她那铺饰华丽的床正中间，使床单和有钻石纽扣的枕套沾满了泥，并且扯她的镶花边的蚊帐。我明知我不仅在毁她的床单和美丽的绣花中国丝绸床罩，而且是在以一种特别可憎的方式对抗。对于一个中国人，床是私人的隐蔽场所。即使我那么年轻，也不让任何人未经允许走进我的卧室。如果一位住在我们大住宅里的荷兰姑娘来看望我，并随便地坐在我床上，就像坐在她姐妹的或她自己的床上那样，我一定会要人全都另换干净床单，重新铺好。

妈妈那时穿着她的欧式衣着在游廊上等我。我没有露面，她就来找我。发现我在她卧室里打滚，她把我关在浴室内就自己走了。作为报复，我打碎了她所有的香水和化妆品瓶子。她回家时发现我光着身子坐在地上，周围都是玻璃碎片。我不害怕，她却吓坏了。我跑出去躲到猴子笼里。但我并没有成为胜利者，因为她去找爸爸，坚持要他送掉所有的猴子。几天以后，它们被一个路过的马戏团带走了。我没有去向它们告别，我受不了。但她达到目的了。从此以后，我就比较听她的话了。

当知名人士乘游艇到爪哇旅游时，几天以前街道就用彩色灯笼和漂亮的牌楼装饰起来。不过他们并不住在总督或者威廉女王的其他代表那里，他们总是由我们家招待。我不知荷兰人对此是怎样想的，因为根据法律，中国人是没有地位或代表身份的。但爸爸是岛上最有钱的人，由于他的才能使爪哇繁荣起来，而且——如果客人是来自欧洲的话——他们对会见黄先生的兴趣高过见总督。此外，我们的大住宅——很多人称为宫殿——是岛上最令人难忘的建筑。

我特别记得那次暹罗国王和他的嫔妃们的访问。为了那次接待，将游廊扩大了，在树上挂着特制的灯笼，在走廊里为异常之多的客人布置了餐桌，花园里为后宫的妇女们搭起了帐篷。国王身材矮小，戴着很多珠宝并蓄着大胡子——不很动人。但使我大失所望的是他的嫔妃们的姿容。她们大多又矮又胖，穿着鲜艳的上衣，光腿上穿着灯笼裤，灯笼裤在两腿之间向上兜紧，像尿布一样，一副离奇的样子，她们蹲在地上，如果人家请她们坐的话，就盘腿蜷缩在椅子上。她们笑时露出那些被槟榔染黑的牙齿！国王到底是欣赏黑牙齿，还是他认为它们能使其他追求者躲远些？这是个悬而未决的问题。

在我回顾时，我们生活的方式就像梦境。爸爸每隔一段时间就举行一次只有男性参加的盛大宴会，直到数年后妇女才能参加这类活动。我姐姐和我当然被排除在外，但有时我从床上偷偷起来去看烟火和在特意搭起来的台上表演的那些爪哇舞女。爸爸会打发我回去，但他先要抱起我，用马来语轻轻地同我讲几句话。他对我姐姐和异母兄弟姐妹总是用华语，但马来语是我婴儿时首次学到的语言，成了我们之间的一种儿语，是一种表示他对我特别亲切的方式。

在长廊和长餐厅内都安放了供宴会用的大圆桌，客人们坐的凳子上都有绸椅垫。所有的食物都用银盘子盛着，摆得和工艺品一样精致。每个座位上有一只银酒杯、瓷羹匙和象牙筷子。中国人认为刀是武器，在社交场合的餐桌上是不能用的。

欧式和中式佳肴常常有14道之多。我们的羊肉、牛肉和黄油都来自澳大利亚，送上桌的葡萄和苹果也是的。我们还总有北京烤鸭，那是在明火上一面烤一面涂油脂，直到发出如同胡桃木的光泽，再由仆人们片下皮来。将它和薄饼、面酱和一些青嫩的葱一起吃，肉则抛弃不用。鱼翅是一味非常名贵的菜，它是那么贵。能在家里吃鱼翅成为巨富的标志。通常鱼翅要在温水中浸三天，然后浸在酒里，再放在鸡汤内炖。

晚饭后给客人们送上鸦片烟枪，就像现在递雪茄一样随便。还有赌钱。宴会常常要到深夜才散，而且，按习惯，总是由爸爸偿付输家的欠款。在我们这种大宅门，对客人的司机和保镖们都供饭，通常是用猪肉或羊肉做的菜，而且每人都拿到一份相当二美元的赏钱。

妈妈是过分讲究的，她的内室像一个陈列室，从她的内衣到那一排排的华丽衣服，一切东西都安排得完全对称。她在宽大的浴室内花费很长的时间来打扮自己，抹油膏、擦香水。不过，爸爸和她也不相上下。

即使他有自己的理发匠给他刮脸，他还是到任何地方都带着莱曼，他坚持认为莱曼磨的刮脸刀最快，谁也比不上。别人谁也不知道他喜欢什么肥皂和盥洗用的香水。所以爸爸即使是到丛林中去，马来人莱曼也在他身边，提着一个装有从刷子到牙签的箱子。我肯定他时常揩爸爸的油，但爸爸不在乎。

那时大多数荷兰商人在白天穿深灰色或黑色衣服。爸爸则总穿白色，从他的手工缝制的鞋到他的衣服。即使你不知道他是谁，他也有一种令你回过头来看他的气派，甚至在外国也如此，然而在爪哇，他的巨大财富使他成为传奇性人物。

我有把握说他并不自认为富有；金钱只是达到某一目的手段，而他以赚钱为乐。他常带我到一家由一对荷兰夫妇经营的奇妙糖果店去。前面的房屋里有彩色灯照得大理石地面上闪光，大转盘上放着大罐大罐的各种糖果。我要什么，爸爸就给我买什么（当然，妈妈会拿去锁在柜里）。有一天，我捧着战利品问他："爸爸，你很有钱吗？"他想了一会儿说："我有足够的钱买我的小乖乖想要的东西。"轮到我想了，我的结论是"我想你总没有这么多钱来买这样一家商店吧"。他微笑着同意了。

在我大约12岁的一天夜里，一阵大雷雨吓坏我了，我飞跑到妈妈房内。她还没有睡，也不是被雷雨吵醒的。她坐在床上，身边放了一大堆钞票，在小油灯光下点数。我很惊奇，甚至忘了恐惧。我望着她坐在那里——现在仍然可看到她将手指在一个盛水的小碗里蘸一下，继续点钞票。我们一家人身边从不带钱，我们像皇室一样。管家用现金支付一切家用，并且负责采购。每当妈妈、姐姐或我需要什么东西，我们只要从店里拿就行了，都记在爸爸的账上。

妈妈注意到我默默无声，就抬头看我。她微笑着，招手叫我到她身边。她眼中带有笑意，悄悄地说："你爸爸带回家满满一箱钱。我在里面拿了一些。他决不会发现钱少了点。"

我想如果她问他要，他会给她的，但也许她不想让他知道钱的去向——很可能会到她的亲戚们的手里。

依照中国传统，妇女出嫁后就以丈夫的家为自己的家了。这在我们现代革命化的世界上也如此。最近，我的住在纽约的外孙和一个彻头彻尾现代化的中国女孩结了婚。她有她喜爱的工作和活跃的爱好。有一天她骑她兄弟的摩托车时弄伤了腿。我女儿很担心，对女孩的妈妈说也许她有些鲁莽。女孩的妈妈告诉我女儿说："我不能同她讲，你必须去讲。现在你是婆婆，由你负责。”我十分肯定妈妈从爸爸那里拿钱去给她家里人，她的最大乐趣之一是做他们的恩人。不仅给他们食物，还给他们钱，这一定使妈妈对自己的形象感到满意；一个没有儿子的中国妇女需要制造一些条件——或者买些条件——来抬高自己。我还相信爸爸对她家的人是很有看法的。她父亲是个抽鸦片的病人，常常缺少过瘾的钱。她的姐妹们的婚姻都很不幸，经常需要钱去保她们的丈夫出狱。只有一个例外。她母亲是位虔诚的佛教徒。和尚不断到家里去，妈妈送去的钱和食物很可能也给他们分享了。她的兄弟们很少帮助他们的父母；他们有自己的困难。

爸爸是否怀疑过妈妈到他的箱子里去拿钱？我想不会。赚钱对他是那样自然，使他不能理解钱对妈妈是多么重要。他的父亲发了财，在中国城里是一个可靠的、受尊敬的——然而小气的——商人。很自然，爸爸长大后不喜欢他父亲的吝啬行为，变得奢侈了。有一天，当他父亲批评他的奢侈行为时，他对那位总是试图在他父亲盛怒时庇护他的慈母悄悄地说：“总有一天，我要比他阔50倍。”

当然，这个愿望实现了，奇怪的是，他的发迹是由于祖父奉行固定不变的标准而开始的。祖父有很多房地产，一位曾经当过领事的德国老人租的房子就是祖父的产业。他早就打定主意要在爪哇度过晚年，希望买下他所租的房子。祖父生硬地拒绝了，懒得说明理由——他的态度是，那个老傻瓜自己想不出来吗？——因为中国人认为，出卖自己的产业有损声誉。于是那德国人就留心观察爸爸，他看到的使他满意，就开始策划。

对于父亲，赚钱总是一种游戏，一种赌博。他坚信他之所以能成功，一部分是靠运气。在他雇人时他总是找幸运的人：一个智慧平平而有运气的人总比聪明但不走运的人好。不过爸爸还具有看透事物的天才。有一次，他带我到新加坡郊外的棕榈种植园去。他制造的产品之一椰肉干是用干椰子肉做的。我赞叹树的美丽，爸爸说：“别人看这个种植园时见到的是树，我见到的是钱。棕榈树不是钱，它们仅能生长；但是它们能赚来钱。”

回顾起来，我认为爸爸的所谓运气并非真正是碰运气，而是自信。他是一个当机立断的人，不仅靠预感，而是有坚实的知识基础。他也善于抓住时机。也许可以说他不仅是生逢其时，而且适得其所。

他是历史的宠儿。荷属东印度公司正在从航运事业转化成陆地上有影响的机构。他们看到了爸爸的作为，认识到了他的方法比他们的老式方法先进得多，体会到了他们需要他的本领和经济知识。但他们绝没有贷款给他来开展事业的想法。那是他偶然得到的。

一天我爸爸去收租时，那个德国老领事请他坐下喝一杯咖啡。然后向他提出下面的建议："我打算给你一笔钱，不附带条件，你可以按你的意思投资。如果你赔了钱，我决不抱怨。但是如果你赚了十倍以上时，我有一个请求：当你继承这所房子时，我要你答应我将它转让给我，让它在我的余生中成为我所有。"

父亲问那领事要给他的这笔钱是多少？答复使他惊奇：竟有30万美元。他当即接受了，但花了很多时间考虑怎样才能使这笔钱变得多起来。他的父亲是靠米发财的，爪哇的潮湿气候对种水稻再合适不过了，而且劳动力又低廉。甘蔗的要求和稻米一样，即大量的水和廉价的劳动力。在殖民制度下，政府要求农村轮种水稻和甘蔗。政府和个体劳动者订收割合同，借给他们买农具的钱。收获的米和糖则要送到荷属东印度公司运出去。

经过大量的研究和思考后，爸爸决定在甘蔗上投资。爪哇土地很便宜，而当时他听到的工业革命还没有影响到那里。按他的地位，他可以避免荷兰政府强加在农民头上的限制；他可以随意处置他购买的大片土地。然后他从德国雇来专家在新式机器和收获方法等方面作他的顾问。他支付他们来爪哇的一切费用，运用德国的技术知识。知道在欧洲何处可买到最佳机器，就将它们运来。在某些情况下，由于德国领事的支持，他得以送年轻荷兰人和中国人到欧洲的工厂去学习新机器的操作方法和发生故障时的维修技术——那是同样重要的。在19世纪末期，所有这些专业知识在爪哇是无人知道的；那里的荷兰人在机械方面几乎和土著一样落后。

爸爸能连续不断地成功是因为他从不自满。他永远注意每一项改革，每一个新动向，他继续派他的工头们出国学习新方法。他的加工厂不断革新，刚有电，工厂就通电了。在我们家中有电以前，他的厂里就先用电了。对于他本身,这倒是无所谓的,他相当喜欢我们住屋和走廊中闪烁着的煤气灯。但是妈妈憎恨黑暗，一听说到电，我们家中就有灯光照耀了。

我们第一次到欧洲时，他在伦敦和荷兰开设了销售办事处，并用一位名叫彼得斯（我总是叫他彼得罗）的荷兰人在阿姆斯特丹负责。他有自己的运糖船，然后又发展到椰肉干和木薯淀粉。常常是这样：一旦有钱就万事亨通，左右逢源。运气使他在三宝垄附近买到一家由当地人经营失败的木薯粉厂；这个厂子原先赔了很多钱，致使厂主很乐意用它换一栋小房子。当爸爸刚接管时,工厂随随便便地生产了六七种混等的淀粉。爸爸将它重建，安装了分等级的新式机器。工厂很快就繁荣起来，生产35种木薯淀粉，爸爸每年卖出150万磅，分批用车运出，销往亚洲的东北部各地。

当祖父去世时，父亲继承了德国领事居住的那所房子。到那个时候爸爸已经能用很多倍的钱偿还了，但德国老人要的是房子，他就得到了房子。

父亲的财富日益增加。业务范围扩大了，他就不得不经常出门，我总跟他一起去。爸爸告诉他的秘书说：“她要什么,就给她买什么。”在槟城时，一位老人客客气气地上船来，深深地鞠躬，并送我一件礼物。那是一盒美丽的金币。我不知那是英国金镑，只不过觉得它们很漂亮。爸爸从他的商务会议室回船舱时，我正在玩这些金币。他问我盒子是从哪里来的，我告诉他后，他就拿走这些金币并叫人送回去。我记得这是唯一的一次不许我接受我喜欢的东西。那些漂亮的金币约值200英镑，当时相当于1000美元。那位老人知道爸爸宠爱我，希望用这种方式来贿赂他。

我这一辈子，见过所谓中国秘密帮会和军阀们的手腕，以及那些外国使节为了讨好而不得不行贿的小手段。对这些我并不感到奇怪，那是生活的一种方式，不论贿赂是1000美元，还是一瓶威士忌酒。因为在爪哇，贿赂是爸爸使自己超越小官员们的愚蠢规则和法令之上的方法之一。几乎每天他都打发他的信使们肩挑满筐从市场上买来的蔬菜、新鲜水果和禽类送往市里各处去。每当政府一名雇员来访，爸爸经常送一条蜡染纱笼给他的胖荷兰主妇，将他打发走。在节日里，从我们的中式厨房里送出各色龙虾、鸡和面条，加上最可口的糕点。

那是一种生存之道，也许不是堂堂正正的道，但又有什么办法呢？在祖父的时代，岛上的中国人仅占总人数的1%。在父亲的时代和我的时代，约为2%。我们是极少数，而且是既受蔑视却又被人敬畏的少数。然而就是因为有这些中国人，新的投资源源来到爪哇，泥泞的街巷铺上了路面，小镇变成了城市，并且修了公路。但是，荷兰人并不真正希望爪哇兴旺繁荣。他们害怕进步。他们之中有的是treppers，就是只想到爪哇来一个时期，从这个岛上拿走他们能得到的东西，然后回家的人。连那些住在这里多年，视爪哇为家的荷兰人，即所谓blijvers，也认为无须兴旺发达。他们希望土著们——如果可能的话，连中国人一起——安分守己，没有文化，并且是廉价劳动力的来源。他们之中有些人已采用爪哇人的习惯。他们有穿当地衣裳的土著情妇，他们的孩子是欧亚混血儿，即所谓的土荷兰人。但是，他们也摆架子。当他们乘马车出门时，当地人步行跟随，举着老式伞盖“Payung”遮在他们头顶上。那伞盖是爪哇王室的标志。当马车被汽车取代时，他们还不愿舍弃这种荣耀象征，还定做了一些金质伞盖模型装在他们汽车散热器的盖子上。

甚至荷兰小学生都被怂恿着轻视中国人，欺侮他们。每当中国人在学生游戏时间经过荷兰学校时就倒霉了，学生们就会攻击他们，骂他们babi——意思是猪，这是学生们最爱用的侮辱人的话。中国人吃猪肉和鸡，但爪哇人是穆斯林，从不碰猪肉，而荷兰人则较喜欢牛肉，有时吃羊肉和野猪肉。如果中国人人数很少，或是单身一人，两三个大孩子常常就不满足于用牲畜来咒骂了。他们就会追逐那些可怜人,殴打他们,有时打得很重。荷兰官员们谨慎地装作没看见，打中国人被认为是合法游戏。因此中国人通常在学生课间休息时间前后避开学校区。

爸爸有他自己对付这些霸道人物的办法。他会停下马车走出来，拿着一个金币走向最大的男孩。然后说：“你好像是带头的，管好他们。”并将金币丢给他。或者，当他有空闲，又想寻开心时，就会拿出一些钱作奖金，让那些孩子们相互打斗。多年后，当我作为中国政府中第二号人物的夫人从北京到新加坡时，不列颠政府给我提供一名全日制保镖。爸爸会笑笑说："如果你受到攻击，那个可怜的人毫无用处。"他自认为他的做法更实际些。他每年给黑社会中最大最有力的集团一大笔钱来支开盗贼或凶徒。那似乎很有效。后来，当我到总督家赴宴时，全身珠光宝气，我发现他已通知那帮恶势力说我也应受保护。

我童年时受到如此的庇护，因而实际上没有受到不公平的待遇。我是小公主。荷兰学生中哪一个像我有那么多的用人？谁有我那样的由彼得罗在欧洲选购的洋娃娃之家？那房子有我下巴那样高，足够我爬进去玩耍，家具齐全，微小的物件应有尽有——小浴室内成套的浴巾，弹簧垫的床，壁橱里有为洋娃娃挂衣服的衣架，厨房里有锅、盆、碗、灶，甚至小小的刀、叉和调羹。还有我的动物园——有几个荷兰孩子的后院里有鹿、熊和猴子！

也许妈妈对于在爪哇的中国人的问题的感受比我猜想的还要清楚些；或许是她和她家成为海外华侨已很久，以致在她到欧洲受到不同待遇之前，认为这种不公平待遇是一种正常生活方式。但是爸爸是清醒的。他确切知道他的处境，而且他决心采取一种生活方式使人不能伤害我。我能肯定他故意创造童话般的富裕环境使我快乐。每当他不带我出门时，总带回一些特别的东西：两匹很相配的小马、一个特大的长着蓝眼睛的白布娃娃、一双红拖鞋。后来在新加坡，我脱下那双拖鞋以便跑出去看游行，后来就丢了。那是我有生以来第一次感到丢失东西的悲伤——我认为我再也不会有红拖鞋了！

爸爸有一只小狗，北京哈巴狗。它和我一样，总是跟在他脚跟后面跑来跑去。我喜欢那只狗，即使在那时候我就知道它只爱我爸爸。有一天，爸爸出门了，我抱起小狗想将它锁在妈妈收藏她的美丽的中国瓷器的玻璃柜中。我的动机毫无恶意：我仅仅想它是那么好看，应当和其他好看的东西放在一起。但是它咬了我的大拇指，那是我唯一的一次被狗咬。

妈妈生那狗的气，想将它送走。她从不喜欢狗，虽然在以后的生活中，她有时在我外出时必须喂我的哈巴狗们，但她决不碰它们。她对动物的态度是矛盾的。马必须进行训练为人类服役，它们有用处。如果你喜欢狗，可以当作玩物，然而她的确怕它们。她从不去看马戏，因为她觉得像狮虎之类活蹦乱跳的丛林野兽被一个傻头傻脑的小家伙用一根鞭子逼着做出有损尊严的姿势，实在贬低它们的身份。

可是，关于爸爸的哈巴狗，爸爸不让步，仍旧留在家中，而且要我离它远些。不过下一次他出门回家却给我带了一件使我惊奇的东西。他回家时，我睡着了，所以在第二天早晨他吃早饭时对我说：“我房间里有件东西是给你的，也许我不该买它，因为它也许会活生生地吃了你。你敢不敢上去偷看一眼？”

我说我敢，虽然我在发抖。他又说：“也许你一个人不敢去，要不要我叫一个黑色荷兰人陪你？”黑色荷兰人是晚上为我们巡夜的高大黑非洲卫士，他们敲打木盾，惊走侵入者。其实他们并不十分可怕，夜里大部分时间他们都在睡觉，家里有一个笑话，说用那些叽叽喳喳的孔雀做报警信号更有效些。

我告诉爸爸说不要人陪，宁可独自去，于是我踮起脚尖沿着走廊到他的房间去。那时是凌晨，天还没有大亮，在昏暗的煤气灯下，我在那里看到一只我从未见到过的最小的狗系在爸爸的长穿衣镜旁。那是一只奇瓦瓦狗，当时是非常珍奇的。爸爸是从街上一个小贩那里买来的，那小贩教会了它跳舞。我还以为至少是一只老虎或豹子呢。我无法形容我是怎样地爱那只狗。我要人为它做了一张四柱小床，和我的一样有蚊帐。它睡在我卧室里。它聪明极了，上床睡时会用小爪子拨开蚊帐。

在爪哇，我对于中国人受到的不公正待遇已习惯了，那是我生活的一部分。可是，作为爸爸的小公主，我也惯于享受特权，看惯了为我破例的事。我长大时，指望整个世界会注意我爸爸的地位和权力和我的特权，因为我是他的小宝贝、他的娇儿、他的掌上明珠。我第一次发觉作为肤色稍深一些，眼睛的形状长得和别的人种不一样的中国人的差别是在伦敦。我们第二次去欧洲，是因为我父亲病了，荷兰医生建议换一个环境，离开爪哇——我猜想，还有他的姬妾们。妈妈和往常一样忙于和姐姐一起逛商店，所以爸爸的英国经理自告奋勇陪伴我。他想我也许喜欢会见他所谓的典型英国家庭，于是我们乘车来到了一个相当萧条的郊区的一所小砖房子。

如果说我对这次访问毫无准备，我发现那对夫妻也是如此。我以前从未到过英国家庭，看到端出一只大鸡放到主人面前，由他亲自切割，感到惊异。在我们家里，按中国方式，所有的菜都是在厨房里由厨子切好，并且在大盘子里摆成美丽的图案。他们给我吃白肉，那是我一向不爱吃的。家里从未教过我为了礼貌，要吃我不喜欢吃的东西，所以我就放着不吃。最后，那主妇看见我没吃，就问我是否不喜欢吃鸡，什么地方不对头。我说："我喜欢，是否可以请你给我吃鸡大腿？"

沉默了一阵子，那主妇终于说："恐怕她从未尝过白肉，可怜的小东西。亲爱的，尝一尝，你会喜欢的。"

我不知道那位父亲曾在陆军中任上校，驻在非洲。在那里，他妻子确有很多深色皮肤的土著仆人。让我上桌吃饭等于让她的一个仆人坐下一起吃饭，因为深色皮肤就是深色皮肤。不过，当人家对我摆出屈尊俯就的样子时，我是知道的，而且我不喜欢这样。

我心中十分恼火，我就用最傲慢的态度说："我吃过很多次白肉，我就是不喜欢吃。在家里我是不必吃我不喜欢的东西的。"

那上校跳了起来，看上去似乎会粗暴地对付我，就像他会用鞭子痛打一个无礼的土著孩子一样。我父亲的商业伙伴认为该走了。他知道爸爸是怎样地珍爱我，如何纵容我，但他却不知道用什么方式告知那些人说他们犯了多大的错误。走出来时，我听见他含糊地，几乎是自言自语地叽咕说："黄小姐惯于为所欲为，她是亚洲首富之一的爱女。"

那时我大约11岁。那一年内，其他的事都很顺利，在整个旅行中，我被当作年轻的女财富继承人对待。我们乘船回爪哇，将结了婚的姐姐和他丈夫留在伦敦。一切恢复正常。也许妈妈比平常出游的次数多一些，但没有打乱我的日常生活。每周一次仍将那些猎袋鼠犬放出去抓谷物中的耗子，我也仍然那样孩子气地欣赏那情景，但已经有些懂事，不去打开厨房门捉弄巴悉登了。下午，当妈妈和姐姐午睡时，我不再到动物园去玩或爬屋顶，而是躺在自己床上，翻阅琼斯小姐扔掉的旧杂志《闲谈者》。

当我到15岁时，我认为自己已经够大，可以举行一次舞会了。我把我的意图告诉了爸爸，他弄不清楚我在说什么，我就去拿那些旧杂志来，让他看英国男男女女在宴会上的情景。他同意我举行一次英国式舞会。他雇了欢迎暹罗国王时的那一班乐师，共16人。我们的餐厅和长廊大理石地面都清洗干净，供跳舞用。巴悉登和中国厨师们准备了最丰富的佳肴。

爸爸以他的随随便便方式，向他的荷兰商业伙伴们提起我的宴会，要他们送他们的孩子们来。如果他是和他们谈生意上的事，那是不会有问题的。但在社交上，我们与荷兰人不平等，而且没有人比那些荷兰主妇更注重这一点了。她们接受爸爸送的蜡染纱笼作为礼物，她们接受其他的食物、礼品，但她们不让她们的孩子来参加我的宴会。

回顾起来，我们应当采取另一种方式。也许我们应该发印好的请柬，那样，至少她们会有礼貌地回绝，让我们事先有所准备。事实上，我们一直忙到最后一分钟。乐师们来了，开始奏乐。但无人光临，没有一个人来参加我的宴会。

我从未见过爸爸如此愤怒。他把他的律师范·海克伦男爵请来。他是荷兰最高贵家族之一的成员，因而掌握很大的权力。他的美丽的砖和混凝土砌的住宅是市里的名胜之一。如果爸爸事先征求他的意见，他可以告诫我们不要办这种宴会，或者设法让一些年轻人来参加，从而避免丢脸。但是爸爸不习惯请人帮忙或征求意见，而我又太年幼无知。后来男爵让他女儿为我举办了一次宴会，邀请所有年轻荷兰人参加。我肯定那次出席的人很多，但我不想目睹。因此我拒绝参加，和爸爸一样，我有我的自尊心。

五

我的母亲

我还不到3岁时，妈妈将一条带有一颗80克拉钻石的金项链围在我颈上。它和我的拳头一样大，对于一个幼儿是很不合适的，特别是一个常常在动物园和地里乱跑的孩子。但是妈妈没有考虑这些。后来，当我们住在伦敦时，人们常和她开玩笑，说她买钻石论公斤而不是用克拉计算。的确她认为表示爱就是给我姐姐和我珠宝，而且我猜想她相信一个人从小就可以戴首饰。

当我戴上那项链时，那块大宝石敲打我的胸口，使我很痛。一天，妈妈看着我那亲爱的缺牙的爪哇老保姆给我洗澡并用马来语向我低声说话时，她看到钻石在我胸脯上留下一条难看的伤痕。这件事促使她回到现实中来，于是要保姆把项链收起来，等我长大些再戴。但当我长大时，我就不常戴它了，因为手头总是有新的，琢磨得更好，更吸引人。但是我直到现在保存着它——在伦敦的银行保险库里。

妈妈的名字叫明娘（Bing-nio），译成英语是维多利亚。她出自一个大家庭——魏家（Goeis）——原籍山东，那里出壮大的男人和娇小的女人。我母亲的母亲不到5英尺高，身材笔挺。据说我像她，但我从不了解她。虽然她的住所是她所有子女和子女的子女们集合之处，她对我们都无兴趣，她的信仰是佛教，她一生事佛，对其他一切都漠然置之。

外婆生了五女四男。所有的女儿都以美貌著称，而妈妈尤其出众。在她到达出阁年龄之前，媒婆们早就注意到她是一位特殊人物。她们在中国城走家串户——总是受欢迎，因为她们带来最新的闲言碎语——和妇女们一坐就是几小时，嚼槟榔块和烟草，对准痰盂吐出红色唾液，喝茶和谈论哪些女孩可以出嫁和可以指望什么样的嫁妆。显然可怜的妈妈不会有嫁妆。她父亲在银行的收入是那么少，为过鸦片烟瘾又要花那么多，以致仅能糊口。

但我祖母决定我父亲——她的爱子——应娶中国城里最美丽的姑娘为妻。表面上她完全服从丈夫的意志，实际上她胜利了。

所以，当妈妈刚刚15岁时，就打发了红漆描金的花轿去接她。这种习俗要回溯到中国还没有马车的时代，男人必须骑马，或者像军阀那样，坐在轿夫肩上抬着的前后伸出长轿杆的轿子上。有时候，那些老军阀，又大又胖，像熊一样，需要用16 ~ 18名轿夫。在妈妈的时代，迎亲的花轿仅是一种礼仪，意味着父母赞成。它由四个人抬。

她来到了，并且按传统习俗向她的翁姑磕头，和她从未见到过的新郎结婚——直到死才能自由。在妈妈的时代，守寡的妇女决不再嫁。外遇或调情是前所未闻的，离婚也是不可想象的，除非那妇人犯了可耻的七出之条，被不体面地休弃。婚姻是永久性的，或者至少要到女方死去，重转轮回。

爸爸接受了父母之命。大红花轿是他熟悉的世俗。他从未想过因为妻子不能生儿子延续香火而休她。他爱女人，新鲜面孔总在吸引他，但从不持久——直到一位叫露西·贺的姨太太进入他的生活为止，而我只能猜疑他在那时安定下来和他的年龄有些关系。

妈妈生不逢时，一直因她自己不是一位完美无缺的妻子而烦闷，寻求解脱。爸爸从未在物质方面拒绝她任何要求。即使在她带着我离开他，住到伦敦后，虽然这是一种他难以接受的报复方式，他仍乐意以一种令人难以置信的奢侈生活方式来养她。她常给他打电报“寄四”意即4000英镑，当时值25000美元，而他从无异议。

有时老式婚姻是成功的，或者至少和基于自由恋爱的现代婚姻同样成功。但是我父母之间不对头的事太多了。他们的生肖相克。在中国，以十二生肖代表年。爸爸生于虎年而妈妈生在龙年。按迷信，龙和虎不相配，因为虎是林中之王而龙是海的统治者，所以各自都不服从对方的意愿。我目睹了这些事。妈妈的顺从誓言仅是口头的。她太骄傲了，决不肯服从他。所以他这个林中之王就去找别的女人。

回顾起来，我认为妈妈应该去当尼姑，那时代所有的中国姑娘在出嫁时都是天真的处女。那是习俗促成的。一个姑娘到了青春期就被禁在深闺，除了特别的日子外，连兄弟和表兄弟都见不到。但那并不意味着她们害怕性行为，也不像妈妈那样觉得它令人烦恼和反感。在我结婚时，我在性行为方面几乎和妈妈一样无知。虽然我曾经和男孩子们出去跳舞和调情，但我是孝顺的女儿，决不允许男人对我不规矩。但作为我父亲的女儿，我知道性行为对男人是何等重要，所以我不拒绝我丈夫，而且随着时间迁移，也喜爱我们之间的关系了。

然而，妈妈的做法就好像她忽视性行为就可以消除它。她从未对我提过月经是怎么回事，我姐姐也没有对我说过。当这事发生时，我毫无准备而不知所措，认为受到凌辱，就躺在床上流眼泪。我的侍女去叫母亲，她带来了一条带子和毛巾，告诉我这事会持续一个星期。我不知道我怎么能忍受这种可怕的丢脸的事，真使自己难受。我是一个讲逻辑的女人。我能肯定就是在那个岁数我也很讲逻辑。如果有人向我解释月经的作用，我会接受的。但当时我完全蒙了。我那可怜的老爪哇保姆抱着我。她和所有的土著一样未受过教育，但她多少使我懂得月经是一切女人命中注定的，使我有所慰藉。但我仍未将它和性行为联系起来。有很多事我都没有将它们和性行为联系在一起。

我在星期天和星期六比平时要听教师们讲课自由些。特别是星期天，琼斯小姐到教堂去时，整个上午归我自己支配。我常常到我们后园子里未整顿过的地方去探险。其中一部分是一个几乎被矮树丛覆盖住的中国古墓，我常到那里去玩，想象自己和鬼魂谈话。有一天，我被园中饲养鸡、鹅的地方传来的一阵可怕的骚动声吓了一跳。我以为有一条蛇在咬它们，马上跑去。使我震惊的是看到一只鹅跳到了另一只身上。我以为它要弄死身下的那一只，我跑去拿一根长杆子来打公鹅。妈妈也走来看到了，但没有阻止我。我认为她将性行为看作对所有女性的迫害，只有坏女人用它来引诱意志薄弱的男子。而当她发现所有这些脏事的最终结果只不过是生了两个女儿时，她就认为拒绝进一步的性交是理所当然的了。

然而她喜欢作爸爸的太太的重要地位。她爱她的珠宝。在家门以外，她是一个相当重要的人物。当她去看戏时，戏班在演出后向她磕头，她堂皇地大量分发赏钱，爸爸有一次告诉我，数额高达1000美元。在访问荷兰家庭主妇回来后，有时她会抱怨那主妇羡慕她的胸针。出于礼貌，她不得不将它送给那主妇，而后者总是来者不拒，迫使妈妈回家时用安全别针扣住上衣。其实她并没有必要戴那枚胸针，她也知道只要她开口，爸爸总会给她再买一枚的。

我不太了解她的娘家情况，她的兄弟们靠低薪过着艰难的生活，而她那些听天由命的姐妹大多数嫁得很糟。只有一位和一个有些财产的人结了婚，但那位姐妹也有她的难处。她不能生育，甚至女孩也不能生，所以她抱养了她丈夫兄弟的两个女孩。其结局是一场丢脸的灾难。两个女孩都成了我爸爸的姨太太。年长的那个为时不长。她是个傻姑娘，和他的马来汽车司机私奔了。年轻的那个不很漂亮，但身材美丽——而且精明。她的名字是露西·贺。

在妈妈带我到伦敦，永远离开爸爸后，他和露西·贺搬到了新加坡。由于征税的关系，他不得不离开爪哇。露西·贺是一个尽职的姨太太。她认真负责地记账，而且每年给他生一个孩子，很多儿子和女儿。但是我憎恨她对爸爸的影响。在他和她一起迁走之后，他精神上似乎失去了什么。尽管他有钱，他却不再按照以前在爪哇他所习惯的方式生活了。

在我的混乱的家庭中最后一次的笑话是，露西·贺的儿子之一长大后，在纽约见到我异母兄弟宗宣的一个女儿，他爱上了她。但他们不能在美国结婚，他们虽不是一母所生，但是男孩的父亲却是女孩的祖父。他们最后到了荷兰，那里允许举行婚礼。也许我异母兄弟宗孝的影响对此起了一些作用。

妈妈恨露西·贺和她自己的姐姐，她常摇着头说："这就是收养女儿的结果。"

可怜的妈妈，她是那么美丽、骄傲，满怀奢望。有时我看着她和我的两个孩子,就想着"假如她能有儿子就好了"。我的小儿子福昌特别孝敬她。她住在纽约时，他在哈佛大学读书，常带她去看电影，并且将全部对话给她译成中文。周围的人气愤地抱怨，但福昌不理睬。有时他学习通宵后，来看她并在她床上睡一会儿。她是那么爱他，从不抱怨这年轻的傻大个弄皱了她美丽的床罩，反而非常高兴并引以为骄傲。

如果她有儿子的话，她会宠爱他们的，在他们身上得到同样的或者比女儿更多的乐趣。但她只有我们姐妹俩，所以她将全部的梦想和雄心注入我们身上。她的唯一生活目标是，我们的婚姻很光彩，给她增光。

我卧室里挂着她的一幅照片。她那时大约刚过30岁，所以我只有五六岁。她穿着一件淡蓝色高领的绸衣服，带有精致花边的披肩。她的颈上围着钻石。照片上看不到她那抹了油的黑发髻上插着的周围镶有红绿宝石的金刚钻发钗。她戴的指环和别针也是配套的。

我也赏识珠宝。在北京，我学会了欣赏翡翠，它比爪哇常见的宝石更精美。但是我从不像她那样为它们而活着。热带酷暑中，在家里，她穿着薄蜡染纱笼，上面是紧身轻纱短上衣，用钻石纽扣扣在手腕处，脚上穿着软凉鞋。但她的珠宝总是十分讲究的。她不戴珠宝就没有安全感，我姐姐多少继承了这种看法。有一次在香港，爸爸带姐姐和我去看赛马。爸爸低头看到姐姐手腕，马上摘下她戴着的手镯，放在他的衣袋里。她疑惑不解，爸爸后来解释说他害怕在那些穷人中露出这样值钱的镯子会引起暴行，我们可能会遭祸。

我非常爱我的妈妈，希望使她高兴。我想即使我在年幼时就懂得她对我做的很多傻事只不过是因为她希望我长得十全十美。虽然一般的习惯都雇用奶妈，但她亲自喂我奶，而且我敢肯定她认为自己喂奶接近于畜类。尽管如此，她希望我健康成长。她认为晚上空气对小孩不好，当白天的热气稍减，凉爽的微风开始钻进门廊时，她就关紧我卧室的门窗，让我每夜在闷热的房里睡觉。

她常要我跪着，打两三个生鸡蛋在我嘴里，令我吞下，使我强壮。以后又用鱼肝油代替鸡蛋。不论是鸡蛋还是鱼肝油，吃后我总觉得难受，到花园的一个偏僻角落里躲起来。但是，她确信这些东西有助于我的成长，坚持这样做，——而我温顺地吞下去，一面计算着多少分钟以后我可以吐出这些令人作呕的东西。不论如何，现在我很健康。但直到如今我不喜欢吃鸡蛋，也不能忍受沙丁鱼和鲲鱼的气味，甚至连鱼子酱都不喜欢。

爪哇当地有一些好吃的水果——番荔枝、番木瓜、面包果——但妈妈认为我不该吃这些东西。每当我不听她的话，在我们的树上摘各种果子吃时，就会吃得过多而生病。结果是我的饮食中纤维质太少，不免有便秘之苦。

我没有上过学校。当我对孙子们提起这事时，他们会满脸呈现笑容。他们认为逃学是很有趣的事。但我比上学的孩子更用功，当我不做功课时，妈妈就打我屁股。我还忍受着最大的艰难：我在极端孤独中长大，渴望有同龄的孩子做伴。结果是我一生都需要温情和理解，但却很难主动寻求感情。

爸爸非常爱我，他基本上是一个孤独的人。荷兰人彼得罗，他在荷兰的代理人，几乎可以说是他的朋友。我不过是一个孩子，我需要一个人来分享我的看法和幻想，以及我是一个就要成为妇人的女孩这一事实。

妈妈希望训练我能在与任何人交往时维持自己的身份和见解，为此我很感激她。我深信她从未想到过我需要小伙伴和我一起玩。她是在一个拥挤的家庭里长大的，周围是兄弟姐妹。对她来说，幽静生活是无价之宝。当我还是睡在摇篮里的婴儿时，她将我暂时放在她房间内，但不久她就将我搬进我自己的小天地。我的卧室全是淡蓝色的，床单也是蓝的。带花边的薄纱窗帘和我床上的蚊帐，都系着巨大的蓝蝴蝶结。我的洋娃娃都有自己的椅子、摇椅和小桌子。我的法国娃娃之家和梦一样美好——妈妈的梦。我习于奢侈生活，在整洁方面我仿效妈妈的做法，但我没有珍惜它。我不知道其他与我同龄的小女孩并不在这种环境中生活，因为我不认识任何其他小女孩。

茅舍群中有很多小孩。偶尔，我会溜出去，试图哄他们和我玩。他们怕我，这是有理由的，因为一旦有大人看到我在那里，就会立即将我弄回家去。实质上，我被隔离了。现在我希望那时能给我姐姐解释这种心情。她必然也有她的苦处，但我怎能得知呢？她给我的印象是嫌弃我，而且照我自己的理解，我是很讨人厌的。但是我有丰富的感情要付给别人，恐怕这就是我一生的故事。我多次遭受拒绝，以至于今天难以向人伸出友爱之手。于是我几乎和爸爸一样孤独和自以为是了。

只有那个严肃的大胡子老荷兰法官的孩子们是关心我的年轻人，他们住在我们那片产业上的第二所大房子里。爸爸买那片产业时他已经租下那房子了，所以继续租给他。他有一窝女儿，七八个，都是金发巨人。她们充满生气，精力旺盛与身材相称。最年轻的和姐姐年龄差不多，她们全都当我是个小洋娃娃，抱我到她们的厨房里，拿烤蛋糕塞给我吃。那些荷兰女孩胃口大得很。她们一次能吃20块，抹上厚厚的黄油，盖上一层糖浆。我就坐在那里勇敢地想跟上她们，最多的一次勉强吃了10块。

她们还教我荷兰语。爸爸和妈妈从未学过荷兰语或英语（虽然爸爸懂得一点商业英语，在他谈判时能签订有利的合同）；虽然他们认为那是一种无法学会的语言，但是姐姐和我却说得很流利，我不知道她在哪儿学会的。那法官的女儿们首先教我简单的诗。我最初学的是一首半马来语半荷兰语的儿歌：

亨利叔叔把提琴拉
“吱嘎，吱嘎”跳起波尔卡
妈妈说多么美呀
爸爸，接着往下拉

后来当我访问荷兰的海牙和国际法庭时，我高兴地发现在爪哇学的荷兰话很够用的。在更晚些时候，当顾维钧出任美国大使，我们住在华盛顿时，我能讲荷兰话，引起了有趣的局面。一次我们宴请泰隆·鲍华[①]和他夫人林达·克里丝丁。我不知道林达是在荷兰出生的，也不知道她有些腼腆。所以我问她是否在饭后讲几句话，给我们的外交界和政界客人介绍一些她在好莱坞的生活。林达推辞，说她害怕得很，怕她自己在站起来讲话时讲出一些谁也不懂的荷兰话来。我当即用荷兰话回答她说我懂！她发现中国大使夫人能讲流利的荷兰语时的表情，看起来真是精彩。

我们迁入大府邸后，妈妈认为姐姐该有一名真正的英国家庭女教师。那是她要姐姐成为上流社会妇女的伟大计划的一部分。爸爸就要彼得罗开始寻访，而恰好伊丽莎白·琼斯小姐来到爪哇。她是一个整洁的女人，在热带雨季中总是带着雨衣，而在其余时间内则用一顶黑色英国伞来遮住猛烈的阳光。但是她有冒险精神，使她离开家庭到赤道另一边的岛屿上来教一名中国女孩子。起初，她打算如果我们对她不合适，就到澳大利亚去，结果是爪哇对她十分合适。

她初来时，只有法语（那是我从姐姐的巴黎来的侍女那儿学到的）是我们的共同语言。差一些的女人就会不干了，但琼斯小姐本质坚强。她向姐姐灌输英语，并且洒到了我身上，她从未学爪哇语——那是很难学的——也不会华语，但她学会了马来语，她就用这种语言跟妈妈交谈。我想她和爸爸从未谈过多少话，但他给她的报酬优厚。她有个人用的马车，唯一需要她花钱的东西就是她那些从英国订购并用船运来的衣服。

姐姐长大后，琼斯小姐就教我，大概是因为她不愿离开东方——或者是不愿放弃可观的薪俸。还是孩子的时候，我随意走进或离开她的教室，不费力地听会一些英语，就像我从姐姐的法国侍女那里学会法语一样。我没有姐姐那样聪敏，也不如她勤奋，但是爸爸不为这些操心。他会笑哈哈地说我太漂亮了，不必为学习发愁。但琼斯小姐不这么看。当她接管我时，就给我讲莎士比亚，并且不久就教我法语不规则动词。虽然我喜欢用马来

---

① 当年好莱坞著名的电影明星。——译者

语，这是我从保姆那儿学会的第一外国语，但她拒绝用它来和我对话。因此，我的英语自然而然地流利起来。我一直跟她学到十五六岁，到英国去住时为止。那时，爸爸再一次提出给她一笔丰厚的年金送她回英国或到澳大利亚去。她推辞了，说她已过惯了热带生活，他就帮她在新加坡开办了一所女子学校。

爪哇的中国人讲一种南方话——福建话，那是很难学的。在家庭范围内，福建话是共用的语言，我当然学会了。但我现在讲不好了。我童年到北京时学会的中国国语（普通话）容易得多，又是官方语言。爪哇仆人们之间讲中等爪哇话，我听他们讲时，学会了一些。爪哇话是一种非常复杂的语言，妈妈当然讲得很流利。下等爪哇话是对下级的人讲话时用的，妈妈用它来对仆人们讲话。上等爪哇话是对上级讲话用的：仆人对主人或主妇。中等爪哇话则是对同等的人用的。所有的仆人都讲马来语——那是仆人的语言。但是他们之中上了年纪的人仍不放弃复杂的爪哇话。

对我来说，懂多种语言是很自然的事。当我从一个国家到另一个国家时，我很容易地以一种语言换用另一种。根据我在什么地方，我用英国或美国口音讲英语。当妈妈在巴黎买了一所房子，正好我丈夫在中国政府中失势时，我带着孩子们在那里居住一年，在这时期我的法语变得优美而且是地道的巴黎口音。说也奇怪，我发现在议论衣服时，常常不知不觉地说法语。即使现在要我到一个语言不通的国家去，我也毫不犹豫，因为我感到再学一种语言也是易事。当一个人成长时像我一样讲多种语言，他就养成了听力。

爸爸不关注我的教育。只要不影响我的外表，他不管我如何支配我的时间，唯独在我母亲带来一名芭蕾舞教师时，他提出异议。他的一个妹妹警告他说，如果我用足尖跳舞，腿肚子会变得很粗，于是就打发那位教师走了。其他的事，他都不管，由妈妈做主，而她则努力使我更优美。

下午，当琼斯小姐教完当天的课后，就由其他几位家庭教师来教我。有一位中国学者来教我书法。一位女演员教我演讲。音乐教师和舞蹈家教我音乐和舞蹈。我花了一年工夫学舞剑，那是一种很难的古典舞蹈，伴着古典音乐，每一段都有一定的步法。开始时用钝剑，即使这样，有些女人还弄伤了自己，就放弃了，因为不仅要求姿势优美而且动作要有力量，那是逐步练成的。我天生柔软有力，因而终于学会了。我学成时约15岁，用的利剑是在中国广州为我的矮身材特制的。我带着它们走遍全球，它们至今还挂在我起居室的墙上。我已经有些日子没有用它们了，但是我是大使夫人时，如果男人在客厅里喝咖啡和白兰地耽搁得太久，我担心女宾们会觉得无聊，就偶尔为她们舞剑。我该补充一句，剑和酒精是不能混在一起的，我不爱喝任何酒，甚至葡萄酒也不喜欢。我也不喜欢吃肉，如果让我选择的话，我宁可永不吃肉，做个素食者。当我拒绝吃肉，或者出于礼貌只吃一点点时，人们很难理解我是说真话——顺便说一下，我总是讲真话。他们总是劝我多添菜，而且竭力劝我“尝一尝”某种特别的酒。真可笑！

在五六岁时，我已懂得一些荷兰语，足可以和殖民者的孩子们一起上正规荷兰学校。但家里从未谈论过这件事。由于爸爸的影响，很有可能吸收我入学。但是我是单独受教育的，我猜想他们从未想到我常常极不快活。

唯一我可以称为朋友的孩子是一个金发澳大利亚小女孩。我们全家在苏门答腊旅行时遇到了她，当时我们都是八九岁。她的家人是马戏团的自行车杂技演员，与我们同住一家旅馆。那时我不上课，可以自由自在地和她玩，这一次妈妈没有反对。她的口音和琼斯小姐教的彬彬有礼的不列颠口音大不相同，但她经验丰富，了解世情，使我着了迷。我到处跟着她，将我的糖果、衣服给她。如果我的侍女不阻止，她会将我所有的东西都拿走。但我不在乎，她是我的朋友。当马戏团离开时，我痛哭一场。

我想假如我不那么害羞，而且妈妈能比较理解，我可能和表兄妹们更接近些。但那是非常困难的。只有住在新加坡的爸爸的妹妹和妈妈友好，爸爸不喜欢她的丈夫，甚至不能忍受与他们有任何接触，但妈妈和我定期去访问他们。他们家有三个孩子，一个比我大些的女孩，两个较小的男孩。妈妈在节日里放松对我的管教，我可以按小孩子的方式去玩。我们并没有做什么太冒险的事，但对我来说，每一天都令人异常兴奋。他们都有自行车，并且设法教我，但我始终学不会，所以他们把我放在车上推着走。我借用他们的旱冰鞋，跑得那么快以致扭了脚，但我们瞒着妈妈。直到今天我记得最清楚的游戏是：下雨时头戴搪瓷碗，身穿游泳衣，在那热带倾盆大雨下站一两个小时。这样一种简单的儿戏竟然是我早年生活中的主要趣事，现在看来真有些可悲。

我在妈妈的娘家，从没有感到过那样自在和快乐。妈妈访问他们时，我常跟她一起去，那里有许多和我年龄相仿的表兄弟姊妹们，但我不玩他们玩的游戏，他们也不想教我。我想他们恨我，因为我似乎很富有而他们太贫乏。访问时我总是打扮得漂漂亮亮的，还带着侍女保证我不会弄脏，而他们在土地上打滚，互相弄得乱七八糟。过了一会儿，我就不再打算参加他们一伙了，只是闷闷地坐在一个角落里，看妈妈分发食物和钱。她的举止看上去就像一位王后。

从那时起，我就懂得很少有人感激施舍。妈妈的娘家人贪婪地接受她的馈赠，但他们并不因此而更喜欢她。我怀疑妈妈是否察觉到这点。她必须在她自己的姐妹兄弟中扮演贵妇人的角色。我肯定她从未想到过应当鼓励我和表兄妹们交朋友，邀请他们来看我，使他们了解我。

不论她私下是否承认，当她对那些荷兰妇女——爸爸雇用的或者有商业来往的人的妻子们——进行正式的访问时，我是有用的。按照当时的礼节，妈妈觉得她应当访问这些家庭主妇，而她们也回访。那都是极正式并且不舒服的。她的荷兰话不够用又常常出错，使她不得不用马来语，仆人的语言，和她们说话，因为那些妇女当然不会讲华语。爸爸使用翻译来应付这种局面，那是些聪明的中国青年，他们将他讲的话译成荷兰语，并将荷兰语的回答译成华语。但是妈妈只能用我当翻译，而我常常心不在焉，觉得厌烦。

在这些沉闷的访问中，所有的人都穿得过于考究。妈妈总是穿上她最好的马来衣服，后来间或穿欧式服装。在我们第一次到欧洲时，她和姐姐在彼得罗夫人令人怀疑的帮助下，发现了带膨松袖子的欧式长礼服。这种衣服完全不适应爪哇的热带气候和未经铺砌的道路，但妈妈或她的女儿们总得穿用最好的东西。每当我准备去向荷兰夫人们进行讨厌的访问时，她要求我的内衣一定要上过浆。我的衣服是厚丝绒的，是由爪哇的一家高档欧式女服裁缝店制作的。只有上层的荷兰家庭才穿用。

虽然我年龄还小，也看出整个事件是毫无意义的。如果妈妈留在家里，我们大家都会更快活些。但她有她的尊严。在这一点上，她的坚持出访和我祖母自称为“公司”有些类似。至于我，则毫不掩饰我厌烦全部的折磨。我憎恶请我们喝那温暾的甜果汁饮料，而出于礼貌又不得不喝。在我们家里，如果什么东西应当吃冷的，那就是冷得可口，因为我们够阔，可以随意用冰。但是我最恨的是那些流着汗水的荷兰家庭主妇——她们自己也裹在厚欧式时装里——使劲地亲我。我猜想她们觉得应当吻我来表示她们对惹人爱的中国小女孩不怀偏见。但是每当我看到她们的大脸盘，嘴上的汗毛湿漉漉地靠近我时，我就想跑开藏起来。事后我用手绢使劲擦脸以示报复，成人们置之不理。终于有一天，我一时不顾后果，向一位夫人以脚代手给她握，我被揪回家并且打了一顿屁股，真是活该，但也值得。姐姐却从来不必进行这种访问，因为她可借口要用功学习。

虽然我有时发脾气，冒失无礼，也孤独，但我父母实在爱护我。琮兰则比较内向。我们姐妹年龄相差很多，她必然会妒忌我这个享有特权的小宝贝。爸爸从未爱过她。我首先记得她活像一个安静的女孩，很严肃。后来，她一阵阵地闷闷不乐，有时将自己关在房中好几天，单独吃饭。我猜她有时甚至怀疑妈妈的爱，尽管妈妈给她大量的衣服和珠宝。

我知道有一次她觉得他们二人都抛弃了她。妈妈将琮兰培养成一个上流社会闺秀，可以嫁一个好人家。她不是按老式习俗从青春期起就被禁在闺中，但她受到监督和保护。不管怎样，从被监护的墙后面，她看到了一个年轻的中国人，一位医生，而且疯狂地爱上了他。她去找妈妈，告诉她说如果不能嫁给他，她宁可死。

妈妈不为所动。她对罗曼史不感兴趣，更不赞成为相思病而死。但她确实通过媒婆进行了调查。那中国男孩的父母知道爸爸很富有，说如果爸爸资助他开办诊所，就可以娶她。爸爸认为这是侮辱，根本不可能要他花钱买一个男人来娶他女儿。我想如果妈妈赞成，并且认为那年轻人令人满意，她会私下里坚持要他，爸爸也会让步的。但妈妈仅仅将爸爸的决定转告琮兰。

我知道出了什么事。我爹着胆子接近姐姐，以我自己的浪漫想法希望这次拒绝会使我们亲近些。但是，她冲着我的脸关上了房门。

六
妈妈从不轻装出游

我们旅行时总是行李堆成山——衣箱、包裹等等。我们的随从包括我的中国侍女，通常还有一名本地侍女。妈妈有自己的侍女真姆和本地男女用人服侍她。此外，按照她当时的兴致，我们还可能带姐姐的法籍侍女，或按摩妇或洗衣妇。但我们总是结队行动，而且我们总带着妈妈的厨娘和她的锅盘与供应品——以及运输这些东西所需的挑夫。妈妈从来就不赞成轻装简从。

有时我们乘火车横跨爪哇，这意味着要在烧煤的机车后面待很多小时。我们到达时，煤灰满身。至于短途旅行或到山里去时，我们就挤在由一组小马拖的皮篷马车里，沿途换马。妈妈常到一个在6000英尺高山上的、当地人称为狄仁（diyeng）的旅店去，那里俯视着我见过的水色最蓝、最美的火山口湖。那家旅店由一对荷兰夫妇经营。上山的路不能通车，所以我骑马，妈妈乘滑竿。当地挑夫挑着行李跟在后面，就像一列望不到头的蚂蚁，仆人们也要爬上山。

妈妈盼望到山里逃避三宝垄的暑热，但一到了那里，妈妈又总是感到太冷。我们就重新收拾行李下山到沙拉笛加山瀑布的一所房子里，那是当我在舅舅拥挤的小平房里得病时爸爸为她买的。沙拉笛加海拔只有2000英尺，但很凉爽。妈妈只在夏天用这所房子，所以那里按照她的兴趣，陈设的是朴素的竹和藤制的家具。但是她忍不住加上一项独特的讲究色彩：地板全部是用马赛克瓷砖铺的。那房子成了该地区的名胜。

爸爸借口业务上走不开，不和我们一起去。姐姐因为要学习也不能一起去。我不太用功，而且太年幼不能抗议，总是妈妈的旅伴。有时，我们的车队中还包括姨妈或舅妈。她从未邀请过我的表兄妹们。我认为妈妈不喜欢她的内侄和侄女们——她们受的教养比起姐姐和我来差得多。有一个男孩，妈妈寡姐的儿子，总是在大人动手吃妈妈带回娘家的食物以前就伸手抓，妈妈不想使那可怜的母亲伤心，但终于她忍不住而爆发出来：“我要你在我来这里时将他关起来，直到你们每人都分到手后再放他出来。让他吃剩的，而不是吃比他年长的人的。”

我推想这些旅行是妈妈娘家人难得的愉快的事情，对于我则不是乐事。我常常感到不舒服，由于天气热和那古怪的小马车的簸动而不好受。爸爸的甘蔗园监工们为妈妈和我腾出他们自己的房子，下面的工头们则接待她的姐妹和职位高一些的仆人们。但他们还是没有妈妈和我舒适。琼斯小姐在旅行一两次后，彬彬有礼地推辞了妈妈的邀请。她觉得这些旅行太热，太累人。此外，我们从不在一处久住，即使在沙拉笛加也住不长，最多两个星期，妈妈就要离去了。

我们到内地去时，就乘摇摇晃晃的小马车。小马在车夫的驱策下，以令人眩晕的步子，快速稳步地经过有水牛在齐膝深的泥中耕作的稻田，水牛的土著主人趴在笨重的木犁上几乎直不起腰来。过河时我们下车跨上巨大的竹筏，那里有文娱节目和一罐罐的凉糖浆和新鲜椰汁。当竹筏通过深褐色急流时，脸上抹着黄粉的舞女们进行表演。我们再登上车，有时在清澈美丽的湖边停下来，或者到古老的佛寺中去游览。有一座称为波罗布莱得（Borobrcdcr）的古庙，人们曾以它与柬埔寨的吴哥相比拟，虽然名气不如吴哥大。它也曾被埋没多年，荷兰人在日惹市附近发现了这座千年古刹，清除了丛林并挖出了成吨的积土。对我来说，它充满魅力。佛陀的四相站在各自的神龛中，灰色石头上雕出各不相同的奇异的小花和怪兽。

爪哇一度在国王和苏丹们的统治下，他们是至高无上的，因为他们的权力来自天上。天生的统治者可以从他的“昧火”（wayhu），即眼中的神光上看出来。当昧火熄灭时，大家就都知道这一位国王或苏丹的大限已到。但是，在17世纪初开始的荷兰统治下，苏丹们成了傀儡，实际上是荷属东印度公司的部属，被迫给新主人上贡。照理说，谁也不敢在苏丹面前坐得比他高，但是荷兰政府的代表总是坐在他旁边或附近同一高度的椅子上。

我童年时，内地还剩有少数苏丹仍保持着他们的土朝廷，妈妈十分喜欢参与他们的典礼。这种典礼持续很多小时，我们这些参观者都挤坐在矮椅子上。甘木阑（一种印尼乐器）的奇怪音乐随着舞蹈进入高潮，越来越疯狂时，温度也越来越高。通常在仪式结束前不久，我就头枕在妈妈的怀里睡着了。

我想那些苏丹现在都已去世，他们的后辈不再被人敬畏。事实上，人家告诉我，我们过去曾经去拜访的一位苏丹的直系后裔，现在是印度尼西亚政府的官员之一。所以我当时也许不应该睡觉，那样就可以更清楚地记住这种现已不再存在的盛典了。无论如何，有两件事给我留下深刻的印象。当苏丹出现时，他的头顶上高举着一顶巨大的金伞盖，它和三宝垄的荷兰官员们所用的相似，但要大得多。这是表示他是一位应受人尊敬和礼遇的人。他后面跟随着蜷缩在伞盖下的擎盖人。他走向他的宝座。然后是他的妻子，raden oyoe，美丽的王后。一声令下，宫殿卫士，被称作好斗蚂蚁的大汉们将健壮的长腿盘在身下，手臂交叉，就像螃蟹似的向他爬去。这是一个十分令我神往的景象。在我回家后很长一段时期内，试图模仿他们，但是学不会。他们到达宝座前，就向苏丹和王后参拜。然后宫女们出来了，她们的黑发抹了油并插着珠宝与大朵奇花，脸上涂满脂粉。她们穿着紧身的蜡染纱笼，突出尖耸的胸部，她们会不知疲倦无休止地跳舞，直到凉爽的傍晚。

当爸爸巡视他在爪哇的甘蔗种植园时，我喜欢随着他去，但妈妈认为这种旅行太乏味。尽管她十分喜欢到外地旅游，她只随他的货船到他有业务的外地港口去过一次。船长将他的舱房让给我们，但她觉得这种简陋的条件远达不到她的日常水平，就此再也不上他的船了。但是当他乘到中国、日本、中国香港或新加坡的定班邮轮时，她却热衷于陪伴他去。除欧洲外，具有令人神往的商店和英国风格的新加坡是她最爱去的地方。爸爸的妹妹是个极好的伴侣。妈妈与她的某些朋友情投意合，特别是一位当地卫生官员（一个在国外受教育的中国医生）的妻子。她是一位可爱的娇小中国妇女，她的衣服是我所见过的最美丽的（可惜，她还很年轻时就死于肺结核）。她们可以闲聊几个小时或玩中国纸牌。而我和表兄妹们玩得很开心，骑在他们的自行车后面，就像是一家人。由于妈妈快乐，我更高兴。在新加坡，她变成另一个人，主动得多。

我现在才明白爸爸以前一定是一个多么杰出的人物，他不会说外国话，而他的工业王国包括了在伦敦明兴巷和纽约华尔街的办事处。当我们全家带着用人、秘书兼翻译和成百件行李第一次到欧洲去时，彼得罗和他活泼的荷兰妻子在那不勒斯迎接我们。我们经过欧洲时有些像马戏团的人员。我们的用人不会英语，中国秘书讲英语和荷兰语并且为爸爸翻译。彼得罗和很多荷兰人一样会讲多种语言，他帮助爸爸用多种语言处理业务。彼得罗太太在爪哇生活时学会了马来语，带妈妈和姐姐去买东西。她们很快就放弃了她们来时穿的中式厚旗袍，突然换上了欧式衣服并烫了头发。妈妈还发现了维顿牌皮箱，成批地乱买大衣箱和手提箱。

不论到哪里，我们总带着长长的大车队，后来则是汽车队。但作为旅游者，我们一点也不时髦。爸爸不了解欧洲，依赖不老练的彼得罗。他选择的旅馆是二流的车站旅店，像巴黎的“大饭店”和伦敦的“查灵克罗斯”之流。当然，我们总是包下一层楼，这在那类旅店中是前所未闻的。带着我们混杂的用人队伍，我们一定像是火星来客。在那个时期内，我们到美国的一次旅行中，住在华道夫–阿斯托里亚（纽约最华贵的旅馆）。也许那时爸爸懂得了车站旅店对他不合适，爸爸到他设在华尔街的办事处去。我对纽约的记忆是模糊不清的，但我还记得那时是夏天，并且是那样热，以致妈妈的法国高跟鞋陷入了柏油路面，因而她回欧洲时对纽约的印象不佳。

我们在国外待了几乎一年。爸爸和彼得罗忙于工作。妈妈和姐姐懒得买东西的时候，就到美容院去花上很多时间，回来时巨大的帽子下头发蓬松，靠一些镶宝石的帽针将帽子别住。我们在伦敦梅菲儿区最时髦的伯克利广场上租下一座巨大的房屋。彼得罗每天到市场上去为我们买食品，包括妈妈和大部分用人喜爱的印尼食物调料。到晚上，妈妈、爸爸和姐姐由彼得罗当翻译，到饭店或夜总会去。也许是不服水土，也许是由于环境陌生和孤独，我记得那个时期我多病。晚间彼得罗夫人常来陪我，为我读英语和荷兰语的童话。

在社交方面，我们在进行访问的国家里处于不利地位。如果我们是从中国大陆去的，就会受到各处使馆的中国官员等有地位人士的欢迎。有两件事对我们不利： 首先，我们是华侨，从大陆来的人认为我们是乡下人。就像英国的势利小人看待他们的加拿大或澳大利亚同胞一样——能容忍但不真正承认。其次，我们太阔了。妈妈和姐姐到任何地方都戴着很多珍贵饰物，金刚石、红宝石、绿宝石等等。使馆的人们心里羡慕但又装着看不起的样子。加上我们通常买东西的习惯，大量订货而从不考虑价钱，他们一定认为可笑。妈妈和姐姐不知道其他的交易方式。

多年后，当我和顾维钧结了婚并进入中国大陆的上层人士圈子时，我回忆起我们在欧洲时显得多么不懂世故和天真，使我发笑了。甚至后来，某些爱骂人的女人，妒忌我的地位和财富，会提起我曾是华侨，好像这是一件我为之羞愧的事。妈妈在欧洲受到她在爪哇从未体验过的待遇，可以弥补在社交方面未受自己人接纳的缺陷。在欧洲的商店和旅馆里，我们受到和白种人相等的接待，我们无须行贿来免除不公平的待遇。虽然她除了几个词组外从未能掌握英语，她发现英语特别吸引人。她非常喜欢那些整洁的店员围着她，说："是，太太。"和"不，太太。"

妈妈把欧洲当作一个大购货中心的态度不是独一无二的。在20世纪交替时，一些美国女人也有同样的态度，她们是一些粗鲁的美国暴发户的妻子。她们带回整船的假法国古董和仓促画成的"祖宗"画像。妈妈可以一次为自己和姐姐订购一打衣服，但她从来不乱买。她很明白自己要什么，而且她只要最好的，爸爸也一样。他从未见过欧洲人使用皮毛的方式。在中国，总是将它缝在华丽的锦缎袍子里面。所以他到雷维龙（Revillon）兄弟商店去——那是巴黎最好的商店——为妈妈和姐姐挑选了一打皮大衣。在英国，他还学会了爱好昂贵的皮衣箱。他买了好多，其中一些归我用。回家的漫长的旅途中，在受风浪冲击的航船上，我终于将新皮革的气味和晕船联系在一起了。

然而在其他方面，她们二人仍很无知。在第一次旅行时，姐姐还不满18岁，但已经是一个引起冒险家们注意的美人了。在我们旅行时，总有花束、糖果或信等着她，甚至还有婚礼请柬。所以每晚在爸爸让姐姐就寝之前，总要察看她的床下和衣橱里，他唯恐有过于热情的追求者等在那里亲自来献殷勤。妈妈看着他，生气地说："那是你的下流想法。"

不过妈妈也很明白琮兰该有一个合适的丈夫了。现在我可以看出姐姐在她的一生中有很多时间是多么不愉快。我认为爸爸不让她和那位中国医生结婚是不对的。即使在现代的法国，要一份嫁妆也是合乎习俗和正常的，但爸爸由于他的自尊心，认为那种想法是令人不能容忍的。

妈妈在爪哇的少数几个朋友中，有一位住在雅加达，那是荷兰政府的所在地爪哇的三大城市之一。妈妈的那位朋友有两个孩子，一个美丽的女儿和一个在荷兰的学校中受过欧洲教育刚回来的儿子。那是一个良好的家庭，继承了大量祖产。妈妈与她的朋友谈起琮兰，很快妈妈就带姐姐去雅加达访问。在那时，乘火车要走很长的路程，现在乘飞机只需要一小时。

简崇涵，那位未来的乘龙快婿在荷兰学会了西方的生活方式。他和姐姐马上就相互欣赏，喜欢对方了，但我认为她从未为他倾心，绝不是她与中国医生那样。她同意嫁给他是因为她得不到她心爱的人，而且我想她是顺从妈妈的意志，认为到了出嫁的时候了。那时候，中国女孩子到了20岁还未出阁就被认为要当老闺女了。妈妈很开通，不指望自己的女儿按照传统方式和一个未见面的人结婚，但她又相当守旧，会催促她的女儿去嫁一位她认为合适的人，在她心目中，简崇涵正是合适的人，他和妈妈始终合得来。

我看出似乎琮兰对她的嫁衣比对她所要嫁的人更关心。嫁衣是从中国厦门——老家所在地订购的，在中国画中看到的清朝皇室服装和发饰过去只有满族统治者才能穿戴。姐姐的礼服就是按清朝宫廷的式样定做的，极为厚重，不适宜在我们的炎热气候地区穿，但是非常华丽。她里面穿了一条红软缎裤子，一条红软缎百褶裙和一件合身的红软缎齐膝褂子（在中国，红色意味着吉祥）。在这些衣服外面，她穿上渴望已久的、专门为她做的皇室吉服长袍。袍子十分宽大，宽大的袖子，里子用的红色软缎，衬得厚厚的，袍面用金线绣满了花，以致它本身就可以立起来。边上是用珍珠缀成的凤凰（女性的象征）图案。她从颈到脚都被袍子罩住，在外面还有皇室用的红缎子腰带，上面镶满了普通的宝石，并且用竹片衬得硬邦邦的。她的新娘头饰是一顶传统的扇形红缎冠，钉着螺钿，顶上是翠鸟羽和红绒球，从冠子上垂下一串串的珍珠，珠缨络的后面是红色的盖头。她装扮好后几乎都不能动了。按习俗她的脸新郎是不能看见的，但是她可以看得见盖头外面。妈妈和祖母遵守的旧规是新郎只能在婚礼结束后进入洞房时才能看到新娘的脸。

新郎的服装同样是传统式的，黑缎马褂和一顶满式尖顶大帽。使我难忘的是他的齐膝高的黑缎靴子，白色高底足有三英寸厚。要穿上这种靴子走路而不被绊倒可真要有点本领。爸爸优雅地左摇右摆地教会了简崇涵不但能穿着那双靴子走路，还能显出穿袍子格外潇洒。

通常，新娘乘着大红花轿子到婆家，向长辈磕头，然后结婚。但黄家在爪哇是那么有名望，简直像王室一样： 要新郎到我们家来成亲。新人也和我们一起住。妈妈将我们的一所宾舍油漆装修一新，供新人到欧洲度蜜月以前临时使用，蜜月旅行的费用则由爸爸资助。他们走后，妈妈重新装修了荷兰法官和他的家庭租的那所房子，因为法官已退休回荷兰去了。

婚礼在我们的后阳台上举行，那里俯视着花园和各处大门。婚礼后宴请客人的长厅也挂满了红喜帐。在后阳台上设了一座木雕的神案，其上高高堆着鲜果——澳洲来的苹果，当地的橘子和柚子——还有红烛和一个考究的古瓷瓮，其中装满了清洁的细沙，沙中插着准备烧的香支。香能发出奇妙的香气，但它的作用更重要，就像天主教堂里的蜡烛一样，因为人们认为它的烟将祈祷直接带到天上。在庙里都用它。不论妈妈在什么地方，如不在窗外燃上一炷香，她是决不上床的。

黄家和简家会亲，包括远方来的亲戚，从新加坡来的姑妈与爸爸的兄弟一家住在中国城的黄家老屋，这时都聚集在阳台上。琮兰由一帮给她梳妆的妇女引到门口，新郎在那里等着，鞠躬迎她到阳台上。他们并肩小心地慢步走向神案。虽然仪式进行了不到一小时，我感到它似乎长得没完没了。每件事都缓慢地进行。由父亲挑选的一些重要执事主持仪式，他们高呼新娘和新郎的名字并致祝词。姐姐和他的新郎跪在缎子的软垫上，先拜天地，然后拜男方父母，再拜女方父母。姐姐服装的重量，特别是她的头饰，使她离开了两旁伴娘的帮助就不能行动，新郎两旁也各有一人给他形式上的帮助。以后，他们两人单独站在神案前焚香的地方，让香烟将他们的祈祷带到天上。最后，人家递给他们盛着甜龙眼茶的珐琅碗，他们一点一点地喝并互相祝贺。

他们马上就分开了。新郎的男友们将他带到为他准备的精舍中，给他脱去礼服并换上较舒适的绸衣以备长夜饮宴。爸爸没和他一起去，在款待了客人后他就休息了。姐姐回到自己的房中，女友们给她卸装并举行自己的宴会。以后她们伴她到作为洞房的装修一新的宾舍中——迟些时候，新郎到那里去合卺。同时，爪哇舞蹈家们在外面为仆人们表演。他们可以欢宴和庆祝三天。

没有邀请妈妈的亲属，爸爸不喜欢他们，我不知妈妈是否为此而生他的气。即使她生气，她也保持沉默。很多年后她才告诉我，她是故意和爸爸同住这么多年，目的是姐姐能在府邸里嫁出去。

琮兰和她丈夫到欧洲去了一年，在这段时间内，我渐渐长大了。他们回来的时候，姐姐已怀孕。他们的归来是一次盛会。他们给爸爸带来了大盒的哈瓦那雪茄，使他非常高兴。但是由于我兴奋地观察他们从船上带来的东西，他们送给妈妈和我什么东西却已记不清了。我看到一辆法国双座小汽车，这是爪哇见到的第一辆汽车。我回想，它的牌子是“威乐马”，除了姐夫外谁也不会驾驶它。我怀疑即使他也没有高超的驾驶技术，但那时三宝垄街道上没有什么车。有一天我溜出去偷偷地将它开走——结果撞到一棵树上，这也是一种使它停止的办法吧。

“威乐马”的到来促使爸爸立刻行动起来,他从英国订了一辆“兰西亚”大型豪华轿车，以后汽车终于代替我们马厩中的马和加尔各答来的胶轮马车，这是那几辆汽车中的第一辆。订购时没有见过兰西亚车，这是在我们地区的气候中最不实用的汽车了。它的不实用的程度是难以想象的。那厚厚的毛织品内部装潢和只能摇开一部分的车窗使得坐在车上的人都热得难受。不过一开始,“窒息”只是一种议论话题，因为一时还找不到人来开车。以后爸爸在雅加达找到了一名在新加坡开过英国汽车的马来司机。从此每天往返办公室时就堂皇地——但不舒适地乘坐它。

兰西亚车在三宝垄运行良好，但每当我们乘它到城外时，它就会在丘陵地上抛锚。于是司机就不得不下车，到农舍去借四头母牛或水牛将我们拉到爷爷的鹰巢或妈妈的夏季别墅去。我们回来时好像没有牛拉也可以到家，也许汽车下坡时走得好些，或者司机不懂上坡时要挂低挡。既然我们谁也不明白——爸爸从不开汽车，和他从不自己驾马车一样——我们怎么能说清楚呢?

爸爸终于从英国雇来一位名叫鲍威尔的司机，这位司机以后跟了他很多年，他开起车来用不着农家牲口帮忙。

姐姐的第一个婴儿，鲍勃·简，出生于我学讲荷兰语的房子里。她有当时三宝垄最好的医生照应,那是一位欧亚混血儿。但她似乎吃了很大的苦,给我的印象是生孩子就像母鸡艰难地生一个巨大的令它为难的蛋一样。现在，回顾当时，我肯定姐姐住在爪哇在父母羽翼下的生活不怎么美满。他们有自己的房子，用人们则是爸爸雇的，一日三餐由我们的厨房送去。她的丈夫不愿意在父亲的事业王国中任职，这当然是可以理解的。最后，他决定要当医生，所以爸爸将他和姐姐以及婴儿送往英国，在那里他可以受到西医教育。我相信，他始终未获得学位。无论如何，他从未开过业。但他的儿子鲍勃却是在伊顿和剑桥受的教育，是我所认识的少数掌握纯正英国上层语调的中国人之一。

他们走了不久后爸爸就病了，那位欧亚混血儿医生说是操劳过度。不久我们将维顿牌皮箱和行李收拾起来，集合了仆人队伍，又到欧洲去。那时彼得罗已退休，但爸爸又重新雇用他一年，他和他妻子又在那不勒斯接我们了。这次我们用一长列租来的汽车旅行到巴黎，有几辆只载行李。彼得罗在巴黎为我们租了一栋房子，在那里我们过得十分奢华，比我们第一次旅行时稍为老练一些，上次我们是以荷兰为基地的。我学会了用巴黎音讲法语，并且能够为妈妈翻译。这次她比较自在，她的维顿牌箱包也不像上次赴欧时那么崭新刺目。但我们仍然引起人的好奇心，我记得妈妈和我在意大利的街上时，人们会伸出手来想摸摸我们。

此外，妈妈不是样样依赖彼得罗而依靠姐夫了。他善于经营管理，但妈妈对他的依赖使他变得讨人厌。也许他一向被惯坏而且妄自尊大，这次支使仆人们的机会使他晕头转向了。或者这只不过是他意志薄弱，从爸爸、妈妈和姐姐那里来得容易、多如流水的钱弄得他忘乎所以。他的所作所为，就像钱是他的，而且仆人也属于他一样。他甚至能说服妈妈——我想，只要是关于买进东西的事，她是不需要多少说服力的——使她认为需要在伦敦置一所房子。他们两人就在温布尔顿选了一所很大的住宅，附有很大的花园和一座大暖房。它需要用很多人，这些人也是由他挑选的。

我们回到爪哇后，妈妈、爸爸和我都恢复了日常起居。但气氛中已蕴藏着变动。虽然妈妈没有说出来，但我知道她已下决心去伦敦，而且不久她就要将爸爸丢给他的姨太太们。我还知道她不会将我留下；但是，我回避这个念头。我不能想象离开爸爸怎么生活。

七

初恋

在我们第一次乘轮船到欧洲的途中，我疯狂地爱上了一位德国军官。他打扮得十分漂亮，穿着锃亮的马靴、白裤子，并且戴着单眼镜。我常常偷偷地等着他，只不过为了看他走过去。那时我才7岁。我不敢让他看见我,更不敢和他讲话。他也从未注意到我,也不知道一个中国小女孩的痴情。然而，有很长一段时间我不能忘记那次伟大的爱情，准确地说，有7年之久。

除了偶尔会发火和进行反抗以外，总地说来，我是一个随和的、不自高自大的女孩子。大家公认我的姐姐非常聪明，而我则非常迟钝。我不懂算术，而她却很出色。我总问她一些蠢问题，得到的是一些尖刻的回答。另外，我从不爱争吵，我不恨任何人，也不以为自己的外貌了不起。衣着使我厌烦,除非是穿上很舒适的服装。我真正喜欢的是动物,特别是狗和马。后来，我迷上了汽车。当我还是一个小女孩时，有时我装扮成王后，将妈妈的一件蜡染纱笼系在后面像拖在身后的衣裙一样拖在大理石地上，手里拿着几把牙刷当作花束。但这类心情从不持久。那些猎袋鼠犬被我放出来，巴悉登朝它们叫喊，我就像顽皮姑娘一样跑了。

我爱我的父母，但我现在时常怀疑孩子们对别人能有多少真正的感情，这种感情更近于被视为理所当然的倚赖。在我的直系家庭成员之外，我只偏向一个人——一位爸爸收留在我们一所小屋中的远亲。我们称她姑妈，我认为她过去曾很富裕，老年时来向爸爸求助，然而像普通孩子一样，我不好奇，也没有打听。我不过接受了她对我的关心照料。

有时我不舒适，不宜旅行，不能陪妈妈到她的乡村别墅去的时候，这位姑妈就到我家来坐在我床边照料我。我到现在的年龄才体会到她是多么爱我,她那双异常不可思议的轻柔的手使我终生难忘。她对我从不失去耐心，她那轻柔的接触有如爱抚。我的头发很长，当侍女为我洗头时，头发会纠结在一起，梳理时常要弄痛我。姑妈总是接过去，耐心地将我的头发一绺一绺地分开，使我一点也不觉得痛。我知道这是因为她爱我。

她临终时，将我叫到她住的小屋里，给我一包白布裹着的东西。“这是我最珍贵的东西”，她告诉我，“我要给你”。在她的示意下，我打开布包，里面是八粒用金子镶的红宝石，周围是钻石。这一定是早先一条项链或胸针的一部分，我想她必然是将其他部分卖了钱才能到爪哇来。我对首饰毫无兴趣，就交给妈妈收起来。后来，我才认识到这位姑妈将她的一切都给了我。我请人将它做成我最可爱的翡翠项链上的扣搭。不论我会与哪些首饰分手，我都要终生珍藏这些红宝石，因为我现在珍视过去由于太年轻而不能体会到的爱。

到了现在的年纪，我能认识到父母们有时认为子女会忘却少年时代恋爱所造成的苦恼。他们不理解姐姐失去那位中国医生所受的痛苦，他们认为她会忘记过去的。当我14岁,突然找到理想的人时,他们也同样不能理解。今天，我同情当时妈妈的不耐烦，而且知道爸爸竭尽一切来阻挠我一时的迷恋是正确的。尽管如此，我仍然永不会忘记所经受的痛苦和深深的创伤。

我们到新加坡去时，我们总在姑妈家附近租一幢房子，我不知道为什么妈妈不买一幢。也许是因为姑妈家经济不太宽裕，妈妈不想使她感到自己是穷亲戚而难堪。但这并不能真正让妈妈的花钱习惯有所收敛，因为房子总是很大，而她的购物账单也很多。有一次当准备动身到新加坡去时，爸爸由于不愿意离开我，曾问过妈妈为什么她这么喜欢到那里去。她当即回答，“在爪哇除了钻石以外，什么也买不到”。

在妈妈和我最后一次同去新加坡时，我没有异常激动的感觉。我没有把自己看作一个正在长大的少女，我仍然像孩子一样与表弟们玩，像孩子一样骑在他们的自行车后面。每天早晨我们到海滨去游泳，然后就像小马一样在美丽的白沙滩上跑来跑去。但妈妈一定察觉到我已到成年的边沿了。她认定这时我应当学会像一位规矩的年轻女人那样骑马，而不是像一个顽童的时候了。

我的教员是一位英国马术教练，一个有趣的人物。他的女儿嫁给了非常有钱的柔佛苏丹。他经常从澳大利亚运来野马并驯服它们，他甚至不怕跳到野公马的背上。此外，他还养奶牛——这对我是新鲜事——一直养到它们老得不能产奶。那时，他不把牛送出去屠宰，而是亲自用枪打死它们，并将躯体卖肉。新鲜肉在新加坡非常受欢迎，因为我们吃的肉是从英国或澳大利亚运来的冻肉。

爸爸从马术教练那里为我买了两匹乘马，一匹给我，一匹给我的马童。他不许我不带马童单独出去。我还有一套正式的英国女骑装。教练也教我骑马越过障碍和侧身骑马。我学得相当熟练时，就强求他，要他让我骑他的公马，可是他除了自己以外，不许任何人骑。所以，我决定要一辆马车。爸爸为我订购了一辆胶轮轻便马车，并且向教练买了两匹可靠的驾车马。有时我用两匹，有时只用一匹。坐在小轻便马车里就像飞行一样。虽然有马童陪着我，但我喜欢背着他溜出去。

新加坡比爪哇要活跃得多。我们住在城市外围英国人居住区的一座典型英国式庄宅里。那里有马厩，还有缠白头巾的锡克守卫。他们在火盆上自己做饭，因为他们的宗教禁止他们吃肉，甚至不许接触带肉的菜。当我还小时，我不懂得他们的食物是不能玷污的，我常常作弄他们，将手指伸到他们的咖喱菜中，这意味着这些菜必须扔掉，不能吃了。我从未为这类蠢事受责，也许没有人告诉妈妈。但我记得当妈妈要他们送些好菜给住在附近的姑妈时，他们拒绝接触有肉的菜，即使这些不是给他们自己吃的。

作为一位有自己的马和轻便马车的少女，我不屑再玩作弄锡克人的孩子气的恶作剧了。我喜欢驾车出去和别的年轻人赛一赛。在新加坡有很多从香港、上海和广州来的中国富家公子哥儿，他们受过外国教育，常常驾着他们的马车穿过植物园，驰上一片俯视大海的居于高处的平地。赛马是一种调情的方式，虽然起初我没有认识到这点。他们鞭打着他们的马超过我，然后慢下来让我的车走到前面，然后再超过我，转过身来并且挥挥手。我不予理睬，直到我开始认出一个独特年轻人在等着我到来。我认为他漂亮极了，我开始希望见到他。以后我们谈话，而且我爱上了他。我对这种感情毫无准备。我每天出门越来越早，躲开马童，而我爱的人总在那里等着我。

到处都有我父亲的密探。我不知道谁传给他我在迷恋的消息，但不久爸爸就到新加坡来检查我和那位年轻人的情况。我甚至还不知他的姓名，但爸爸的情报供应者追踪他，并且发现他是一位广东银行家的儿子。这位银行家在新加坡有重大的生意往来，因而可能被认为与我很匹配。

我陶然似醉，深深陷入粉红色的云雾中。我已经能想象到自己穿着嫁衣，走向神坛了。当妈妈暗示我还太年轻时，我提醒她，她结婚时才15岁。爸爸想让我的热情冷下来，安排了一次业务旅行到日本去，希望妈妈和我陪他去。我恳求留在新加坡，但妈妈毫不动摇，于是我们急急忙忙地整理行装。虽然爸爸规定让马童陪我驾马车出去，但有一天我设法骑车溜出去会见小邝，并告诉他我即将出门旅行。他要我不要着急，他会设法做出安排，因为他生活中不能没有我。

在我们起航时，我发现他也在这条船上，到广州去探视他的家人。爸爸无法反对。那是一次天赐的旅行。通常我晕船，但恋爱使我脾胃调和了。每天我们长时间聚在一起。我认为他一定会赢得爸爸的欢心，我们终将结婚。小邝从未提过有什么理由不能结婚。他在广州下船，我们则继续前往香港、上海，最后到达日本。我忍受着这次旅行，确信当我们回到新加坡时，会有他的信等着我。

确实有信，但不是给我的。爸爸的密探们经过调查后，发现小邝在广州有妻子和一个小孩。他只有19岁，但那是童年时家里包办的婚姻。

我对表弟们不再感兴趣。我每天骑马，将马车留在厩中，驾车的马也长了膘而且变懒了。一天，有一个送信的人在我家大门外等着，在我骑马出门时招呼我停下来，递给我一封信。那是小邝写来的，说他已回到新加坡，必须见到我！

我在俯视大海的平地上和他相见。他求我宽恕他，说他的婚姻对他没有意思，并且他从未爱过她。我回到家中告诉妈妈说见到了他，而且仍在爱着他，想和他结婚。当她劝我，说他已结婚时，我喊着说："那么让他离婚！离婚不就是为了这个吗？我爱他而且他也爱我。"

我永远也忘不了妈妈的表情，它将我吓坏了。她的回答也同样可怕："离婚是为英国人的，不是为中国人的。不论一位中国妇女认为一个男人多么爱她，也决不能希望他为她放弃真正的妻子。那是用花轿抬到他父母家的人，就像我到你爸爸家一样。"

我再一次溜出家门去看小邝。他坚持他爱我，但又悲伤地说："我父亲决不会让我离婚的。"他求我继续与他会面，我很可能会这样做，但妈妈插手管这件事了。她将房子关闭，将我的车马运回爪哇，并且为我们订了回三宝垄的船票。我未能当面和他告别，但我给他写信，要他回信，一面悲泣着说，既然我们真正相爱，他就必须去办离婚。我从未得到答复，也许他回了信但被爸爸截获了，或许爸爸毁了我给他的信。仆人们已惯于将任何寄给我的东西送给他检查，因为我已开始从那些想娶财主女儿的追求者那里收到礼物和信件，终于我死心了，不再写信。但我很久以后才忘记他，而且又过了很多年我才理解我的父母做得对。

我还见过小邝一次。那时我已结婚并且有了孩子，是中国驻不列颠大使的夫人。他寄了一封信到大使馆给我，说他和他妻子在英国，能否来拜访。我请他们来吃茶点，并且着意打扮一番。我一面回忆着以前远远见到他漂亮的脸和修长身材时的感觉。但这次见面太扫兴了，他已显老，也不再有魅力。这是他的第二个妻子，前一个已死了，是一个从山东来的富有、浮华、已离过婚的女人。他们正在作环球旅行。他们两人我都不喜欢，在他们走后我感到宽慰。

我的孩子们多少与世界大事有些隔绝，除非历史偶尔直接冲击了他们的生活。而我比他们就更隔绝得多。当中国革命推翻清朝统治时，我才10岁[①]。作为解放的象征，各处的中国人都剪去他们的辫子，就是侵略者骑在被征服者背上进入北京时，当作缰绳拿着的辫子[②]。但在爪哇，仍一切如常。国庆日又称双十节，在全世界的中国大使馆中和在中国一样举行庆祝。孙逸仙在这里是革命家；但对我来说，他不是一位真人，仅仅是一个人名。

我13岁时，第一次世界大战开始了。它对我们的唯一影响，至少我所记得的是对糖的需求增加而使我们更加富有，爸爸成了著名的糖业大王。在大战即将结束时，发生了我自己的重要变化：1918年初妈妈声称她要带我到伦敦去探望我的姐姐。

她告诉我，这次我已达到能够欣赏英国的年龄了。我可以和她、姐姐、姐夫一起到夜总会和饭店去，买东西也不再会使我厌烦。她说，爸爸在明兴巷的代理人有一个当议员的儿子，还说也许他能将我介绍给一些年轻人。

我曾经聚精会神地阅读从伦敦给琼斯小姐寄来的过期《闲谈者》杂志，还曾听她讲过她从前的一个学生，玛格丽特·比特，一位侯爵的女儿的迷人的逸事，这些都是很多年前的事了。但是渐渐地我的热情复燃起来。当然离开爸爸使我伤心，我的心碎了。然而，在成年人的圈子里有消遣，我已长大了。

妈妈长期以来就计划离开我父亲。当然，离婚是不可想象的：她仍是用花轿娶到他家的妻子，但她开始感到爪哇的窒息气氛。我的两个异母哥哥已到了爸爸将他们带进商业事务的年龄，培养他们最终接管事业——他们是宗宣和宗孝。他们乘自己的马车经过三宝垄的街道，就像年轻的头面人物。还有更激怒妈妈的事：爸爸为了露西·贺，我姨妈的养女，妈妈的姨侄女，资遣了所有的姨太太。

虽然我并未感觉到，但是我的童年就此结束了。当爸爸在英国人保护

① 作者出生于1893年，本书中提到的年龄有与实际年份无法对应的情况，因无法考证，只能尊重原文。——编者

② 也许作者幼年是这么听说的。——译者

下，和露西·贺以及他们的孩子们一起迁到新加坡去时，大理石的府邸上了锁。荷兰人开始刁难了，他们想用7000万英镑收买他的甘蔗种植园，这笔钱低于实际价值，所以爸爸搬到他们势力范围之外。虽然在新加坡中国人和英国人地位不平等，中国人仍比在爪哇有较高的地位。他的儿子们仍然向他汇报业务上的事，并接受他的建议，但这次搬迁对他有影响。就一件事而论，露西·贺没有妈妈的风度；她安于简单得多的生活，但他和她仍能相处，也许他已倦于斗争，也许他不肯承认他失去妈妈的感受。我不知道，但我确实知道他已未老先衰了。

八

我信鬼神

我想不到会永远离开爪哇，也不知我只能再回去一次——为我的父亲下葬。我那时太年轻，不会想到死亡，或与我所爱的人们和岛国永别。也许有一天我会回到那里去生活，但是有困难，尽管事实上我在那里有我父亲留在我名下的或者应该有我名下的财产。目前我在印度尼西亚是不受欢迎的，因为它们承认了红色中国，而我旅行用的护照是由台湾的国民党政府发的。

但是，爪哇在我身上留下了不能磨灭的痕迹。我成年后几乎都住在大城市中——伦敦、巴黎、华盛顿、纽约——但每次我见到一个安静的绿色小岛时，我就心潮翻腾，想起了爪哇。虽然在大多数问题上，别人都认为我是一个怀疑宗教教条的理智的女人，在爪哇这个神奇的岛上，我了解到有鬼魂、妖魔和符咒这类东西。

因为我是中国人，在崇敬祖先的传统中长大。从孩童时起，我就学会了向天上的祖宗磕头，向他们的灵魂奉献祝祷和孝心。人们教导我说，这是他们既应得而又需要的。在祭祀的日子里，我和家人一起在祖坟前烧纸衣，这象征着向已故的人奉献衣服的温暖。妈妈在我床下放一只碗，里面有饭和煮熟的老鸡蛋，面上有一只脆红辣椒，这是供我的守护神灵饿了时吃的。一次除夕，我看着人们将灶王爷——厨房的神的神像浸入酒中然后烧掉——浸入酒中是要使它略带醉意并且乐于宽恕家中的过失，烧像则是送它上天向坐在宝座上的玉皇大帝报告我们的品行。

不要漫不经心地忽视我们的想法，我们认为死去的祖先总是在我们周围护佑着我们，而且他们仍保留着世人的一些特性，如会感到饥、寒，甚至需要感情和尊敬。我们得到的解释是他们的需要是很容易满足的： 食物的蒸汽可使他们充饥，象征性的烧纸衣可使他们温暖，传统的磕头能减轻他们的孤独和与尘世隔绝的感觉。

祖父是一个因循守旧的人，他严格遵守所有古老的祭祀祖先的仪式。我的外祖母，前面我已提过，则是更虔诚的佛教徒。此外，我是在一个把超自然看成是自然的岛上长大的。

那时候的爪哇是伊斯兰国家，但那仅仅是官定的国教。在下面则对神秘主义极有感情，深信可以役使鬼魂行善或作恶，必须供奉它们。虽然爪哇，即现在的印度尼西亚，已经历多次政治变动，但超自然主义仍根深蒂固并在繁衍。我成长时服侍我的爪哇仆人都信奉巫医。

爪哇有受过训练的开业西医。其中只有一人是纯荷兰人，一位蓝眼睛的白种人。他隶属于政府，不给大多数中国人看病，但由于爸爸在政府中的地位是“玛腰”（Major），我们家有人生病时，可以请他看病。真的，他就是在妈妈离开爸爸时照料我的那位医生，他曾警告我爸爸说如果不将我搬出舅舅的小房子我就会死。其余的受过西方教育的医生都是半荷兰人。我们的用人生病时，爸爸才请他们来。但有时在西医无能为力时，巫医却治好了病。后面我将叙述一些我在中国、欧洲和菲律宾的成年生活中目睹的神秘的疗法。顺便提一下，现在西方已接受中国的针刺，过去认为这是迷信的胡闹。

爪哇到处葱绿，高山幽谷，奇特的热带花朵盛开，善良和蔼的土著早就居住在那里，他们比我们这些受了过多正规教育和过多的怀疑主义而使感觉模糊迟钝的人更接近过去和未来。也许是因为爪哇人相信巫术，它真的起作用。可能事情就这么简单。我弄不清楚，我只是相信神秘主义。在我童年时，强盗们是由以神奇能力著称的首领组织成的正规队伍（甚至在今天，印度尼西亚式的伊斯兰教仍然是印度教、佛教和神秘主义的混合物，所以存在着一股强大的、具有很大政治和经济影响的迷信巫术的潜流）。

妈妈娘家在爪哇已住了很多代，也不例外。我们孩子之间流传着一个关于比我们长好几辈的一位祖姑婆的故事，听时不寒而栗。有些国家的当地人相信狼人之说，即变成狼的人。爪哇没有狼，但吃人的老虎在丛林中漫游，土著悄悄地传说，在月圆的夜晚，某些人变成了老虎在乡间漫游，将人咬死并且吃掉。

我的祖姑婆在很年轻时就守寡。她家中贫穷，所以她不得不从事制作蜡染花布谋生，在白布上染出图案。她住在一间架高的茅屋里，下面的底层是作坊，她雇用的当地妇女就住在那里干活。作坊里的新工人是一位年轻妇女，她不笑时（她很少笑），上唇很长，遮盖着长得非常像狼牙的犬齿。我的祖姑婆雇用她时曾经有些犹豫，但是她哭着讲她被家人抛弃的惨事，祖姑婆经历过悲痛和贫苦，心肠又软，就被说服了。

那是一个出色的工人，很快就证实她非常能干。但她不与人交往，不与人掺和。甚至在其他工人听说当地有人见到一只老虎，并且在稻田里袭击了两个来不及惊逃的工人时，长着奇怪上唇的女工也不加入那伙为了壮胆挤在一起结伴到村子里去送蜡染花布的工友们。

一天晚上，在女工们特别努力工作并生产了很多布后，祖姑婆给她们一天假，让她们回家探望。除了那位有奇怪上唇的女人外，她们都走了；她再次哭着求祖姑婆让她留在作坊里，因为没有亲戚欢迎她去。祖姑婆当然同意了。

次夜正好月圆。祖姑婆被一种古怪的声音闹醒。她朝屋外望去，看到那个女工在草地上翻筋斗，越跳越高，直到她突然变成了一只老虎。然后她用后腿站起来，爪子在空中抓挠，并且发出一声令人毛骨悚然的啸声。祖姑婆吓得发抖，堵上门跳到床上，天快亮时才睡着。

次晨气候炎热，阳光普照。工人们休假回来，一切恢复正常。有奇怪上唇的女人照常忙碌着，干得比分内的还多些。但到中午时，村子里的一位老人走来警告妇女们说，昨夜有一只老虎进入市镇，咬死并拖走了一位酋长。

祖姑婆不敢将她目睹的事告诉任何人。她回到自己的房里，坐了很长时间不知所措。最后她鼓起勇气，解雇了那个长着奇怪上唇的女人。她没有说明原因，只是付给她钱并告诉她必须远远离开这里。那妇女并无异言，甚至不看女主人的脸。她仅仅将自己的东西打成包，就躲开了。她走后，吃人的老虎也消失了。

在我们难得的几次友好相聚时，我的魏家表兄妹和我私下议论如果我们几个人当中有一个变成老虎，会发生什么情况。我玩味着这种想法，不久就放弃了它。但是在月圆之夜，我会从卧室的窗口向外看那茂密的热带植物，希望能看见一个用人在翻筋斗直到变成老虎。虽然从未出现过那种事，但在我大约8岁时，我亲自经历了一次小小的吓人的事。

妈妈和她的一些亲戚去看一个山谷里的池塘，其中养着一只被穆斯林崇为神物的乌龟。人们习惯用精选的小块食物去喂乌龟讨它的欢喜。由于回民不吃猪肉，当然没有人用这种不许吃的肉去喂它。

我们小孩去游泳，然后会合一起去吃午饭和喂乌龟。巴悉登知道我们去什么地方，为我们准备的是鸡肉面。妈妈一伙人中有她一个弟媳，那是一个粗野大嗓门的人。在妇女们穿着端庄的高到颈部的上衣的年代，她却将领子敞开，露出肥胖的胸部。妈妈不喜欢她。但是她充满活力而且兴高采烈，总喜欢逗我们这些小孩。

她的午饭是一般的中国菜——蔬菜和猪肉。我认为她没有恶意，不过在我们小孩面前显显本事——她将一块猪肉扔向乌龟，它狼吞虎咽地吃下去了。我们心里怦怦地跳，吓坏了。妈妈大声叫喊，警告她不要再这样，但她的弟媳却因为大家都注意她而很得意。

“别傻了”，她告诉妈妈，“它喜欢吃，也许它毕竟是一只中国乌龟，而不是穆斯林”。

她几乎将她的午饭都喂了乌龟，而它一定很喜欢猪肉，因为它一口就吞下去。其他小孩高兴地笑，大概我也参与了，尽管我晓得妈妈不赞成。一个管理人员听见笑声，急忙赶来，想发现是什么事。他企图阻止妈妈的弟媳，但为时太晚，已经没有猪肉了。他绝望地朝妈妈说：“不能怪乌龟，它只知道吃我们给它的东西。但是干这件事的可怜的太太会遭到可怕的事。”

我那位蠢舅母可能害怕了，但她却笑得比刚才更响，还告诉那个人说他是个傻瓜。几个月后，她突然暴病而亡，死时还是一个少妇。

妈妈告诉我：“有很多发生过的事我们无法解释。我们必须接受这一事实，即当精灵发怒时，它们会报复的。即使是无心的过失，人们也会受苦。那是一条严厉的，但却是公正的法则。”

当一贯服侍我的侍女不在时，通常由妈妈的洗衣妇照料我。一天她伺候我洗澡时，昏倒在地板上，开始用类似男人的声音说话。妈妈不在家，我就跑去叫她的女佣真姆。真姆要我擦干身子，穿好衣服。同时，她想去与那洗衣妇交谈，但不成功。最后她转身向我解释说：“我想她说的是用巫术治病的事。我们等她醒来后，叫莱曼同她谈。”

过了一会儿，洗衣妇昏迷不再出声。当她醒来时，真姆带她到莱曼那里，由莱曼问她，她的魔法是怎么回事。洗衣妇莫名其妙，迷惑不解：她不懂他说的是什么。真姆和我决定将发生的事瞒着妈妈，甚至在晚上我打瞌睡时，还怀疑真姆是否听错了。然而她没听错，因为几个月后，洗衣妇在茅舍群里救了一个男孩的命。

一天早上，正当爸爸在穿衣服时，莱曼进来说他的马车夫那天不能为他驾车，因为他的小男孩快死了。爸爸很同情，立即要人去找欧亚混血医生来给孩子治病。在医生到来时，小孩已在抽风，医生给男孩吃奎宁并且给他冷敷。但男孩体温继续上升，最后陷入昏迷状态。

医生们终于向妈妈报告说怕是没有希望了，必须告诉孩子的父母，眼看就要死了。平时总在妈妈身边的真姆告诉妈妈那天洗衣妇被鬼附身后讲用巫术治病的事。“她肯定是用男人声音说话，让我请她再来一次鬼附身，由莱曼和她讲话。也许我们能找出救孩子的办法。”

妈妈辞退了欧亚混血医生们，他们摇着头走了。妈妈将洗衣妇召来，可怜的女人对要她做的事莫名其妙,但她同意降一次神,看看会发生什么事。她再一次坐在地板上,我可以在旁边看。和上次一样她开始摇晃和念念有词,然后是男人声音念奇怪的马来咒语。

这次莱曼在边上提问题,他问得多快她就答得多快。他很快地转告妈妈。

“很久以前去世的一位医者的鬼魂在通过她说话,他告诉我们西医治不好这个病人,因为孩子得罪了一位树精。为了报复,它使他得重病。昨天那男孩拿着他父亲的鞭子在花园里玩,他并没有恶意,只觉得用鞭子打树很好玩,他不知道那棵树的精灵就在那里。必须劝树精息怒,否则天黑以前孩子就会死。”

妈妈要莱曼问如何能使树精息怒以及到何处去找这棵树。洗衣妇的声音已经减弱,因为她已快昏迷,说出办法后就倒下了。我们全都急忙赶到花园里,莱曼领我们到那棵矮松树跟前。它的针叶竖起,真像在发怒。几分钟内,马车夫和他的妻子匆匆忙忙端出很多碗食物,放在树边地上。然后他们跪下双手扶地,祷告说他们的儿子并无恶意。他只不过是一个孩子,以为是在抽打空气,并且说他是一个非常温顺的孩子,决不会想去伤害任何东西。他们许愿说他决不会再做这种事。

当他们回到病榻边时,真姆报告说孩子已醒来,并且找妈妈和爸爸了。三天之后,他就好了。洗衣妇不明白那对高兴的父母为什么要向她道谢,她一点也记不得鬼魂附身的事。事实上,她也不记得曾被带到妈妈房里。

我怎么能不相信超自然现象呢?我没有什么法力,但也许因为我相信,我是一个触媒剂,鬼魂挑中了我,同我说话。不久以前,我在马尼拉与一位实行信仰疗法的人有一段奇异的经历。我能产生幻觉,预言未来。但是以后再谈这些吧。

一天,我和姐姐在三宝垄我家花园中散步时,她发出一声悲叫。她心爱的小鸟死了,躺在一堆要烧掉的干树枝上。她爱它就像我爱我的小狗吉花花一样。谁也没有告诉她鸟死了,她气冲冲地决定至少要给那可怜的小东西正式安葬。同时,她一面抚摩它一面又吻它。

我望着她,自己心里也极痛苦,因为我从未见过琮兰这样伤心。我正要跑去叫妈妈来时，那只鸟慢慢地活过来了。开始时翅膀微微动弹，不久头也动了，然后又开始眨眼。真是不可思议。那时我还年轻，但不是年轻得不懂得自己正在目睹一桩奇迹。那只鸟已死了很长时间，躯体已冷而且僵硬了。

她匆匆忙忙地走回屋子里，我就跑去告诉爸爸。他轻轻地提醒我说，也许仆人们太着急，小鸟不过是受了伤，失去知觉，就放到废物堆上了。但姐姐和我深知不是那么一回事。大部分时间她不喜欢我，因为她认为我又蠢又讨厌，但共享一个奇迹使我们在一个短时期内亲近了。

尽管在爸爸为用人们请西医时他们也服从，但他们只相信doe kens，即巫医们。西医们一走，他们就将药扔掉，去请巫医。屋里少了任何东西，管家也去找巫医。他将一个普通的陶壶注满水，在把上拴一根绳子，将它挂在空壁炉里，然后要受怀疑的用人列队，一个个轮流提起绳子。按巫术的理论说有罪的人拿起绳子，壶会转动。我从不放过这种审判，涉及的人总是最后精神崩溃并招认。作为一个熟悉测谎器理论的成年人，我有时想是否因被告胆小害怕使壶旋转。但重新考虑后，我收回那个无神论的结论，我认为是法术所致。但是要能够运用法术，不论是妖术或是别的，首先必须相信它。

巫医们不仅仅能治病和找出小偷，如果一个当地人要诅咒一个他不喜欢的人，他可以雇一名巫医。我们在自己的府邸中看到了这种事的发生。那时妈妈从内地雇了一名当地小女孩来帮助她的侍女真姆。以前那名帮佣是一个年纪较大颇为卑劣的人，她要辞工回家。一贯大方的妈妈给了她一笔钱，使她能体面地回家。然而，由于某些不可思议的原因，她想害她的接替人，所以她用这笔钱雇了一名巫医来诅咒妈妈雇来的可怜女孩。当然，我们直到后来才知道真相。新来的人是一个健壮的女孩，被雇后不久就接二连三地发冷，不得不卧床。欧亚混血医生怀疑是疟疾，给她治疗，但她仍不见好转。那时妈妈计划到狄仁去，那里海拔6000英尺，气候凉爽，所以她也带那女孩去，希望山里的冷空气会对她有益。但冷空气并没有起作用。真姆和妈妈终于决定问女孩，她想怎么办。那女孩悄悄地说茅舍群中的用人们告诉她说她已遭到前一个女佣的诅咒，必须离开这里回到自己的村子去。

妈妈同意了，我们都回到大宅中，给了那女孩一笔钱，并指派两个强壮的仆人在她回家的长途中陪伴她，因为她很衰弱。她很感激，去向妈妈请安、道谢和告别。当她弯下身时，突然痛得倒在地上直不起腰来。她开始呕吐。姐姐和真姆急忙去扶她，真姆端一个盆去接。从她嘴中吐出很多针，很大的缝衣针。她吐了半碗还未吐完。她似乎感觉好多了，妈妈很关心地问她是否愿意留在我家干活。女孩谢谢她，但是摇摇头。现在她可以自己回家了，她说：如果她留下，就会再次遭到诅咒而致命。

这件事发生时我未在场，但姐姐给我看了那些针，我无法想象人体内有这些东西怎么能活着。真姆说我不必想法子弄明白。有一个时期没有再雇一名帮佣，在妈妈认为诅咒已经解除之前只用茅舍群中不同的女人来补缺。

这件事后又过了几年，妈妈自己病了。隶属于政府的聪明荷兰医生到欧洲去了，很多欧亚混血医生来想法给妈妈治病。他们先用这种药，以后又用那种药。她却病情越来越重。她的肚子胀得很高，动一动就禁不住呻吟。

最后，妈妈的姐姐去找爸爸，说服他辞退那些半荷兰医生而试用一个她听说过的巫医。那是一名Loerah，一个小村庄的酋长。传说他对治病有非常厉害的法术。那时妈妈已经昏迷不醒。姐姐正怀着第一个孩子，白天她服侍妈妈，夜里我守在妈妈床边。爸爸终于让步，告诉我姨妈去召那位酋长来。

他来时穿着一件破旧的蜡染纱笼和缠头，貌不惊人，似乎对这次奉召受宠若惊。他胆怯地跪在爸爸面前，诉说自己太卑贱了，不敢承当医治伟大的夫人的重任，爸爸决断地说他必须尽力。

酋长要他离开病房，只请求留下姐姐和我陪妈妈。在我们两个的注视下，他取出一片干烟叶，用带来的药草塞在里面。他要姐姐和我将妈妈的背露出来，我们将妈妈身子翻过来并褪下她的睡衣。他点燃药草，进行祈祷后就将草烟吹到妈妈裸露的皮肤上，这两个动作交替进行。他没有触到她。整个下午和大半夜，每隔半小时他重复一次这种疗法。姐姐和我轮班休息。

我坐在床边时，妈妈稍微动了一下并睁开了眼睛。

她似乎未看到那个酋长，但她对我无力地微笑道：“我好些了，我觉得不痛了。”

酋长向她和我鞠躬，说她已痊愈。爸爸虽然不相信用草烟和祈祷可以治好妈妈那样重的病，他也付给他钱。几天之内，妈妈那胀得吓人的肚子完全复原，可以进食了。不到两个星期她就能到处走动。那时聪明的荷兰医生已回来，并且来看她。他想象不出妈妈得过什么病，更不用说是什么治好了她的病。他试图归功于那些欧亚混血医生，但我们知道不是这么回事。

我认识到，对于一名西医，即使是生活在爪哇的医生，这种治疗似乎是荒唐的；但当你亲眼看到有人得了致命的病竟奇迹般地痊愈时，当你日日夜夜生活在除了用超自然法术再无其他解释的不可思议的事物之中时，你就不再信怀疑论了。

多年以后，一位法师，又是一位著名的教授，预言了我父亲的死期。我仍认为爸爸如果努力，他可能逃脱那次死亡，但是他不愿意。或许是因为他感到厌倦不愿再斗争，或者他仅仅认为不可能逃避命运。有很多不可思议的事我不明白，也不假装明白。

我不怕死，但我不愿成为一个鬼，因为我相信它们是还未脱离这个地球又得不到安宁的悲惨的精灵。

九

我通宵跳舞

最近，我被邀请参加一家新剧院的开幕式。我为这次盛会从银行保险库里取出了一副钻石耳环和两串翡翠项链——每粒翡翠都有镍币那么大，而且是碧绿的。还穿了一件从香港定做来的中式旗袍，上面罩着一件用北京买来的古花织锦缎做的出色的中式上衣。我的穿着引起相当大的轰动，这很类似过去在巴黎或伦敦当中国大使夫人的日子，但相似处也就只有这些了。我在休息时仍坐在自己的座位上，实在拥挤得可怕，我不想去喝香槟酒，也不想让酒洒在身上。演出后，我问主人和女主人是否能让司机送我回家。我不想等着吃晚饭再接着参加舞会。

几年以前，我会通宵跳舞。我从不怕参加一个没有任何熟人的晚会，因为我善于结识朋友和找到各样的舞伴。不论到哪里，我都担任着国际社交界的角色。我认识那些伟人和接近伟人的人，有时只结识那些仅仅能讨人欢喜的人。妈妈要她女儿们成为上流社会的人的梦想已经实现，至少我的情况是这样。我肯定这使她很高兴。

妈妈带我到英国后，我就开始过社交仕女的生活。如果我们留在爪哇，我作为一个未婚中国女孩生活会受限制，并且没有寻欢作乐的机会。但在英国就不同了。我们在温布尔顿有房子——一片地产——还有一幢房子在伦敦布鲁克街上，靠近那个全世界数得上的克拉里治旅馆。妈妈有一辆罗尔斯–罗伊斯轿车，还有司机和跟班，汽车房里还有姐夫的一辆戴姆勒和一辆菲亚特轿车。我在伦敦最受欢迎的服装师那里买衣服，白天是齐腿肚子的裙子，晚上是长裙。那位服装师是埃莉诺·格林的姐妹，埃莉诺著的书当时被认为是“性书”，我还曾将一本她写的名为《三个星期》的可怕的刺激小说偷偷带回家。服装师开的价贵得离奇，也许因为我未经世故可欺，她才乱开价。

我从未学过西方所谓的“交际舞”，但我能与舞伴步调一致，所以不久人人都知道我的舞跳得极好。当时艾琳·卡斯尔是交际舞的大师，并且树立了跳舞时服装打扮的榜样，所以我剪掉我当时拖到足踝的长发，像卡斯尔夫人那样头发短短的。我精力充沛。我用妈妈的罗尔斯–罗伊斯轿车和司机，开到福克斯通、布赖顿或当时其他流行的跳舞场所，我的伴侣在那里等着。我每场舞必跳，黎明才乘车回家，兴奋得忘了疲劳。这是我家庭教师琼斯小姐读过《闲谈者》所向往的那种生活，这样的生活和代表三宝垄社会精华的那种乏味的荷兰社交集会差别太大了。我爱惜每一分钟。

我们当时即将跨入摩登女郎的年代，而我恰好神奇般地适应这个年代。我具有合适的身材，娇小，胸部不高，并且充满活力。如果你能想象一位中国摩登女郎的模样，那就是我。此外，爸爸的亚洲糖王的声誉并无损于我的名气，英国的上层社会人士一定将我，糖王的女儿，当成偿清他们家族城堡抵押债款的一种潜在希望。我常被邀请到乡下去度周末。当主人怂恿我骑马时，他们对我的熟练骑术感到惊奇——但并非总是高兴。有些主人拿我和他们的相当迟钝的女儿相比，心里不免有些难受。对此，就算我当时有所体会，也不会为此烦恼。17岁时，我仍然很孩子气，觉得对我的殷勤令人兴奋。那时有一种时尚，对富有的中国人另眼相待。有两位我喜欢的表兄——姑母的儿子——从新加坡来在爱丁堡学医，他们得到中国名医林逢庆（Lim Bon-king）资助。林本人以前曾在苏格兰学西医。假日时表兄们就从爱丁堡来伦敦，我们三人住在布鲁克街的房子里。我们去看电影，他们骑摩托车带着我在伦敦街道上兜风，非常快乐。

我父亲在伦敦的主要代理人是一位甘佐尼先生，爸爸在明兴巷的办事处由他领导。他就是那个当我还是一个11岁的自高自大，说话毫无顾忌的女孩时，带我去访问那个“典型”的不列颠郊区家庭的人。他早就为此宽恕了我。他的独生儿子，一位议员，把我介绍给他的朋友们。我还遇到一位有趣而神秘的比尔·里克特先生。当时我的想法是他在和爸爸的公司做生意，但后来我知道他与政府据说有秘密关系，实际上他是一个特工人员。他有很大一片乡村地产，还有很多马，因为他是狩猎名手。由于他的特殊职业工作繁忙，他很少能到那里去，所以他劝我去，让他的马活动活动。我从不骑马出去打猎，因为我不忍看狐狸被咬死。虽然说骑猎对我根本不成问题。

有时我带姐姐一起去。如果我请她的丈夫，他也不会去，因为他对我的怨恨日益增长，由于姐姐离开他而心气不顺，粗暴无礼。姐姐很喜欢我们的周末和会见里克特先生的朋友。他们对我们很友善。暂时她和我几乎变得亲密了。即使如此，在她对我的态度中总有那么点儿妒意。

我玩得太高兴了，根本不去想恋爱的事。婚姻意味着责任——看看我姐姐！——还有孩子。年轻人送给我大盒的花、巴黎卡蒂埃和布歇龙的小首饰、粉盒、鼻烟壶，等等。我根本不理会这些礼物的价值，虽然其中有些一定相当昂贵。我的男朋友们的殷勤和他们的头衔给我留下好印象，我总是把发生的一切告诉妈妈。她坐在那里像小孩听神话故事一样地听着，美丽的眼睛里闪耀着热情。我想她将我在社交界的成功转告了爸爸，将功劳全归她自己。

有时我会告诉妈妈我将和一位公爵结婚，那就可以在我的信纸上印上一个公爵冠冕，并且戴上公爵夫人的宝冠。如果她那时对我宽容放任，她会对我的傻气微笑置之。如果不是的话，她就会严肃地说，“我愿意你进入欧洲社会并且与他们的女人平起平坐。但你一定不能嫁给一个白种人，如果你生下欧亚混血儿，那会使我伤心的，我想我不会承认他们。也许我们应该回东方去。”但事实上她没有认真考虑回去，所以我继续跳舞——还有调情。

布鲁克勋爵，盖伊·布鲁克是我喜欢的舞伴之一，因为他是那样开朗和有趣。回顾起来，我现在体会到他爱上了我。他带我到各处去会他的朋友们，虽然我看得出他的女朋友们很不喜欢我。他不富裕，但他设法给我买了一个蓝宝石坠饰，一定花了很多钱。我天真地当作一件小玩意接受了，对它并不比对我的别针和钻石手镯更重视。我总是将这些东西丢落在地板上，再由侍女拾起来。

卡洛丹伯爵——埃里克——非常漂亮，但不如盖伊那么风趣。他太拘谨，太孤僻了。他的母亲是那些不赞成我的老年贵妇之一。奥利佛·邓肯爵士的母亲也不赞成我。奥利佛的父亲是一个准男爵，奥立佛只有等他父亲死后才能继承爵位。但他母亲是一个盛气凌人的美国人，她认为我只对他的爵位感兴趣。她结婚时带来了大量金钱，所以我怀疑她是害怕她儿子可能只是为了分享爸爸的财富而和我结婚——然而他却真正热爱着我。

英国妇女不理解我——特别是那些年长的——我也不理解她们。如果一个中国男孩的父母不赞成我，我会十分伤心和失望的。但英国男孩们的母亲并吓不着我。就此一件事来说，她们紧紧地看守住她们的儿子——这真有损尊严。她们的珠宝太小而且无足轻重，而她们的丈夫常常是怕太太的、傲慢的、使人讨厌的人——和爸爸相比，简直毫不足道。

我想我当时就和孩子一样以取笑他们为乐。如果他们更密切一些注视我，他们就会发现我对任何男朋友的注意只是短暂的，我总是越过现在的伴侣的肩头去看别人。有位纳皮尔·斯特尔特，人称纳皮，是位可爱的人，对我更像兄弟。还有一位较年长的，艾拉·莫里斯，来自美国，他迎合英国人利用各种机会送礼物的习惯，常常送给我来自世界各地的美丽小东西，他并不罗曼蒂克，但我使他高兴；他常常告诉我说他一生的真正目标是成为美国驻法大使，但他生前并未如愿。还有雨果·坎利夫——欧文爵士，他的家族在中国烟草业有很大的投资。他具备典型的英国礼貌和拘谨态度。事实上他不是一个追求者，他是唯一在我结婚后仍和我保持接触的人，就是他在北京送给我两条美丽的哈巴狗，使我能拥有良好的繁殖品种。我们之间从未谈过恋爱。很多、很多年以后，我觉得他是这些人中唯一可能引起我兴趣的人。

橡树园，妈妈在温布尔顿买的房子，规模宏大，布满了美丽的英国古式家具。仅仅花园就有六英亩，还有许多温室，妈妈和苏格兰园丁领班在那里养菊花。这些菊花和妈妈经手的任何事物一样是特殊的，开的花和我的头一样大，在英国各地获奖。园丁领班有三四位助手，都和他一样是苏格兰人。我们还有一位中国管事，三名伦敦当地女佣——一个管楼上，一个管楼下，还有一个烧饭兼做杂务——一位英国司机，姐姐的法国侍女，还有妈妈的老马来西亚厨娘，现在还兼任她的贴身女佣，以及一个英国厨子。那是一个古怪的大杂烩，和联合国一样要求大套的规矩。例如，那个老马来西亚人是妈妈的奴隶；她会为她做任何事，但她却拒绝擦碟子或做一点点家务。妈妈可以与她和中国管事讲话，但是她如何与园丁或女佣们对话就不得而知了。几乎无时没有用人们在吵架。

在后来的生活中，当我不得不料理家务和必须学会对待仆人的办法和手腕时，我认为姐夫担任了总管家的职务，应当得到一份薪水。妈妈是绝对需要人帮助的。因为她和姐姐身上都从来不带钱，她们去买东西的时候，姐夫不得不陪着，为她们付款。马来西亚厨娘不能到市场上去买妈妈喜爱的菜肴佐料——她的英语比妈妈的还要差——所以崇涵还要代她买菜。我爱吃印度尼西亚食物，而且常常分享妈妈的，但姐姐和姐夫不吃。结果是同一时间内两位大师傅抢着用灶和厨房的空间。

姐夫还必须将所有的家用开支的收据和账目提交爸爸在明兴巷的办事处。他自己只能花爸爸给他和姐姐的零用钱，这是够丢脸的。尽管如此，他仍然扬扬得意地在房地产经纪人和仆人们面前扮演一家之主。回想起来，应当怪我们使他受的教育无用武之地。在不同条件下，他很有可能成为一个重要得多的人。

从表面上看，因为我是一个年轻未婚少女，而他是家庭中唯一的男人，应由他管我。但以前从未有人“管”过我，这使我非常恨他。爸爸给我的零用钱是每年400英镑——那时值2000美元，算是给我买衣服的。照我在埃莉诺·格林的姐妹那里订购衣服的情形，这点钱当然是不够的。当我的钱花完了时，我只需将发票交给姐夫。他知道爸爸不会拒绝我任何东西的，而且办事处照付无误。可是这种办事原则使他大发雷霆，我们就为此争吵。这种争吵又会扩展到我所做的每件事。譬如说，因为妈妈晚间从来不用她的汽车和司机，我就乘它去参加晚会。我觉得这并未给任何人带来不方便——如果姐夫和姐姐要出门，仍有汽车可用——但是我认为罗尔斯-罗伊斯汽车应该归我用的傲慢态度一定招人讨厌。

姐姐从来就不好相处。由于她的脾气变得越来越坏，我们都不时地与她有争论。她妒忌我拥有的自由。她一向比我聪明而且更专心，我可以肯定她觉得爸爸喜欢我长的样子对她是不公平的，因为她是在爪哇长大的，在那里的豆蔻年华的少女没有多少娱乐。虽然我从未见过他们吵架，她一定私下将有些怒气发泄在她丈夫身上。我知道她使妈妈为难。必须注意不要和妈妈过多地单独在一起，因为如果琮兰主观认为妈妈和我在一起算计她的话，她会发脾气的。换句话说，她有些神经过敏，虽然我想当时我们不用这个词。无论如何，妈妈受到束缚。在很多方面妈妈很欣赏崇涵。我记得她对他始终很和善宽厚，她从不过问他管理家务的情况，并且将管理用人的事完全交付给他。

一次与姐夫争吵之后，我决定学会开汽车。司机教我开车，而且1918年伦敦的交通还不拥挤，不会出什么问题。我们家里除了姐夫外，以前没有人开过车。我买了一辆双座戴姆勒汽车，将账单交给了姐夫，他愤怒若狂。现在我才领会到我是家中唯一他可以发泄脾气的对象。但是我脾气也暴躁，我对他说了一些无疑不应当说的话。那时很明显我们不能再同住在一所房子里了。因此我在寇松街上租了一座小别墅，还雇了一名法国侍女和一位法国厨师，妈妈能理解并且同意了。

可是姐夫拒绝付房租和我所雇用人的工资，他认为那样可以阻止我。我去找甘佐尼先生，他给爸爸打了电报。我的零用钱增加到我需要的数目，每年2000镑，不附带任何条件，也不必向爸爸的办事处报账。我想后面这件事最使姐夫恼火了。

从那时起，我躲开他。我开自己的小汽车。我的有头衔的追求者们，他们的父亲不像我的父亲那样溺爱他们，喜欢为我开车。我在小房子里举行人数不多的宴会，邀请我的追求者们和爸爸商业合伙人的女儿们。我只有那两个用人，但我在和爸爸一起享用过于丰盛的双人餐中，学到很多关于应该吃些什么以及如何招待的事。到处谈论我的宴会，我肯定那些已经不喜欢我的老年贵妇们看不惯一个不到18岁的中国女孩享有这样的自由，这种她们自己的女儿，甚至已婚妇女都羡慕的自由。

她们不知道的是，尽管我外表自由，但却是一个守规矩的中国女孩子。我每天去看望妈妈，报告我所做的每件事。我会开汽车到100英里以外去赴舞会，每一个舞都跳，在晨曦中开汽车回家；但我的同伴不是男人而是一位已婚妇女，她的丈夫在骑兵营中服役。我不饮酒，也不允许人对我有那时称为“搂脖子”的亲热行为。事实上，我的中国味儿太浓了，不喜欢人家碰我,不论是无意的还是带感情的。那个时代的“好闺女”仍然是处女，哪怕只是名义上的。我绝不是名义上的处女。我知道我一生的使命，如果我想使妈妈高兴的话，——我也确实想让她高兴——是婚姻美满，而且我从爸爸那里得知，男人要的是处女。

妈妈不为我担心。她有她的道德标准，我继承了它，她从未想到要设法约束我，限制我外表上的自由。她坚决要教给我的社交手腕的目的已达到了，她高兴地看着我越来越受欢迎。

也许，如果她在英国社交圈子中活动，她可能要为了装门面而剥夺我的自由。但她的英语不够用的，她又由衷厌恶英式食物使她不愿交朋友。在我怂恿琮兰学会开汽车之前，大部分时间妈妈都待在家里，姐姐也如此。我不知道如果她们都有朋友，姐夫是否会愉快些，但他接触的只有房地产经纪人和职业介绍所的人。他鼓励妈妈搬到伦敦，部分是因为爪哇的荷兰人对中国人的态度使他感到受压迫，部分是因为他和妈妈一样，认为英镑可靠。但他只不过成为几个妇女中一个狂妄自负的男人而已。

当妈妈终于在英国交了几个朋友，而且克服了羞于讲洋泾浜英语的难关的时候，她们按她的本来面目接纳了她：一位坚强而且有强烈吸引力的女人,甚至她的怪癖也引起人们的兴趣。她的大得令人难以置信的珠宝；她对豪华房屋的嗜好；她那只除了她以外见人就咬的讨厌老鹦鹉；她的马来侍女，以及她烤的面包。我不知她在哪里学会烤面包的，但正是面包最后逐步将她推出家庭，进入社会。

她每周烤一次；面包真是好极了，松软异常。我不知邻居们怎样知道这件事的——也许是橡树园的用人们告诉了附近别家的用人，或者是对我们这个外国家庭好奇的邻居们以妈妈的家制面包为访问的借口。不管怎样，某天有一对夫妇来到门口，说是他们不能抗拒从我家厨房飘出的馋人的烤面包香气。

妈妈很高兴，当她发现来访者是有头衔的人，达弗林侯爵和她的美国妻子阿瓦时，她就更高兴了。阿瓦是位可爱的人，金头发蓝眼珠，而且热情。她告诉我，她毕生中最悲惨的事是她的孩子们都是女的，那样就使这家贵族的头衔不得不传给侄子。

达弗林侯爵是一位古怪的、寡言的人。当我在身边时他很少说话，但他和妈妈建立了不一般的友谊，他独自来访问她，请她教华语。他从未掌握华语，但他们在一起很愉快。如果我在楼上，他们的笑声会传到我那里。他回家时腋下总夹着一块妈妈烤的面包。

我结婚后，国王和王后在白金汉宫举行战后第一次宫廷舞会。我的丈夫和我属于少数得以荣幸地留下来用宵夜的人；其余的参加舞会的人仅被邀请为旁观者，不允许跳舞。当我们和外交使团一起进去时，我抬头看见达弗林夫人站在天鹅绒围绳后面。我对她亲切地微笑，她也向我微笑。在那个时候，有一位我原不过是一个中国家庭的闺女时就认识我的人，现在见到我身穿织金长袍，头戴宝石花冠，打扮得漂漂亮亮，以使节团长夫人的身份出现在白金汉宫，真是太好了。

摩纳哥的爱丽丝王妃——我想，她是现在这位王子的祖母——也成了我们大家的好朋友。这次，妈妈的面包大概又是将人引来的借口，她要求会见妈妈，而且在我和维钧结婚后继续在我生活中出现。她是一位精力旺盛，体形丰满的小妇人。她不仅有服装鲜艳的外表，而且内心也充满了机智和善良。虽然她住在克拉里治的一套房间里,而且接待很多有头衔的人物,但她却不着重头衔而喜欢陌生人。她劝妈妈在伦敦时到她旅馆里去拜访她,而打破妈妈要她来参加妈妈的晚间活动的惯例。但是妈妈坚持说她必须回家吃晚饭，否则她的马来厨娘会失望的。

妈妈偶尔也会变得坐立不安。出现这种情况时，妈妈会为我收拾好行李，就像我又是一个小孩那样，动身出发，距离远近没有关系。有一次她和我带着马来厨娘去了美国尼亚加拉瀑布。我们三个站在那里吓坏了而又被水吸引住的情景，我已记不太清楚了。我记得的多半都是在火车上发生的事。从纽约到瀑布乘的是夜车，所以我订了卧铺，不知道还有包房那样的东西。妈妈一想起要让一个陌生人睡在她上面的卧铺上就害怕，所以我躺在她的上铺上，而马来厨娘睡在走道对面的下铺上。整夜我有一半时间都在安慰妈妈，使她可以再转而安慰心里害怕的马来女人。但最糟的是车厢一头的公用更衣和盥洗室，妈妈不愿与陌生人共用，所以她要马来厨娘站在外面使她不受打搅。当我回到返英的船上时虽然精疲力竭但却松了一口气。

我们到家正好赶上姐姐生第二个小孩，是个女孩。当姐姐可以旅行时，妈妈打发她和姐夫带着女婴和保姆到巴黎去，为我们大家找一套公寓。姐夫没有立即找到所要的房子，所以妈妈不耐烦地决定动身到威尼斯去，又带着马来厨娘。她的理由是站不住脚的：中国有一个名叫苏州的地方，那是建在许多运河上的城市。妈妈听说过苏州的故事，但她从未到过那里。她也听说过威尼斯更可爱——从而决定要看看威尼斯。

我们在达涅里旅馆租了一套房间。每天妈妈很早起床，带我们到市场去买水果，爱丽丝王妃为我们写了几封介绍信给塞蒙奈塔公爵和夫人、卡马斯塔公爵夫人和桑方斯蒂诺的简王妃，一位美国人。他们都在大运河上拥有巨大的府邸，每天下午他们中的一位打发一艘贡多拉游艇带我们参观很多美丽的房屋。妈妈就爱这些房子。晚间，妈妈回家，而我高兴地接受了很多赴舞会的邀请，那些舞会比我在伦敦参加过的更考究、高级。我还在莫罗西尼伯爵夫人的府邸参加了一次化装舞会。她是全意大利知名的轰动一时的女人，而且独断独行；传说她的绿宝石是德国皇帝送给她的。她在旅馆的公共大厅里看到妈妈和我，立即走过来，坚持要我们出席舞会。妈妈拒绝，但我高兴地接受了，她打发一艘私人贡多拉艇来接我。我永远也忘不了我们的女主人，那天晚上她穿了一套十六世纪的服装，由两个黑人侍童托着她身后拖地的长裙。

我不会讲意大利语，但所有的人都会讲法语或英语，我发现自己在意大利过得很愉快。我们的财富在那个社会里没有什么意义，而且那里的人从未听说过爸爸。只因为我们是爱丽丝王妃推荐的人，所以他们接纳我们。此外，作为中国人那时在意大利有某些猎奇价值。妈妈和我都享受着爱丽丝王妃的朋友们对我们的热情关注。她对于参观那些豪华的官邸、那些对我们的新朋友们开放的富人住宅从不感厌倦，而我则爱那些考究的晚会。

当我正要结识的一些意大利男友带我去游览时，突然食物中毒了。我病得很厉害，妈妈真是烦恼。她和马来厨娘不离我身边，极力劝我进食，使我能恢复体力。她们催促得太厉害时，我就发脾气。反过来，当妈妈认为我太固执时，她也发脾气。

起初，我认为这不过是妈妈因为缺了我这个翻译，她和马来厨娘就被困在旅馆里而烦恼。但不久我就起了疑心。当我能够起床并且第一次自己穿衣时，我看见妈妈的行李已经收拾好了。妈妈告诉我她在意大利住够了，想到巴黎去。我表示反对。我们没有见到多少意大利，还有很多地方可以去观光，而且我过得很愉快。

妈妈最后承认说有一个原因。巴黎有一个男人看见我的照片，希望会见我。她不知他的姓名，仅知他是中国派往法国参加第一次世界大战后和谈的代表团成员。姐姐邀请了代表团的一些人到她和姐夫在布尔多奈大街上租的公寓来吃晚饭，而那位先生——一位鳏夫——看见放在钢琴上的我的近影，说想见见我。

琮兰写给妈妈的信说：“马上来，因为代表团很快就要走了。整个晚上他不断地去看蕙兰的照片，我深信他爱上她了。如果他能娶她，那是多么好的机会啊！”

我对鳏夫并不感兴趣，但我是个孝顺的女儿，我让马来厨娘收拾我的行李。我对琮兰打算为我挑选未来夫婿感到有点奇怪，而且怕出现最坏的情况。我没有发现的是，琮兰想利用我来极力争取社会地位。

中国代表团在巴黎停留期间，他们的人整天忙于会见和会议。所以他们的不会讲法语的妻子们感到寂寞，甚至在商店里迷路。琮兰听说她们有困难，就自愿去效劳。我拿不准她是否别有用心，但这事成为她一生中少有的真正快乐时期之一的开端。她第一次成为中心人物，她熟悉巴黎，能讲流利的法语，在姐夫安顿公寓和雇用人的时候，她有时间和精力去陪那些夫人观光和买东西。代表们的妻子的反应是热情的；她得到她们的注意心里觉得舒服，一定成了一个不同的人，终于得到了别人的赏识。

在代表团举行宴会时，以及后来一些邀请代表团的社交聚会中都有我姐姐和姐夫的份。大概人们认为他们当然也是代表团的人员。琮兰表现得很优美，妈妈的训练使她轻而易举地做到这一点。但是，她首次看清了她丈夫的本来面目。他出身于印度尼西亚的一个好门第，在荷兰受的教育，而且他能讲英语和相当好的法语。但是他简直不能与代表团的外交家们相提并论；他没有他们的头脑、他们的姿态和他们的声望，他们是政治家。他们纵谈世界大事，而他比一名好的管家好不了多少。只有在对地产经纪人或者仆人们说话时，才能表现他仅有的真正权威。

所以冷静的姐姐决定要通过我在这个完美的社会环境中树立自己的地位。

十

我成了顾维钧夫人

我们到巴黎的头一个晚上，姐姐为妈妈和我洗尘，她请的客人有代表团的唐将军和夫人还有顾维钧。我的座位挨着顾维钧。他只有32岁，作为代表团的第二代表真是够年轻的，而作为驻美的中国公使而言，实在是非常年轻了。不过与追求我的英国人和那些我在威尼斯遇到的爱献殷勤的意大利人比起来，他并没有什么令人夺目之处。他留着老式的平头，他的衣着和我的男朋友们常穿的英国剪裁的服装也相去很远；后来我才知道他穿的是在美国买的现成服装。

当时我对他的印象很淡漠。我不懂政治，对中国的问题就和对第一次世界大战一样模糊。我对中国代表团要在国际联盟做什么也一无所知，也不明白为什么唐将军要如此谦逊地对待我的这位晚宴的伙伴。在我了解到他既不跳舞，又不懂骑马，甚至不会开汽车之后，我断定此人不值得我注意。

可是我低估了顾维钧的天才。不管我说什么，做什么，都不能使他失去勇气。他不谈自己或他从事的工作，而是让他自己关心起我的生活天地。宴会还没有结束，我已觉得有些陶醉了。我们在一起友好而不感拘束（我现在回顾，当时如果爸爸在场，事情可能不会那么顺当。只要爸爸一进屋子，那里的空气马上就紧张起来，人人循规蹈矩）。晚饭后又来了几位客人，他们是代表团的另一些成员，但是顾维钧和我悄悄避开他们，他们也知趣地不来打扰我们，因为他们比我更明白这是怎么一个安排。顾维钧作为代表团的第二代表，为他安排了一处很漂亮的住所，位于钟情路。中国人之间流传着一段开玩笑的话，说他受到那所住宅的魔法，变得"钟情"起来。饭后，我们站在我家窗口俯瞰巴黎，背后有人在谈论第二天结队去枫丹白露郊游。他用英语对我说——我们用英语交谈，他的英语比法语流利——"明天我来接你，坐我的车去。"

他有一辆配有司机的轿车，是由法国政府供给的，这给我留下了印象。我家也有轿车，我家也用司机，但那是我们自己花钱的。顾维钧却是个要人，外国的政府为他提供交通工具（没有享受特权的外交牌照）。后来有一次也使我印象颇深。那次他带我去看歌剧，在歌剧院我们坐的是由政府保留的国事包厢。不管我爸爸花多少钱，他也买不到这个包厢的座位，因为这是专门为要人们保留的。我怀着受到追求的心情，细心考究地穿上我最漂亮的衣装，和他玩笑调情。对于我，这是一场游戏。糖果和鲜花从他那里不断送来。他花费时间一天来找我几次。如果我出门，他会找到我。真的，有一天我去修指甲，他居然出现在伊丽莎白·阿登美容院，这可是完全不得体的，无疑这是他第一次也是最后一次涉足美容院。不过这足以证明他是如何下决心要娶我。

但是我当时并不知道他能用来赢得我心许的时间如何之短。会议已近尾声，他就要回美国了。他很机灵，不让我看出他已急不可待。当然，从我们家庭开销的豪富气派，他大约已看出我爸爸很有钱，不过我也能看得出他所追求的是我这个人而不是钱。虽说我是那么年轻而无知，我也能分辨得出其中的区别，因此我不禁得意扬扬。我想他宁愿我不是个大富翁的继承人，我现在回顾，如果我果真不是，可能对我们的婚姻要好得多。但不管是与不是，他要娶我。他的策略之一就是引我看一个新的生活世界，这个世界使我非常动心，这是个包括白金汉宫、爱丽舍宫和白宫的世界——我对他说，我从来也没奢望过会被邀请去到那些地方。

他说："我到那些地方进行国事活动时，我的妻子是和我一起受到邀请的。"

我说："可是你的妻子已经去世了。"

"是啊，而我有两个孩子需要一位母亲。"

我望着他，最后我说："你的意思是说你想娶我？"作为一个19岁的女孩子，这句话是有些过分了。不过我长久以来就习惯于爱怎样想就怎样想，而且怎样想就怎样说的。这就是"有其父必有其女"。

他严肃认真地说："是的，我希望如此，我盼望你也愿意。"

他并没有说他爱我，他也没有问我爱不爱他。我有些愣住了，我告诉他我要仔细想一想。

我知道我妈妈会说什么。她对顾维钧的印象很深，他具备了我妈妈梦想的女婿的各种条件。不管后来那些年头她如何厌烦我，但她一直宠爱顾维钧。任何时候只要他为了正式公务外出，穿戴整齐，佩戴勋章，出现在她面前，她的脸上就会浮现出欢悦的光彩而且喊道："啊，你真漂亮！"他就很喜欢这个。他也很佩服她的坚强，这他很快就认识到了，真的，顾维钧和我妈妈的性格倒很般配，而不是和我。他生在鼠年而我生在蛇年。我妈妈喜欢在公共场合声称她是顾维钧的岳母，并以有这样一位乘龙快婿而自豪。

1938年，我丈夫顾维钧任驻法国大使，我姐姐和妈妈从中国经檀香山回美国。通过檀香山海关是件很麻烦的事，因为那儿的关员们一直严密监视麻醉品走私。妈妈肯定不像个贩毒的人，可是有一个海关人员领她到一旁告诉她要对她作个别检查。她不明白他说的是什么意思，一直等到把她带到一间密室里。于是她反抗了，她用她的洋泾浜英语告诉他们，他们不能如此对待她，她的女婿是中国驻法大使！

这个海关人员问了我姐姐，姐姐证实此事。于是他们让她通过而不再打扰她。檀香山海关当局事后打电报来说到这件意外之事，顾维钧复电说她的确是他的岳母，他如果事先知道她要经过檀香山的话，他本应先期向他们打个招呼的。不过他还是因妈妈以她自己的方式解决此事而感到欣慰。

我对待顾维钧从来没有妈妈那样聪明，我从来没有当面夸过他漂亮。我尽量做一个中国式的贤妻良母。我从没有当着人批评过他。不管我心中如何感觉，我总力求慎重行事，即使真有什么建议，也是在私下提出来。我生性诚实直率，我不会用诡计办事，有必要时我可以花钱贿赂但不是谄媚。不过他总是倾听我提出的意见，而且如果我说得对，他能很快地理解。为了我，他改变了老式的平头发型，留长了头发从中间分开。他开始穿英国裁制的服装。作为他的主妇，当住在其他国家时，为他操心定制衣服就经常成为我的任务了。他没有学会骑马，不过逐渐对马有了兴趣。他一直避开跳舞和开汽车。我并非说他没有试过开车，可是他对如何分辨刹车和油门非常困难。有一回我以为我的汽车被盗，他承认是他开了出去试一圈而掉在沟里了。

虽说我知道妈妈会要我接受顾维钧的求婚，然而我对姐姐琮兰的反应并无思想准备。她是此事真正的策动者。不过我了解也害怕她的脾气，担心她会不会嫉妒我。只是多年以后我才明白她那时把我从意大利叫回巴黎是想得到什么，而我却如何不解事，有负她的期望。

琮兰在巴黎的生活是她有生以来第一次自己取得成功而不是倚仗爸爸的财富或者由于是我的姐姐。代表团的那些妇女——代表的夫人们都喜欢她，并且赞赏她的聪敏。她的问题正和一切不相信自己的人一样，就是不懂当她只是自己本身时，应当为旁人做出多少贡献。内心深处她爱妈妈，甚至也爱我。但是她对我的不满一直妨碍着她流露真正的感情。

这样，在巴黎的那一天，我出乎意料地听她说："蕙兰，你一定要嫁给顾维钧。别像我这样，找了一个凡庸之辈做丈夫。你想想，你将成为'马丹'顾维钧，旁人要称你为'高贵的夫人'。"

外交界的正式语言是法语，外交官的妻子一般被呼为"马丹"（夫人）。这个想法使我很感兴趣，几乎可以与在我的信笺上印上公爵的冠冕相比拟。但是我仍然犹豫，我是否真想要两个现成的子女？妈妈向我保证一定有保姆们照料孩子，如果现在没有，她负责做到这一点。她还施出诱饵，说我将会有自己的配有女管家的住宅。我说我在寇松路已经有了一所小别墅；我还不知道那些我认识的太太们有谁能有我那么欢快。

妈妈对我有些不耐烦了。她直截了当地对我说："你一定要答应这门婚事。你现在能单独生活是靠我的庇荫，但是你知道我有糖尿病，一旦我死了，由于你和你姐夫不和，你没法子和你姐姐一起过，你不可能一个人单过，那是不合道理的。你只好回家和你父亲住在一起。贺露西恨你，她的母亲懂得怎样毒死人而检查不出来。我敢肯定贺露西会毒死你。"

我同意了嫁给顾维钧。妈妈高兴地给爸爸发去电报，告诉他定下这门亲事。他的回电是给我的："你无须结婚，回新加坡与我同住。"当我回复他我办不到时，他派出私人侦探暗中查明有关要把他的女儿带走的那个男人的一切。

我猜他也许出于嫉妒心，他不愿意听到我要结婚。正如许多好色的男人一样，他担心一旦他的女儿结婚为人妻室之后，由于我的丈夫娶小老婆而受到伤害。我还认为他是对妈妈的又一次回击，因为显然在她的兴头上会给我这个亲生女儿很多她的财物而他的儿子们则没有谁能得到。

爸爸的侦探只找到顾维钧一个问题：他曾在上海和一个女子结婚又离婚了。最近死去的年轻女人是他第二个妻子。爸爸给妈妈打来电报，"你在干傻事。如果你把蕙兰嫁给顾维钧，她永不能成为他的正室，因为他在中国已经有一房活着的妻子。你怎能如此对待蕙兰？"

妈妈并不为此而动摇。顾维钧已经很恰当地将他以前的婚姻状况告诉了妈妈和我。当他还是个小孩子的时候得了一场重病，一位中医治好了他。在感激之余，他父亲对医生说，他的儿子将娶他的女儿为妻。这是典型中国式表达敬意的举动，顾成年以后无法逃避履行这项必尽的孝道，尽管他的父亲已经逝世（译者按：1908年结婚时，顾父尚在世）。顾维钧后来到纽约哥伦比亚大学读书，并且参加校园活动，成绩优秀。1908年他回家省亲，他母亲和哥哥用花轿为他娶了这位不时髦的姑娘。

再没有比这桩婚姻不协调的了。顾维钧显然是个很有远大前程的青年，政府要人已经瞩目于他。姑娘则出自比顾家更不开明、更老式的家庭，实在不配做他的妻室。尽管她遵循妇道随他回到纽约，可是她不懂英语，而且要学会说外国话和过一种完全两样的美国生活对她简直是不可能的事。她请求顾让她回家。她家与顾的母亲和大哥进行洽商，最后达成离婚的协议。在那个时代，只有经过双方家长一致同意才能达成一项不失体面的离婚。①

这样，顾维钧才得到再结婚的自由。他第二个妻子来自显赫并以瓷器收藏闻名的唐绍仪家。唐绍仪身为政府权贵，是袁世凯大总统的左右手。他早已看出顾维钧的才干，因而向袁大总统推荐任用顾做总统府的英文秘书和翻译。于是顾在取得哥伦比亚大学的学士和硕士学位和耶鲁大学的法律学位以后回国任职。他住在北京，政府所在地（译者按：顾维钧回国前是在哥伦比亚大学法学院取得哲学博士学位的）。

多年以后，我的一位好朋友爱琳·柯则博（Allene Kotzebue）告诉我，她在那个时期就认识顾维钧。她的头一个丈夫是在中国的美国人，由于为北京建成电厂而受到袁世凯在总统府接见。袁相貌不凡，矮胖留有八字胡，聪明而有非常的野心（后来由于他不满足于只当大总统而要做皇帝，其结果完全是自己毁了自己）。为了使谒见的人留下深刻印象，他由一群身高七八尺的巨人环拱保卫。就在这种特殊的气氛中，袁氏的那位年轻英文秘书——我的未来夫婿——使爱琳印象甚深。在那个充斥自我吹嘘、钻营向上之徒的扰攘社会中，他的庄重和自信的言谈举止使人有清新之感。

顾维钧在政府中升擢很快，不久从英文秘书晋升为总统府参事。1915年，在他28岁时奉派为驻美公使。1918年，他年轻的妻子因流行性感冒在美国逝世，距他们第二个孩子的出生才几个月。她之死对顾维钧是个极沉重的打击，不过他对事业的热忱帮助他从悲伤之中恢复过来。加之政府当局日益看到他的重要性，并指派他担任出席巴黎和会的中国代表团代表。他不仅需要一个妻子，还需要两个孩子的母亲。而且他正陷于爱情之中。

他希望立即结婚并带我一同回华盛顿。我害怕起来，于是找了女方的借口，办嫁妆。真的，如果剥夺了妈妈买遍伦敦的商店之权，那未免太残忍了。

---

① 这位夫人姓张。此事详见《顾维钧回忆录》中译本第一分册（中华书局版），第49~60页。——译者

我们取得妥协。他在大约一个月以后的11月14日要回到欧洲参加另一个会议，他准备到那时在布鲁塞尔的使馆举行婚礼。所有的公使馆——当时我国还没有驻外的大使馆——都享有治外法权和保持着行使本国法律的权利。

我说："为什么不在伦敦会面？我们可以找个牧师证婚。"可是他摇摇头，"不能偷偷地溜出去结婚，这件事一定要办得光明正大"。

他还和妈妈约定要她在婚礼之前带着我去华盛顿以便认识他的子女和同事们。这就是说，妈妈只有两个星期左右的时间来挑选我的妆奁和结婚礼服了。如果新郎不是顾维钧而是任何一个另外的人，妈妈就会大吃一惊。然而她却同意了。她现在飘飘然如在云端，姐姐的得意之情与她不相上下。而我，未来的新娘则感到眼花缭乱，茫然无主。

他必须在双十节的第二天回美国住所，因此我们订婚的正式消息就在中国驻巴黎使馆代办为国庆举办的舞会上宣布了。每一个在欧洲的中国要人都出席了盛会，不过绝大部分我都不认识而且都比我年纪大得多。我穿的一件晚礼服是巴黎的杜比埃为我定做的——当然很贵，时装师向我保证，这是唯一的一件。然而使我十分失望的是，我看见另外一位妇女穿了一件和我一模一样的衣裳！另一桩使我失望的事是，我和一个不跳舞的男人参加舞会，而且他还不赞成他的未婚妻跳舞。我虽然自己安慰自己他的这种态度无关紧要，可是我明白，结婚以后我将不再能想干什么就干什么，因而不禁心情有些沉重。

维钧起程回美后，我和妈妈乘火车轮渡去英国，留下姐姐和姐夫收拾结束巴黎的住宅然后带着孩子和保姆回家。巴黎再也不吸引妈妈了，因为我将去美国而她忙于采购、为我添置嫁妆。我就默默在一旁望着。

我已迁出巴黎寇松路的住屋回到温布尔顿，和我的小戴姆勒汽车黯然话别，妈妈已为我特订了一辆大罗尔斯–罗伊斯轿车，车窗如此之大，人们管它叫"水晶宫"。她认为一位公使夫人要乘坐这样的汽车才合身份，当然还要配上一个由登希尔提供服装的司机。与此同时，她还给她自己和姐姐各订了一部罗尔斯–罗伊斯。这些账单都送到爸爸那儿作为我婚礼开支的一部分。

我的那些追求者都和寇松路的住宅一同消失了。我再也没有听到活泼坦率的盖伊·布鲁克的消息。我听说他们都受到姐姐的警告而离去，因为她决心不让任何可能引起我未来丈夫对我怀疑的事物出现。妈妈的心情正处于幸福感高潮。她从第一家商店转到第二家，为我订购大量新婚用的亚麻床单、桌布，等等。我现在还能想起来一盒一盒的亚麻布枕头罩，每一副都钉上一套玫瑰花形的金扣襻，每朵花的中心镶一粒钻石，作为结婚礼物，她在摄政街定制了一套36件餐桌器皿。汤盘和菜盘都是全银的，沿口镶金，甜食碟和调味碟都是金的，水晶玻璃的香槟转酒瓶上装着金盖子，刀叉餐具也是金的。她从中国定做了金的座位名片架，錾雕着中文“顾”字，一面花纹是龙，代表男人，一面花纹是凤，代表女人。

就在那个年代，她付给摄政街的首饰商约1万英镑，约合5万美元。我说不上合现在多少钱。我寄存了15年，每年光是保管费就要付200美元。每一次要拿出来用几件就要花很多钱，为此我就不再想找这个麻烦了。再说，现在有谁还在意我们是不是用金银餐具吃饭呢?

然而当年在各国首都我们确实很好地利用了这些餐具而且它们自身也随之出了名。管家在每次宴罢都要数一数座位名片架，因为有的客人会悄悄地装进口袋或手提袋里带回去作纪念品。我常常不得不再从国内定制一些备品来补足。

妈妈准备在我结婚那天穿中式传统的吉服，姐姐则决定穿西式礼服，我也说西式礼服对我很合适。时间已来不及从中国定做中式结婚礼服，而借用姐姐结婚衣服的想法实在令我倒胃口。于是妈妈从卡洛特为我挑选了一件白色挑纱及地的礼服，还有一条拖在地板上老长的老式挑花面纱。我站在那里听着妈妈指指点点，让服装师无休无止地用别针修来改去。

在准备过程中，还要实现妈妈答应过维钧的华盛顿之行。这要在我们准备行动之外再占去两周时间，尽管我们在那里仅仅停留三四天。由于我们已被认作是中国外交官的家眷，因此在码头上受到纽约总领事的正式迎接并且驱车送我们到比尔摩尔旅馆。妈妈和我心情不快，我们的套房很难看，而且也不靠近买东西的商业中心。我有意反问为什么不住华道夫–阿斯托利亚饭店，得到的回答是“遵奉公使的命令”。我只好冷冷地忍受这家比尔摩尔旅馆的现实。

去华盛顿的火车还差强人意，我未来的夫婿为妈妈和我订了一个包厢。虽然狭窄一点，但可以不受打扰。维钧到车上来接我们，送我们到旅馆，现在我已经记不起来是哪一家了。一切忙忙乱乱，而我的未来丈夫在美国首都对我显得更陌生了。妈妈大方地代我负起责任，接见公使馆的秘书和他们的太太。甚至在维钧的住宅和他的用人和管事见面时，我也隐在她背后。王管事后来成为我非常好的朋友。两个孩子由一位黑人保姆照料，她直接向王管事负责。我不好意思去搂抱孩子，而由妈妈再一次代我负责。我注意到她特别喜欢大的，那个小男孩。

有一个消息令我鼓舞。宣布维钧任驻伦敦的公使，施肇基调到华盛顿来而他调到伦敦去。这是上升的一步，他替换了一个年纪大的人。这件事对我虽无关，但有些事则与我有关。

我问道：“这是不是说我会受到邀请去白金汉宫？”

他向我保证，当他呈递国书时，我们两人将一同晋见英国国王和王后。这时，我就像收到一件心爱的玩具的孩子那样高兴。

我们在华盛顿告别，妈妈和我回到纽约再乘船回英国。在我访美期间，维钧和我从未单独在一起过。我头一回想到，以我真正对他的了解而言，也许我是在闭着眼和一个男人结婚。我仅仅在正式场合，他的举止最好的时候在一起相处过，我并非真正了解他，他也不了解我。

我的女儿帕特（菊珍），他已故的前妻留下的小女儿，曾经指出，不管维钧对我的美丽有多么钦慕，也不管我如何决心当好一个中国式的贤妻，维钧和我太不一样，因而难以指望和谐地生活在一起。他的家庭是中国旧式家庭，不穷也不富。他的母亲裹脚、只会说中国话——上海方言，也从未离开上海附近出过远门。她甚至没有到过北京。为了在美国读书，他只能住在大学附近包伙食的公寓里过省钱而简单的生活。每星期六晚上，作为美食，供给一道煎碎土豆块。这在我们婚后的岁月里一直是他爱吃的东西。我常常以他的“包饭公寓口味”开他的玩笑，当然这不大公道，因为在别的方面他的口味还是很考究的。

他已故的前妻虽然受过西方教育，但是年轻而顺从，我则不同。我从不愿伤害别人，连动物也不愿伤害。我是个软心肠的人。我盼望从丈夫那里得到爱情。我知道我父亲和母亲都爱我而感到安然，然而有时我被用作他们之间的人质。维钧很有才华，但他缺少温柔和亲切的天赋。他对我不是很亲热，而是常常心不在焉，有时令人讨厌。他最关心的是中国，为国家效命。他看不到我这个人也就不奇怪了。他关心的是事件，不是个人。他是个可敬的人，中国很需要的人，但不是我所要的丈夫。

在当时我当然无法知道这些，我太缺少阅历了。多年来我生活在一个不真实的天地里，一切我想要的东西都会自动送来，我不能理解在一个事情并非如此的环境里的生活。如果说维钧不了解我的话，我也不了解他。然而一开始他陷于爱情，不是爱我，而是爱上了我的容貌和身材。

他送给我一只镶喀什米尔蓝宝石的订婚戒指，他送我的结婚礼物是一件貂皮长斗篷，我的结婚戒指上镶了一圈钻石。在他这已是很奢华的了，而我则漫不在意地收下来。妈妈送给他的结婚礼物是一副镶钻石和蓝宝石的袖扣和与之配套的背心纽扣，另加一副从卡蒂埃买的华贵的珍珠领扣。我姐姐送他一只装了银配件的旅行手提箱。此外还有那套金银宴席器皿，配有司机的罗尔斯–罗伊斯轿车和钉着钻石镶金扣子的枕头套。

我们在下午举行的婚礼很正规。亲人只有妈妈在场。即使维钧的家属和我父亲想来参加，旅程对他们也委实太远了。我姐姐病了，姐夫更乐得以此为借口而不来。由于当时在布鲁塞尔没有公使，驻西班牙的戴公使和夫人从马德里前来出席婚礼，使之更为正式而隆重。从巴黎来的中国代办在公使馆客厅里主持这项非宗教性的婚礼。戴公使搀着我走到维钧站着的地方。我们相对鞠躬，并排站立，等证婚人宣读祝词。然后由公使馆武官捧来放在天鹅绒垫子上的结婚钻戒，维钧把它戴在我手指上。我借了一把佩剑分切结婚蛋糕，因为我的丈夫穿的是西式长礼服而不是公使官服。

其后我们回到旅馆套房。我换上专为此刻而挑选的晚装，希望让我的丈夫高兴。但是当我走进套房的起居室时，他几乎连头也没有抬一下。他正在办公，口述备忘录和指示，四个秘书手持笔记本围着他作记录。于是我找一把椅子坐下，最后他才看到我。

到这时我才知道我们要乘夜车去日内瓦，因为国联大会第二天就要召开，而他是中国代表团的团长。也许他事先就告诉过我，但是我忘记了或者误解了。然而我已经来不及反对了。我必须督促将礼物列出清单以便合于礼貌地写信道谢，并把妈妈的女仆叫回来把我的妆奁重新包装好。

当晚驻西班牙的戴公使和夫人为我们举行婚宴，为此我穿了新做的白软缎长晚礼服，拿一把鸵鸟羽折扇。从德、法和比利时来的中国官员们拘谨地面对面坐着，难得谈几句客气话。妈妈静静坐着，连新郎似乎也局促少语。从巴黎来的代办坐在我的旁边，他搜索枯肠想找点大家有兴趣的话题。他抓住法国话这个题目，长篇大论地发表法国语言来源于中国话的论点。看到我的反应并不强烈，他便接着大讲特讲，给我举例，谈到喝完汤、吃过鱼、上过鸡，一直不停。人人都停止交谈，有礼貌地听着。

“Attention”来源于中国话“当心”，他说。

我点点头，吃一口菜。他更热心了。“还有，Lanterne来自‘龙灯’。还要我举例吗？”

我产生一幅可怕的幻影：在我结婚整个晚上他讲了又讲，随我们讲到车站，跟着我们讲上车，而我和我的新郎官有礼貌地倾听而不住点头。突然我不由自己地大笑起来。我尽力忍，可是忍不住。我从爸爸那里遗传了这种令人尴尬的性情。如果有什么事使他感到可笑，即使在重要的业务谈判之中，他也必须离开房间，一直等到停笑并且恢复正常再回来。我尽量把头藏在扇子后面，又把餐巾塞在嘴里。我盘算到哪里躲一下等我的歇斯底里劲儿过去再回来；可是我想到回来以后那位代办依然讲个不停的景象，这实在让我受不了，于是我笑得更凶，笑出了眼泪。这时我听到一个令人安心的声音——其他的客人也都开始大笑起来。最后这位莫名其妙的代办也跟着笑起来。这才使我觉得好受些。

妈妈陪我们一同到日内瓦，还有维钧的王管事和妈妈的马来女仆。大堆大堆的行李，还有打字机和公文箱。维钧和我乘一节用蓝色和金色装饰的专用卧车，备有专用的餐室和办公房间。我对新婚之夜的主要记忆就是我们两人都非常疲倦。我一直睡到第二天早上，火车已开到日内瓦近郊。我的丈夫已经穿着整齐吃好早餐，叫醒了我，催我快一点收拾打扮，因为此时整个中国代表团的人大概都已经齐集日内瓦车站等着欢迎我们了。我赶快穿好衣服，躲在不知谁递给我的一大束玫瑰花背后。妈妈也有一束，使她颇为高兴。

我们前往波利伐日旅馆，为我们准备的是一处很能吸引人的拐角套房，俯临日内瓦湖。秘书们又出现了，把我的新婚夫婿簇拥出去开会。把我和王管事留了下来。我站在窗前凝视湖水，拿不定主意，我该怎么办呢?

王管事非常忠心于他以前的女主人，那位已经逝去的可怜的少妇。他一点也不了解我。但是他一下子就赢得了我的好感——他提醒我，妈妈也在这旅馆里，大概正等着我呢。我赶快下楼去看她。我们在一起吃午饭，一起逛街买东西。就像根本没有结婚一样。

十一

我的新婚夫婿

几乎每一个知道顾维钧的人都听说过他的这样一个故事。据说有一次他到一个旅馆参加一次盛大的宴会。贵宾席上有一个美国人坐在他旁边，侧过身来说：

“You likee soupee. soupee？”[①]（你喜欢汤吗？）

维钧，这位百分之百的外交家，只是微笑着点点头。过一会儿，维钧作为当晚的主演讲人被介绍给大家，并就国际事务作了演讲。演讲结束后在热烈掌声中他回到自己的座位，并问他的美国邻座说：

“You likee speechee. speechee？”[②]（你喜欢我的演说吗？）

这个故事当然是虚构的。但这表明我们在西方世界代表中国时所遇到的问题和受到的挑战。如果我的生活以一个低级员司的卑微妻子开始，正如绝大多数外交人员的妻子一样，事情也许就不相同了。但我却是从顶层开始的，由于我的天真，我既不理解这些问题，也不理解我是多么无知，

① 美国人装着怪声怪调学东方人说英语，顾氏即以其人之道回敬。——译者

② 同上。

或者我有多么幸运。

许多我在政府圈子里见到的中国人都怀有帝王欲。那些不文明的军阀和政客在贪求绝对的权力方面基本是一样的。并不光是男人，其中也有少数几个女性，包括维钧任驻美大使时期在华盛顿的一位年轻的女客人，她有一种当皇太后的幻想。也不仅仅是在政府圈子里那些妄自尊大的中国人；至少我发现有一位美国总统令人难以忍受。正如大家常说的那样，权力会引向腐败——不管在何时何地。

尽管顾维钧是如此聪明和蔼，他有他的缺点错误，而我作为他的妻子，学会了和这一切共处。但是他从没有自我膨胀的想法，他献身于中国的精神和为了服务于中国在必要时宁愿自我牺牲的意志是非同寻常的。20世纪30年代一位英国报纸、杂志的专栏作家写到他："新中国很少比顾维钧博士更堪作为典型的人了。平易近人、有修养、无比耐心和温文尔雅，没有哪一位西方世界的外交家在沉着与和蔼方面能够超过他。如果你在国联行政院，在他和日本代表辩论时观察他，你也许能发现他的一些秘密。他对他争论的事件每一点细节都了解得很透彻。他从不发怒。他知道你的困难之处，但他不顾这些。他极力维护他的主张，归根结底只是为了原则的重要性，因为他知道，对你对他都一样，在君子之间，热忱维护国联章程是一切的基础。"

有人曾如此评论顾维钧说，没有办法不喜欢他。他是如此公允，如此怀有崇高的理想，具有有学问的声名，博得"无限的敬意"。他有时把自己的理想主义推己及人到如此程度，以致看不出别人对权力的欲望，而我，我父亲的女儿，一眼就能看出来。不止一次我看出他前面有人设下了陷阱，而他却没有觉察。可是他和我结婚并不是希望我走到他的事业的前面。他娶妻子是把她当作家庭中的一件装饰品，就像托尔斯泰一篇小说中的那位丈夫一样，把妻子当作家中的一把安乐椅。当这把椅子有了自己的思想和见解时，这位托尔斯泰笔下的主角就会感到厌烦而又气愤。

最初，顾维钧没有真正可担心的理由，我就像他所能希望的那样天真。即使我犯的错误也是那么使人安心，讨人喜欢。例如我们头一次因礼仪问题而发生的小冲突就是这样。我们要举行在日内瓦的第一次正式午宴，我已期待多日。许多年长的人欢迎我，对我很好，我很希望回敬。出乎我意料，我丈夫和王管事没有和我商量就把一切都安排好了，这使我略感不快。我丈夫宽容地让我把餐桌装饰一下，我打算穿紫色衣服，因此要在餐桌中央放一大束紫罗兰。

餐桌摆好，座位名片也安排就绪，当我带着花进来时，瞥了一下我座位两旁客人名字，使我吓了一跳。请了那么多日内瓦讨我喜欢的绅士，我丈夫偏偏在我座位两边摆上两个我不喜欢的人。一个令人讨厌，另一个则眼中根本没有我。

我迅速地按我的脾气亲自下手了。我重新安排了座次，把两位讨我喜欢的男客人排在我两旁，把那个令人生厌的和那个势利眼“充军”到“西伯利亚”。然后我去换上我心爱的美丽紫色服装。我刚刚化妆完毕，我的新婚丈夫就敲我的卧室门，接着进来给我上第一节外交课了。

“蕙兰”，他说，“这不是你的私人宴会。你是为中国国家款待客人，要按照他们的品级安排座次，这才符合礼仪，不致让客人有失体面”。

后来，我懂得了礼仪的重要。我认真学习权势圈子里的规矩，我变得如此擅长，以至我丈夫不再依靠使馆的礼仪专家，反倒倚仗我的指点。

中国的政治就像中国本身，使西方人士感到混乱。有才干的人从一个政权转移到另一个政权，这种事曾发生过，将来还会发生。往往一个新政权执政，在前政权任职的某人就会暂时引退，也许为他的健康而出洋，也许退居家乡为他的父母守丧，静候有利时机到来。或是一个武人，想拒绝接受一个即将失败的统治者的命令，就可以托词身体不好而辞职。顾维钧对这种演剧般的把戏也不例外。20世纪20年代我们住在北京时，他是政府中第二号人物。蒋介石和他的手下从南方兴起，夺取了政权和我们的私邸，于是维钧审慎地退居到加拿大“垂钓”去了——正好他也喜欢钓鱼，等待对他不利的高潮减退。时间不长他又回国了。因为蒋委员长需要他的才干去办理对西方的外交。

顾维钧生于使人关注的1887年[①]，中国正在清朝腐败的政府统治之下

① 顾维钧生于1888年1月29日，即夏历丁亥腊月。——译者

呻吟。清朝有过几个好皇帝，可是末期的朝廷又弱又腐败。正如许多年轻有为的中国人——蒋介石是其中之一——一样，顾决心要为提高中国的地位，立足于强国之林而一显身手。他认为要达到这个目的最好的途径是到外国留学，因为要想很恰当地和不同的文明打交道，必须掌握他们的语言和各种国家的立国之道。他选择去美国。蒋介石则到日本和俄国，而不是去西方国家，这导致他后来的困难，因为他始终没有学会说英语。

有个故事说蒋介石因受到某个恶作剧的人的愚弄而放弃学习英语。故事说这个家伙假装教他讲几句正式欢迎的话，并作弄蒋在接见英国公使说："早上好，亲亲我。"这个故事大概和那个关于顾维钧的故事一样是捏造的。但蒋在须用英语的场合毫不例外地由他的夫人做翻译则是真的。和顾维钧一样，蒋夫人和她的两个姐姐都在美国上过大学。

许多中国男女青年都真诚地效命于一个主题：中国，这个受外来侵略的牺牲者，必须成为世界强国，永不受瓜分之祸。维钧的父亲也有其政治目的，他虽是个商业家，但有政府官职，在他去世前曾担任过交通银行的总经理。维钧是他第三个儿子，但很快显出智慧过人，在上海美国教会学校读书时非常勤奋，表现出比他两个哥哥更高的才智。学校教育是斯巴达式的，很不舒服，伙食也很粗陋，但却给维钧以机会去显示他的聪明。他在美国学校的成绩也同样地过人。

当我的第一个儿子裕昌后来也上哥伦比亚大学时——他的儿子们都步他的后尘在上海的同一教会学校读书——由于他父亲的声誉，得到校长的邀请去吃午饭，校长就是尼古拉·穆莱·巴特勒。裕昌睡过钟点而失约。当时我正在美国，裕昌惶恐之下打电话问我怎么办。我给巴特勒博士写了一封道歉的信，说我的儿子因为此事如何悔恨，求我向他道歉。巴特勒博士非常和善，他不仅宽宏地饶恕了我儿子的失礼行为——他说："所有的年轻人都有过这种事，包括我自己在内，"——他还更亲切地告诉我："你的丈夫是这所大学有史以来最有才华的学生。"维钧听到这个评语比他到那时为止接受到的所有荣誉和称赞都更为得意，他把这段话写进了他为《美国名人录》所写的自传稿里。除了他在学术上的灿烂成就外，他还是大学辩论队的队员和学校刊物《哥伦比亚人》和《旁观者》的编辑。他还是一名很受欢迎的学生。

他的中文大名是维钧，英文人名最接近的是威灵顿（Willington），他就取用了。在正式名片和请帖上我们都用“顾维钧”,但在国际上他却以“威灵顿·顾”著名，因此很多次我们被正式称为“维钧·威灵顿·顾博士和夫人”。

1911年10月10日维钧正在美国上学，当时清王朝被推翻了。不久，小宣统皇帝——溥仪——退位。孙中山先生当了新成立的中华民国的第一任大总统。孙大总统——人们常称他为国父——后来和宋庆龄结婚，宋是著名宋氏三姐妹中的一位。民国成立不久孙让位于袁世凯以利于南北的统一。维钧任袁的秘书，并在第一次世界大战期间回到中国。①当时日本参加协约国一边，它借口和协约国共同作战，乘机占领了德国在山东的租借地和铁路。实际上日本居心贪婪险恶，决意要分割强占山东。

中国由于长期受到清王朝统治的束缚，缺乏日本人的高效率和冷酷无情的驱功力量，以及日本人颇为深透地从西方学来的罪恶的现实主义观。但是日本这一行动凌辱了、也激怒了新共和国，中国拒绝了日本对山东半岛权力的狡诈要求。从一开始维钧就是为归还山东而奋斗的带头人物。1917年他把西方四强国和日本之间订立秘密协定同意将中国山东的主权让给日本一事公之于众。他为保卫中国地位的努力在西方得到赞扬。1919年，在我们两人见面之前不久，他在法国准备签订《凡尔赛和约》的代表会议上发表了一篇强烈的演说。结果，代表们否认了条约中有关山东问题的处置，拒绝签字。这个举动充分表现了中国人维护领土主权的尊严。

维钧和我结婚的时候我对这一切很少了解，但我逐渐理解我丈夫所处的地位和肩负的责任，并且在静坐倾听中学习到有关政治和权力活动的知识。我对中国的爱国心并没有因政治而变得复杂化。我是中国人，所以我爱中国。我妈妈对政治的领悟也不比我深刻。她并不理解我丈夫的政治动力，

① 顾维钧于1912年初回国，1915年至1920年任驻华盛顿公使。——译者

但她欣羡最终的结果。

她也爱大场面，她注视着她的新女婿在代表们的队伍中，乘坐插着中国国旗的汽车在日内瓦的大街上通过。她对会议的内容也不比我知道得更多。但是她能感到那种热烈兴奋的气氛。在一些特殊场合为代表的夫人们备有专车时，她乘车坐在我旁边，向马路旁边排列的人群点头弯腰致意就像个王后，而我反觉得自己好像是她的陪衬。

然而我的无知却也为我带来了好处，因为我纯朴自然，毫不做作，所以人们对我总是怀有善意。即使是日本代表团领导人，驻法大使石井子爵和驻英大使林权助伯爵对我来说都很可亲。林是个单身汉，为此常在一些大型宴会中找到我，对我说了好多圆滑恭维的话，有时使我难以理解。我认为他的官方态度——那是和我丈夫所极力为之奋争的立场相反的——和他的社交举止简直对不上号。他也并非只说些泛泛的恭维话。他爱重复的一番话是："你的丈夫对中国来说是过好了。他超越中国20年。你也过于现代化了。中国对你们两人都不会赏识。"

我重复这番话给维钧听，他点点头，而我则按我的天真想法，认为这似乎是对我们所代表的国家的批评。事实上维钧是忙得顾不上去注意对他的年轻妻子的评论或关切了。我很少有机会单独和他在一起。他的日程填满了大会小会。等他回到家中，又马上坐到书桌旁，向他的秘书们口授演讲词或是亲自起草每天向北京汇报的电稿。我们常常一同接到邀请去参加各种宴会，但是当我打扮整齐等待他的赞许时，他往往只不过心不在焉地看我一眼而已。

我记得有一个晚上，一个相当愚蠢的年纪大的法国佬，此人素以花言巧语著称，他设法躲开他的妻子而与我和维钧一起乘坐我们的公车。我坐在他们中间，这时他故意摸我的膝盖，一面小声地向我说些亲昵的话，我又怕又窘，用法语对我的迫害者说："你住口，请不要这样。"一面望着我的丈夫，盼望他能干预。可是维钧一点也没有注意到，显然他脑子里正想着重大的事情。

从此以后我决意尽可能常和代表团的太太们在一起。她们都比我年纪大，有的几乎可以当我的祖母。有几位妇女似乎讨厌我的年轻，可是绝大多数对我都亲热慈爱。妈妈已经回伦敦了，她们很准确地意识到我很孤寂。

维钧是国联托管和军备委员会的成员，其他成员都是当时政治上的一时之俊，他们的姓名对现今一代人来说已没有什么意义或早已被遗忘了。其中包括瑞典的巴兰亭，他是委员会主席；罗伯特·赛色尔爵士——索尔兹伯里勋爵的儿子，后来也继承了索尔兹伯里勋爵的爵位，石井子爵；爱德华·贝奈斯，捷克斯洛伐克的新外长；挪威的弗利德约夫·南森博士和波兰的伊格纳斯·帕德留斯基。南森博士又是一位有名的极地探险家。我被他在北极附近度过冬天的故事迷住了，在极地他和他的队员们住在冰屋里，靠海象、北极熊和鲸鱼维持生命。他郑重地告诉我，鲸鱼肉比我们筵席菜谱上那些精心烹调出的法式菜肴还要美味得多。当时我相信他的话，可是在第二次世界大战中，我在英国尝过鲸鱼肉（虽说那是由克拉里治的厨师精心烹调的）以后，我疑心他是开我的玩笑。

南森和他的妻子都确实比我年长，实际上是属于我父母一辈的人，但是我却发现南森夫人也是一位新娘。她对我讲述这段浪漫的故事：在她已与另一个男人结婚以后，与南森发生了爱情。她等待了30年，一直到头一位南森夫人逝世以后，她和那个艺术家丈夫离了婚，然后投向她爱了那么多年的男子。我为她如此信任我而吃惊。我似乎有一种可信任的品格，使许多男男女女向我倾诉他们最内心的秘密，有些甚至我都宁愿不知道。甚至当我在伦敦还是个不解世事的女孩子时，我是那么天真还弄不清它的目的何在，一位结过婚的女人坚持给我看她丈夫的台球桌。她坦白地告诉我她常用它来和她的情人幽会，因为它不像床那样凹下去。后来，我成了大使夫人以后，完全正经的绅士们会向我坦白他们的幽期密会的勾当。即使到现在我还是作为朋友们许多信息的储藏库，到我死也不会泄露。我这一生懂得了很多事，不过我将永远不会明白，为什么一些有稀奇古怪经历的人总找到我来倾吐。

我非常幸运地处于这么多真正善意和谦逊的一批人之中。伊格纳斯·帕德留斯基，那位大音乐家和他的夫人对我都很亲热。尽管他们常常大规模招待客人和举行季节中最好的舞会，他们却抽空单单在他们的住所两次邀我们夫妇去吃晚饭，并且也单单来看我们。这是向一个新娘子表示善意的异常举动，晚饭后他专为我们弹奏。英国外交大臣阿瑟·巴尔福，他单身在日内瓦，也是非常通达人情的。他当时一定已年过70，可仍然生气勃勃，下午还打网球。他常约维钧和我在他的自用起居室里共进午餐。那儿没有任何别的客人，所以他常常好意地鼓励我谈谈我自己的事。有一次在我感谢他如此和善而且周到时，他笑着说："如果你们担任公职也和我一样长，你们也会厌倦宴会。幸得有你们两位年轻人在这里谈谈外交活动以外的事，真令人高兴，使我的精神为之一爽。"

这是我进入新角色的一个温和的导程。如果我不是一个新娘，维钧也不那样为人所欣赏，我的经历可能会困难得多。不过我也受惠于妈妈，我的衣着合拍，法语、英语流利。在我对历史的敏感下，我大胆地买了一本客人题字的纪念册，请这些有名人物签名。前些日子我曾翻阅一次，看到那些花哨的题词感到很有趣。有的人甚至用我不懂的语言写诗献给我。还有一位用英语称赞我是"远东最美丽的珍珠"。

我现在已明白，我是个引起别人好奇心的人，远超过我自己能认识到的程度。我虽恬静，但不羞涩。我受过的教育使我能欣赏美好的事物和高尚的文化，并且能评价自己。我的衣着来自最精巧和时髦的服装设计师，而我的首饰足以和公主们的首饰媲美。

如果我们仅仅是从一个被视为二等国家来的普通安详的年轻夫妇，我们肯定会被忽视了。人们定会对我丈夫抗议外国人对中国的侵略的企图置之不顾，而太太们肯定没有时间理我。然而现实是我们为人所注视和谈论。我当然不领会这些，而我丈夫大概在颇长一段时间之内也没有注意到这些。他沉浸于爱情，然而他又是一个繁忙而献身于事业的青年男子。

也很可能有时人们注意到并且谈论我们时，不是那样的友善。因为我发现有时我丈夫有些烦恼情绪。是不是有些对中国不友好的人批评了我的表现？

一晚，会议即将结束，我们就要回伦敦，我问他："是不是我有什么举止不当的地方。”他注视着我在卸妆，正摘下我戴着的钻石耳环不经意地扔在我的梳妆台上。然后他走过来。他并不伸手搂抱我而是拿起我的耳环。

他望着耳环而不是望着我，说：“我曾送给你我仅有的力所能及的首饰。以我现在的地位，你戴的为众人所欣羡的珠宝一望而知，不是来自于我的。我希望你除了我买给你的饰物外什么也不戴。”

我真是目瞪口呆。我所戴的珠宝是妈妈为我挑选而爸爸买给我的。而我丈夫却希望我把它抛开一边，只戴他买得起送给我的首饰。这种想法刺伤了我。他并不是为了我的钱而娶我，但是他曾经看到我戴着我的珍宝首饰，知道那是我的一部分。他这种不公平的要求使我一时找不到回答的话。

他于是说：“我希望你也能取消你母亲为我们订购的汽车，我买不起一辆罗尔斯—罗伊斯汽车。”

“但是爸爸买得起。他要送给我们。为什么我们不应当乘坐一辆由司机开的汽车？别国的外交官都是这样做的。”

到这时他才把他的计划告诉我。施肇基公使就要离英去美国，他有一辆英国小汽车要卖给我丈夫。他也有一套司机制服要送给维钧。价钱不贵，我丈夫的收入足以购置。

我瞪着他：“一辆旧汽车？还有一套旧司机制服？”

他不说话。我走近他说：“妈妈已经把罗伊斯的钱付清了而制服也为未来的新司机在登希尔订下了。你不要指望我坐旧汽车。”

他安详地说如果我想坐就用那辆罗伊斯，但是他也要交通工具，他要买下施公使的汽车做他自己的交通工具。

我说：“我在和你结婚以前从来不懂得政治。但是我并不傻。我知道别的国家怎样看今天的中国，他们把它看作一块可以进行经济剥削的地区。我曾经在爪哇生活。在那里荷兰人看不起中国人，除非你有足够的钱可以不理睬他们。为什么我们不坐爸爸花得起钱买给我们的好汽车？明明我有珠宝饰物，为什么别国的外交官妻子们在盛大集会中用她们所有的一切装扮她们自己而我却要把我的珠宝弃置一旁？如果我们和旁人同样做法，这将有助于使他们理解不能忽视中国，我们并非如他们所想象的来自落后的国家。我们来自有权受到重视的国家。”

我丈夫没有说话，他也许正像托尔斯泰小说中的主角，逐渐承认他娶了一个有个性的人为妻的现实。我现在仍旧认为我对汽车和珠宝饰物的看法是对的。可能他也如此。

不管怎样，妈妈订购的罗尔斯—罗伊斯成了伦敦的一个话题，而他似乎不在意了。事实上，他似乎也接受了我的想法，对从爸爸那儿源源不断而来的钱只有呆子才不用。我们初到伦敦时，施家还住在波特兰广场使馆没有迁走，所以妈妈找爱丽丝王妃在克拉里治旅馆为我们预先保留了一套房间。妈妈本想在温布尔顿接待我们，我提出住在那儿每天维钧开车往返路途过远。同时，爸爸继续给我补贴。维钧和我之间再不谈起钱的事，只是我怀疑我们的关系是否从此起了微妙的变化。

我用爸爸给的钱买了许多共同享用的东西。这对我是很自然的事，当这样做能让爸爸高兴的时候，我不至于傻得不要爸爸给我钱花。这时期维钧仍旧非常爱我，深情地爱着，我也开始响应他的爱抚，这肯定给他以更大的快乐。我逐渐学习如何进入我的外交界生活，享受着有个重要而可爱的丈夫的已婚妇人的欢乐。

在日内瓦我曾从旁听到某些欧洲妇女谈论另外一位外国外交官的第二次婚姻。有一位说：“你能看出来他为什么娶她。她和他头一个妻子全不相同，这至少是变换一下。”和维钧前两个妻子相比，我可说是个很大的改换。尽管我暗中立誓要当好一个中国式的妻子，可是我来自父母亲的部分太多了。当我看到位于波特兰广场那所寒碜的使馆时，我坚持要做一次装修，他并没有反对。他只是提醒我，所有为使馆所做的一切都要归于国家，中国政府是不能偿还所花的费用的，将来我们离开时，为使馆买的新家具也不能带走。

我天真地说：“这没关系。我爸爸不会在意的。他永远不会缺这几千镑。”

我从没有想过，从我爸爸那儿来的钱会有尽头。我的老朋友郑苇庭[1]，

---

① 即郑天锡。——译者

历任很多政府要职包括驻英大使，曾经写过一段话："有一位很有学问的英国人曾经问过我，最冷酷的一句中国成语是什么。我想了一下，告诉他说，'天下没有不散的筵席'。"

我对许多问题愚昧无知，不过我却从一位大师，我爸爸那里学懂了钱的功用。从我们在日内瓦为首饰和罗尔斯—罗伊斯汽车对话那天起到我父亲去世为止，维钧和我生活的气派远比当时从政的其他中国人要阔绰得多。这对中国的事业无害，也不损及我丈夫的身份。事实上我可以肯定是有所助益的。那几年是我一生中最得意的时期。

我回想起维钧向英王乔治五世呈递国书我俩同去白金汉宫的那天。我们那时还住在克拉里治旅馆，因为施家刚刚迁出公使馆，我正忙于使馆的装修方案。

我们两人是分别引见的。我在一个房间里向玛丽王后请安，他在另一个房间里谒见英王。爱丽丝王妃教给我如何请安的礼仪，并建议我买一副在伦敦买得到的最长的白羊羔皮手套。一切进行得比预想的要顺适得多，只是玛丽王后和我的谈话很拘束——爱丽丝王妃警告过我，王后问你，你再答话。不过后来英王和维钧都过来和我们一起用茶，谈话比较家常一些。英王还谈到他收藏的中国瓷器，我这才感到轻松了。我居然还在离开时倒退出房间并行了三次请安礼。

维钧回来后热情地对我说："我们是配合得多好的一对呀！"

在我逐渐成熟并学会我自己的生活方式以后，我们配合得还要好。真的，即使我们的婚姻在粉饰的外表下已开始走向破裂，我们还维持着这样的配合好多年。

十二

玛丽王后跳舞

作为年轻的驻英大使的妻子，我的生活并非全是神话一般。有些方面很荣耀：我戴着亲手在卡蒂埃选购由爸爸付账的钻石花冠参加了阿斯脱勋爵和夫人在伦敦社交季节率先举行的舞会，在阿斯考特就座于王室专席，同头戴大礼帽的维钧一起参加官方活动后乘坐我的“水晶宫”罗尔斯–罗伊斯轿车穿过大街，两旁的人群向我挥手致意——是向我致意！——就像我也是某一位重要人物。但是当最先的兴奋劲儿过去之后，我终于明白，我并不是。尽管人们钦佩我丈夫的智慧和沉着镇定的力量，但是他所代表的中国仍旧不过是个世界上的二等国家。

那些大国只派遣公使，而不派大使到北京，因此我们派驻外国的只能是公使使团。虽说维钧是我国外交使团的团长，他的品级低，年纪也轻，而官场序列是按资历排列先后的。我还了解到一桩使我不高兴的事实：一位大使的身份是派出国国家元首的个人代表，他的级别比驻在国的首相还要优先；而一位公使的级别要低于公爵，公使不过是政府的一个员司。

有一次参加一处又长又累的开幕典礼，我们排在外交级别的底端。回到波特兰广场公使馆之后，我向维钧闹脾气说：“我不愿意一辈子当一个小小公使夫人！什么时候你才能当上大使呢？”

维钧不无有理地带着点烦恼回答我：“如果你对你眼下所处的现实地位不满意，那你永远如意不了。我再也不能干得比我的驻英公使现职更强了。”

他总算够客气地没有提起从前我听他说他的妻子要被邀到英国皇宫做客时我多么惊喜的情景。我对此毫无办法，只有集中精神来重新装修这座破旧的老使馆，使它变得尽可能地光彩引人。

直到和我结婚，维钧对他的周围环境总是不加注意，他以为别人也是这样。但是我知道，外观是很有影响的。如果爸爸没有置下那些爪哇的名园胜地，他肯定无法取得那些特权或者款待那些印象深刻的重要爪哇人物的。我自己很习惯处于美丽和高贵的环境之中，也颇擅长利用各种织物和家具布置出这种气氛。我和妈妈生活在一起那么多年，怎么能不具备这种口味呢！不过我发现我还具有组织和使之具体化的能力，一种有效率和秩序感的能力，这只能是从爸爸那儿学来——或是遗传而来的。

波特兰广场的老公使馆的建立可以上溯到清朝。它对新的民国具有感情上的重要性，因为1896年孙逸仙博士（中山先生）曾被囚禁于此。孙博士——他实际上是位医师——在1866年诞生于广东省的香山县翠亨村，幼年去檀香山由他哥哥送到英国教会办的艾俄拉尼学院受教育。他想入基督教，但被他的哥哥阻止了。回到中国后他继续造反，终于因为折断当地庙宇里的神像手指头而被赶出翠亨村。他转移到香港，成为基督教徒，并在一家教会医院里接受训练成为医生。他的未来事业是政治，不过他的医学训练使他认识一位苏格兰教会医师，詹姆士·康德黎博士，此人后来救了孙中山一命。

在1890年，像孙中山那样有才能的人几乎肯定会成为一位革命家。他的同谋者之一是宋查理，一位虔诚的卫理会教徒，他的女儿宋霭龄、宋庆龄、宋美龄后来成为孔祥熙夫人、孙中山夫人和蒋介石夫人。这个造反组织在香港开了一家商店掩护他们的活动，招纳党羽和走私军火到中国国内进行革命。他们不可避免地被发觉，商店被抄，这时宋不在场而孙设法逃走了，但是有70人被逮捕，其中三个为首的被砍头。不过清政府最急于抓到的是孙。

他们大事搜捕，但是孙剪掉辫子，长好头发，留起小胡子化装成日本人脱网了。他去了夏威夷，然后去美国，再到伦敦，在那里会到旧友康德黎，康德黎邀孙离开旅馆住到他家。清政府并不是没有察觉他的行踪，但是不愿意因逮捕他而惊动外界。孙本人则毫无知觉地被清政府玩弄于掌上。康德黎的住宅靠近波特兰使馆。一天他去教堂和他的居停主人一家会聚，经过使馆时有一个态度友善的年轻人叫住他，用他的家乡话向他打招呼。这人继续告诉孙中山说他是公使馆的翻译（这是真的），邀他进去看看。孙由于在伦敦行动如此自由而离北京如此遥远，因此感到很安全，就答应同他去看一看。他在使馆里一直参观到四楼，他突然被推进一间屋子，锁在里边。

清政府的公使担心如果乘普通轮船押送孙中山回国一定会引起各国的抗议怒潮而功败垂成，因此他打电报给清廷请求批准秘密租赁私人船只运送。据说在使馆等候租船汇款的期间，孙中山曾多次祈祷并且写纸条给康德黎博士，裹上硬币扔到窗外，但都被截获没有收到。最后孙中山终于说动了一位使馆的用人为他送信给康德黎。

英国外交部不打算对清使馆采取行动以免出现麻烦，但是康德黎博士发动新闻界，造成了一片抗议怒潮，使得英国外交部不得不重作考虑并坚持要清使馆释放孙中山。就在租船款项汇到的那天孙中山先生被放出来。

从此，孙中山致其全力在海外宣传革命，同时计划和筹备推翻清朝的武装起义。他虽是这场革命运动公认的精神领袖，但1911年武昌起义爆发时他正在美国的丹佛而不在国内。他立即前往伦敦，说服英国外交部取消一项即将交给当时北京朝廷的借款。外交部承认了新政权并向孙保证从此以后他将在所有英国的领土上受到欢迎。

孙中山被拘留的那间屋子，我没有做任何变动。不过其他的屋子我都大事整修重新装饰使它焕然一新完全改观了。我估计这个使馆大约从孙中山参观以前就一直没有收拾过。大约我因此过于劳碌，以致在怀孕四个月的时候流产了。当我发现破水后，十分惊惶，马上打电话给妈妈，她立即带着医生来了。

不久我接到请帖去参加白金汉宫在大战后首次举行的正式宫廷舞会，我的精神振作起来。这次舞会是为欢迎比利时的亚尔培国王和伊丽莎白王后而举行的。我的服饰问题很快解决了：头戴我的钻石花冠，身着我在瓦尔斯选购的最大方的金丝缎舞会长礼服。可是维钧的服装把我比下去了。他下着白色过膝马裤，长丝袜，横扣搭皮鞋，上身在公使礼服上衣之下缠着金丝布围腰用以悬挂佩剑。在斜过前胸的猩红绶带上别着中国的嘉乐章和文虎章，最出色的是他戴了一顶饰以羽毛的礼帽。

外交使节们是通过清道后的伦敦大街到达王宫的。我们再经由特别的入口通道领到靠近御座的立席。时钟十点，在乐队高奏《上帝保佑吾王》的乐声中两对国王王后进入厅内。来宾只有几百人，但多数都像达弗林夫人那样处于丝绒围栏之后。当奏起狐步舞乐时我们是包括在少数几个特许进入舞池跳舞的人之内的。可是我丈夫从未学过跳舞，因此我也只得坐着旁观，渐渐有些困上来。当时我又一次怀孕了，不过自己并不知道。可是在这样一个难逢的盛会之夜打瞌睡，在我的生活中实在是件稀罕事。

两件事形成了高潮，一桩是德国大使和英王握手。人群中发出了窃窃私语之声，可是两位主角都泰然若无其事。我突然感到不解——以后我一直在想——战争为何而发。

第二件事更有趣些。舞池地面由持有金杖的侍从官员们清出来。在我们大家注视中，玛丽王后戴着全副钻石项圈和镶有无价之宝喀希诺尔钻石闪烁其上的王冠，走下御座，投入一位几乎无人认识的青年人的手臂。乐队奏起了欢快的狐步舞曲。可是王后好像更喜欢华尔兹，于是她领着跳起华尔兹，而男舞伴恭恭敬敬地随着她。

十几年后，顾维钧已是大使，我们去布鲁塞尔开会，晚宴上我邻座的一位男士告诉我，他就是当年陪玛丽王后跳舞的那个人。当时他本是比利时伊丽莎白王后的侍从，由她把他介绍给玛丽王后的。他承认即使在多年之后，他一想起那次当着那些观众陪着那样一位舞伴，随着狐步舞曲却在跳华尔兹的情景,仍不由得要出一身冷汗。我问他是不是玛丽王后领着他跳，他点点头。“可是想想万一我踩了她的脚，那可怎么得了！”

宫廷舞会之后没几个月，维钧奉命去华盛顿参加华盛顿军备限制会议，会上山东问题将再一次提出来讨论。由于我已安然度过危险的头三个月怀孕期，医生认为没有什么理由不可以让我陪维钧一同去美国。于是我们把他的两个孩子留下让保姆们照料而于11月末乘“奥林匹克”号轮出发。维钧带着他的王管事，我带着新雇的英国女用人，她的典型英国姓氏叫克勒特伯克，外加一个家庭中的新宠物，紫黑的小哈巴狗，是爱丽丝王妃帮我挑的。多年以后我才真正认识到她待我的好处，最要紧的一点不是她教我社交礼仪（她在这方面是很擅长的），而是教我如何以狗做伴和得到安慰。她养了三只北京哈巴狗，妈妈断定都被她完全宠坏了。爱丽丝王妃总要让她的套间房门敞着，小狗们就自由自在地在克拉里治旅馆各个楼层跑来跑去，向仆人们讨吃的或者从留在别的房间门口的托盘里选几口美味佳肴。不过妈妈从来不爱狗，可能是因为爸爸爱狗所致。不论怎么说，爱丽丝王妃很聪明地想到当我丈夫开会时，我不免常常要几个小时、几个小时地一人待在家里，这时一只小狗就能成为我的情意所寄。后来在法国期间，当我非常不愉快而且没有一个可以信赖的人时，我感激爱丽丝王妃，因为是她指点我狗如何能使一颗伤痛的心得到安慰。不时有人说我太离不开我的狗，不论到哪儿也要带着它们。但是除了我自己谁也不理解这些小狗是我的救星，我的天使。

在华盛顿，中国政府在马萨诸塞大道上从一位摩兰太太手里租了一栋很大的私人楼房。代表团人员连我们带来的用人们共有50多人。其结果是，为了让我们这些人吃好饭就成了相当复杂的一桩工作。负责后勤的主任是一位工作很有效率的严恩槱博士，若干年后他成了我姐姐的第二个丈夫。我还记得两件事：当时美国禁酒，可是由于外交特权，允许我们自行备办所需的酒；另一件事是我的女用人克勒特伯克告诉我说，好几个到摩兰楼来做工的男用人都很有钱，他们开着自己的汽车来上班。

从日内瓦来的我们的老朋友亚瑟·巴尔福和国务卿查尔斯·伊万斯·休士在山东问题上都非常支持中国。美国的许多报刊也如此。赫斯特系报纸把“黄祸”这一名词和日本人联系起来，对他们要分割山东的图谋也肆意用上了“不名誉”“不平等”之类的词儿。哈定总统在他的竞选演讲里也公开地说要保障我国的“独立”和“主权完整”。有一次他在白宫宴请会议代表团团长们，我坐在休士国务卿和荷兰前首相赫尔曼·范·卡恩倍克之间，宴会使人很高兴，可是我穿一件黑丝绒晚礼服紧紧围着一条银狐围巾以遮盖我越来越明显的怀孕身段。天气反常地热——华盛顿人叫它“印第安夏天”——我几乎晕倒了。

会谈一直拖过了圣诞节，日本人很顽固，要尽一切诡计要保住他们已到手的一切好处。有一天维钧怀着厌烦之感离开僵持的会谈，带着我在飒爽清新的天气里驱车兜风，回来后看见在摩兰楼的大门厅里拥挤着一群愤怒的中国青年。他们都是留学生，唯恐我丈夫在山东问题上对日本让步。他们推开仆人们闯进来，切断电话线，试图进行某些愚蠢的暴烈行为。

我丈夫和王管事催促我上了楼，克勒特伯克和王两人站在我前面护着我。我真吓坏了。但不一会儿我的恐惧化为惊奇，我听到我丈夫出面接待，并安详地一一回答人们提出的问题。他不仅使这些年轻人的怒火平息，而且说服他们都赞成和支持他。我以前从没有见过这种场面。他如此出色的表现，给我以极为深刻的印象而且引以为骄傲。此刻我才真的理解为什么年长的人们佩服他，为什么他如此年轻就担当这样重要的职务，而大多数与他年纪相仿的外交人员，如果能升到一等秘书就非常满足了。不多时，这些留学生们都心平气和地鱼贯而出。但是我的激情还久久不能平息。

这时我明白，我们将不会和孩子们一直住在波特兰广场那修饰得焕然一新的使馆里。我的社交地位逐渐提高，经常参加大型宴会，再还席款待别人。顾维钧和爸爸一样，具有令人不能忽视的天赋。虽说中国的未来对我还是个谜，但是我有一种直觉，他必将在其中担当一个角色。我还明白，不论他想不想要，我定能给他以帮助。这是一个令人激动的预期，以及对未来的挑战。

会议开到转年2月才结束，一共开了36次，日本终于同意把山东还给中国，双方签订了一份用英文写成的协议。《九国公约》的实质是国际上保证中国的领土主权和继续实行门户开放政策。

我怀疑如果医生事先知道会议拖得那么长，他会不会让我离开伦敦。我自己也会因为分娩期日益临近希望妈妈到时能在身边而迟疑的。维钧已被他自己的问题缠住了。1922年1月30日，星期日晚上我在摩兰楼生下我的大儿子。我坚持在家中分娩，因为我要让我的孩子在中国领土上出生，而摩兰楼正是中国代表团的住所，符合这个设想。维钧那天从一大早就去开会，由于估计日本方面可能终于要让步，谁也不敢去打扰他。所以我的儿子降生的消息只好写在纸条上,从会议室门下边塞进去。当然有人看见了，于是传到了我丈夫手中。

维钧给儿子起个名字叫“开元”，以纪念在中国所发生的大事。这是他的乳名——小名。他的大名是“顾裕昌”，是后来我丈夫的大哥所起的，他是顾家的“家长”。可是从一开始，开会的每一个人都叫这个娃娃“小威灵顿”(Willington-Jr.)，他就这样得了“Junior”这个英文名字，直到现在。

还没有满月我们就回到伦敦了，我们的随从人员中又增加了一名美国保姆。她从裕昌一落生就被雇来，对照料婴儿和我一样的毫无经验。我决定留着她直到妈妈和我能找到一位英国保姆为止。裕昌出生后我曾给爸爸和妈妈分别打了电报。爸爸打来贺电，在我从英国起程去美国的时候，他已汇给我两万美元的“零用钱”。但妈妈和姐姐那儿连一封信也没来。我简直难以相信。我按他们的希望嫁给顾维钧，在中国他是当时的英雄人物。我头一胎就生个男孩子，这是每个中国妇女的意愿。然而我妈妈和姐姐连一句话也没有，连问一问孩子的健康——或是我的健康——的话都没有。

在冬天的大西洋航程中我和往常一样晕船，我更为上述的情况担心。我不想向维钧谈，因为我知道他很喜欢妈妈，我不愿意让他看起来像是在批评妈妈。但是船到码头，往常的那几位使馆同僚来迎接，我环顾周围，盼望看到妈妈，肯定说她决不会不想看一眼她的小外孙的。

然而她没有来。回到波特兰广场使馆后，也没有她那里来的只言片语。很多其他的人，新、老朋友或是相识如爱丽丝王妃等，送来鲜花和小礼物，或者亲自来看我和小宝宝。我难以解释为什么我这样一个健康的妇女，在一次正常分娩之后心情如此低沉，恢复得如此缓慢。我不愿意说给爱丽丝王妃听，因为这像是出卖我妈妈。然而我忍受着她对我的抛弃，好像有一块炭火在烧我的心。

裕昌三个多月的时候，我打发新雇的英国保姆抱着他坐我的罗尔斯—罗伊斯轿车到奥克伦去看我妈妈。我现在已经懂得，当初我本应该和他们一起去，那就可以免去以后好多年的误解和伤心。可是我当时觉得受到的伤害太重了，以致不能理智地、成熟地思考此事。

保姆回来报告说，妈妈给裕昌迷住了，久久地搂着他而且哭了。她没有提我姐姐，我也没有问起琮兰的情况。她也没有带回妈妈的话。

如果我信任维钧和他商量，对此事也会有所帮助。但是他正忙于其他的问题。自从他在华盛顿会议上取得胜利，这确实也是他个人的成功，政府要他回北京担任要职。但是那里的形势不稳定（老总统袁世凯在他当皇帝惨遭失败之后不久于1916年死去，黎元洪继任总统，他是个软弱的人，为在北京拥有实力的军阀们所操纵）。

维钧已有7年没有回国，他希望赶快回去。我却拖拖拉拉。真的，搬一个有三个孩子加上各种用人的家，对我是个新课题。如果妈妈那儿有音讯，减轻我思想上的负担，我或者能办理得更快一些。然而妈妈从无信来，因而我也始终没有上她那儿告别。我离开伦敦，在我们之间留下了可怕的阴影和鸿沟。从爱丽丝王妃那儿我听说妈妈已将布鲁克街的房子卖掉。爱丽丝王妃又和善又谨慎，我猜她准是设法把我的痛苦心情告诉了妈妈，因为过了几个月我们在北京安顿好以后，我收到我母亲一封古怪的信。我撕掉它，但我仍能清楚地记得其中的一段就像写在石板上挂在我面前似的。

“你姐姐是个黑心肠，让你知道现在我的生命和生活都很困难。到适当时机我还要写信给你。”

我当时的思想过于单纯，不明白出了什么问题，不能理解她在我和姐姐之间左右为难。她接近姐姐只是因为她一向倚靠我姐姐和姐夫。我从来没有照顾过她，她对投靠我和我丈夫缺乏信心。我也猜不出为什么忽然琮兰那么恨我，连我的名字都不愿提起或者不让妈妈和我谈话。

只是多年以后我才肯定她为什么认为我背叛了她：按照她的狡狯的思路（她经常诡计多端），她认为我一旦成了公使夫人，就一定能为她的丈夫谋到一个职位，这样她们就能分享外交界的生活。她把这视为当然。我生活中这一篇章令人不愉快之处就在于我原本可以请维钧留下我姐夫并为他找一份差使，或者向他说如果他能这样办的话我会多么高兴，而他也许真的能给姐夫找到一项适合其才能的职务。可是我那时初入外交界生涯，不懂得在这个封闭性的社会圈子里，许多事常常是如此安排解决的：某某人也许认为我姐夫是维钧的至亲，对维钧卖个交情而加以安插，以备有朝一日有事要找维钧时得到他的回报。我后来发现我提出的请托甚至会特别起作用。可是在当时我一点也不懂得这些。为什么就该这样?

十三

北京生活之始

一个典型的英国秋季日子，下个不停的雨淋湿了我们的行李，娃娃车，狗篮子和公文箱、打字机。带着这些，我们登上一艘开往太平洋和远东的轮船“凯伯尔”号驶向中国。这艘船虽然外表油漆一新，可实在是一个可怜的慢慢腾腾的小澡盆。不过它却勇敢地双悬着中英两国的国旗，显示着我们的外交身份。连同孩子、用人和我丈夫的秘书们，我们把头等舱全挤满了。我的哈巴狗和我共享着一间比较好的船舱，然而还是要睡老式的双层床。

我们用海水洗澡，另给一桶淡水冲淋。洗澡间在走廊的尽头，厕所也如此。饭茶包括难以消化的英式牛排和牛腰子馅饼，烧羊肉有时加上咖喱换换口味，还有偶尔在停靠规定的港口时能吃到的鲜鱼。这可是一张令当时倾向于吃素的妇女感到难堪的食谱。不过船上的高级船员和印度管事们都尽量设法使我们舒适些，而小宝宝每天喂奶粉倒也上膘了。我现在还能想起那“牛门”牌奶粉罐头的样子，也记得我们在途中停靠的港口尽可能地为小宝宝搜求戈登牌消毒牛奶的忙乱情景。

“凯伯尔”号比很多豪华游船走得都快，从伦敦到上海只用了25天，因为它的航线经地中海，穿行苏伊士运河，再经红海和中国南海而达上海。在我们枯燥的航程中，有一个念头令我得到安慰：我们中途要在新加坡停靠两天，我可以和我父亲会面。他知道我们要经过新加坡，而且新加坡商会已邀请他参加为我丈夫举行的午宴。

我们途中的一个停靠地点是马耳他，英国总督上船来拜会。他身穿白色军礼服，金色穗带闪闪发光，头戴饰以羽毛的海军礼帽。我们乘坐他的汽艇参观马耳他岛。岛上到处跑着矮小的山羊，怒放的花大而鲜艳，就像我记忆中的爪哇。突然引起我思乡之情，我真高兴又回到东方。

亚丁，红海下角东面的一个大海岛港口，我们又一次得到盛装的总督亲自迎接的荣耀。他邀请我们到他家中一叙。这个岛看起来很热。因此我打算留在船上，让我丈夫去接受那一切盛意的款待。但是这位总督是个单身人士，盼望有女宾来做客。他关切地问我是不是病了。我说不是的，但我有只小狗离不开，我知道海关检疫的规定，不允许带“宝贝”上岸。

他向我担保那不成问题，让他带着小狗上岸。他把“宝贝”抱在怀里，大大方方地走过了那些海关小员司的队列。这事给我印象很深。每一天我都在学习着，官阶和外交身份具有特别的方便。我也很高兴我没有待在船上，因为我们这一天过得很愉快——在他的花园里的树荫下，喝着放了冰块的鲜美的椰子汁，还有黑人用人摇着布风扇发出习习清风。“宝贝”在花园里跑来跑去，和我们一样享受这岸上的一天。

轮船在天亮以前开到新加坡，在港口下锚。我躺在床上听着甲板上嘈杂的人声，一面悬想我什么时候能见到爸爸。这时有人敲门，听到房舱侍者说：“有一位穿白色服装的先生来看望你，太太。他说他是您的父亲。”

我披上我的梳妆袍，打开舱门。爸爸就在这儿！看起来还是那么可亲、漂亮和整洁得无可挑剔。我一看到他就又像一个小女孩一样充满了欢乐。妈妈的冷淡和姐姐的嫉妒都不再压在我的心上，因为我深信，像往常一样，这一切爸爸都能妥善解决。在他背后是一个年轻人，他介绍说是他的秘书。我在慌乱中发现我还没有穿着整齐。我道了一声歉，爸爸说他在甲板上等我。按他的常规，他已向船长作了自我介绍，而船长也已邀他和我们一起共进早餐了。于是我去敲维钧的舱门，告诉他爸爸已经到了船上。

在维钧刮脸穿着整齐之前，我已经梳妆打扮好了。也许他是在等着我给他作介绍。不管怎么着，他没有给爸爸磕头，他们按西方规矩有礼貌地握手。在我们用早餐的时候，新加坡商会和总督的代表们上船来欢迎我丈夫。我们走上甲板，我看到码头上有一班中国乐队在吹吹打打，还有一大群人聚集在阳光之下欢迎我们。一艘用花朵装点着的汽艇被派来接我们，不过我不打算上这艘汽艇，爸爸自己另有一艘汽艇，我要和他在一起。

我还要让爸爸看看裕昌，他和他的保姆留在大船上。不过他们俩谁也不显得兴奋。裕昌很早就让嘈杂的声音吵醒了，现在有些瞌睡。而爸爸这一生看到的娃娃实在太多，连我的小宝宝也不觉得稀罕了。他倒是对小狗"宝贝"更感兴趣，仔细听我说着打算到了北京住定下来就用它来配种传代的计划。但是爸爸又在我身旁，实在太妙了。

我们一齐参加商会的午宴，那是在市外一个时髦的海滨胜地举行的一次盛会。显然很舍得花钱，因为葡萄、梨、苹果等都是从老远的澳大利亚运来的。这对官员们可能是一次很好的款待，不过我更盼望再尝到当地土产水果的鲜美滋味，那是我多年来在英国没有机会吃到的，我决定下午到市场上走一遭。

午餐吃完，演说讲罢，我又把丈夫留下让那些官员陪着，因为我要去看望我的姑母。她没有受到邀请赴宴，而且听说她和爸爸彼此再也不见面。这真使我伤心。我们这是个什么样的家庭啊。不过他倒是和两位已留学回来的表兄弟还来往。爸爸用车把我送到姑母家门口，我和姑母、表兄弟们在一起直到回船的时刻。这真是一次难得的团聚。我了解到我的一个表兄弟正在受外科医生训练，在回港口的路上，我们逛了市场，我买了好些筐我记忆中的美味水果。

第二天是专留给我和爸爸相处的一天。他又乘汽艇来接我，码头上有一辆由司机开的汽车等着。可是当我看到他的生活情况时不由得感到震动。马厩没有了，气派没有了，不同口味的厨房，众多的用人班子都没有了。连莱曼也不见了。爸爸还有些产业和几所别墅。他和贺露西生活于其中的简陋平房住宅，简直是个普通做小生意的人的住处。连自来水和卫生间都没有。我真是愣住了。我忍不住说："你为什么生活成这个样子？这真是耻辱。你的豪华气势都无影无踪了。"

他不理睬我这个问题，他倒是愿意谈谈他的生意。荷兰政府想用重税压他，可是总督护着他。他向我保证，一切都顺利，他最喜欢的我的两个异母兄弟宗宣和宗孝都成了精明强干的经理了。他们常到新加坡来向爸爸汇报，他在新加坡还有一所办事处，配备了得力的人员，不过他不常去。

他看得出，由于他丧失了对事业经营的热诚，他的生活如此寒碜，这种变化使我心情压抑难过。因此他答应买一辆新车，还要为我翻修一所别墅，装上自来水和我单用的浴室和卫生间。我盘问他是不是在经济上发生困难有意瞒着我。他向我保证一点问题也没有。他说他的事比往日安排得更好些，因为他的私人账目现在都由贺露西管着，她和其余那些姨太太不同，是受过教育的女人。我自从离开爸爸生活在外边的世界里，体验过各种的嫉妒和不忠实，那都是现实社会的一部分。我知道并非所有的女人都认为婚姻是永久的，也不都是忠实于其丈夫的。我发现妇女，特别是那些精明的妇女善于利用男人去得到她所想要的一切，并不回避使用种种阴谋诡计。贺氏不是个美丽的女人——至少在我看来她那张晦气脸一点也不好看，更谈不上美丽了——而且她年轻得可以当他的女儿。她为什么跟上这样一个男人，一年怀一胎，接二连三地生孩子？我疼爱裕昌，但是十月怀胎很不好受，而分娩更是痛苦非常的。

我告诉爸爸："绝对不要把女色和事业搅到一起，你还不明白这个道理吗？"

爸爸笑我这番新世故："你和你妈妈如果也能像贺露西那样会管账，你们现在的日子要好过得多。"

我也笑了，回他说："我们怕什么？有你这样的爸爸，我们根本无须操心钱的来踪去迹。"

他要我答应常来新加坡。我也能理解贺露西不愿看见我就和我不想看到她一样。她只在吃饭时露一露面，穿着一件纱笼和一件褂子，光着脚，头发拢在脑后用发卡别成一个扁髻。我们彼此都客客气气，虽说她吃饭时一直面带又酸又恼的表情。只有两个用人在伺候我们吃饭。我记不得吃的什么，因为我一直在关心着爸爸。

下午我又劝他改变一下他的生活方式，因为我担心失去他原来的气派会给他带来不利的影响。他听着，可是我说不动他。他最后告诉我，贺露西不像妈妈和我，她不习惯于豪华的气派和大群的用人，那会使她不舒服。

我说："那你呢？你不怀念你王宫一般的府邸？你不记得你和我总在一起用餐的情景？你不怀念这些？"

他摇摇头。我的心沉了下去。我这才明白，贺露西和他生活在一起，抹除他的旧时风光的日子已经够长了。她可不是傻子。连她不断怀孩子也有其目的——为了使他感觉自己还年富力强，她懂得要完全掌握他，必须先改变他，粉碎他对过去的记忆。我在他生活中再次出现一定不受她的欢迎。我怀疑她正想方设法排斥我。可是我决意不让她用她那种生气的举止来阻止我再会见我父亲，阻止我设法恢复他过去的某些尊严和他曾教会了我的对生活的鉴别能力。连贺氏的孩子的表现也让人讨厌。就在快吃午饭的时候，最大的孩子显然是他喜欢的，跑来缠他："爸爸！我饿了，我们什么时候才吃饭啊？"而爸爸并不因为他没有礼貌而斥责他，只是生气地回答他："我怎么知道？我又不是用人，去问听差的。"

这孩子显然是溺爱过度，现在已经成了祸害了。纵使贺氏是个有弱点的溺爱孩子的母亲，爸爸也应当有所管教。那天下午我们又单独在一起的时候我问他："爸爸，究竟露西拿住你什么了？"

他笑了。我弄不准他是否打算回答我。可是最后他还是说了："晚上我躺在床上抽烟的时候，她就脱了衣裳上我身边来了。"

在我临行的当儿，我们谈到维钧。我们彼此都有所保留。显然他们谁也不喜欢谁。一个原因是他们彼此区别太大，但更重要的是有我介乎他们之间。维钧给了我以地位，使我在这个世界上受到人们的重视，我是顾维钧夫人。但是爸爸给我钱，用来修缮了公使馆，用来买罗尔斯—罗伊斯轿车——现在正装在一艘开往北京的船上；他把我培养成为顾维钧想与之结婚的女人。

最后，汽车和司机在门口等候着，爸爸问我：“你零用钱够花吗？你用得着吗？”他的语气中带着怜爱，于是我也用同样的语气回答说：“当然，经常如此。”他走开了，一会儿回来手里拿着一大把钞票，塞进我的手提包里。我一直到晚上船开航以后才数了一下，共有5万多美元。我猜不出他是怎样从贺露西眼皮底下拿出来的。但我肯定他不乐意让贺氏知道，正如我不愿意让我丈夫知道爸爸给了我这份礼物一样。

船在香港停了一晚。香港总督夫妇和何东爵士款待了我们。何东是个富裕而有势力的蓝眼睛华人，是极少几个受到英国爵士封号的华人之一。他有部分欧洲人血统，但他并不引以为荣，而总是戴一副墨镜遮掩他的睛色。他的大太太不能生育，于是他又娶了她的堂妹，为他生了九个子女。她也和那位大太太一样，人称何东夫人，但从来不为社交界所承认。后来我和这位二夫人比较熟悉以后，她认为我不属于香港殖民地的华人，因而对我能推心置腹。她常常痛心疾首地说：“我希望下一代再没有什么二太太。我绝不能让我的女儿过我这样的生活。”

现在我对露西·贺的恨意已经消失，我理解她当年的处境。她肯定受不了我那种趾高气扬的骄纵派头，那种据爸爸为己有的做法和对她表示的怜悯神色。因此，她后来对我和妈妈所使用的报复手段就不足怪了。然而当年我是个愚人，生活在愚人的天堂里。

香港到上海航行四天。我对要见到维钧的母亲和哥哥们感到紧张不宁。不过等我们一望到上海，维钧就活泼起来。上海是他的家乡。他是个使用英语和法语的国际性人物，又是一个能说起官话和广东话来和他的家乡上海话一样好的中国人物，可是再没有比住在上海能让他感到最快乐、最无忧无虑了。他生在上海，在上海上教会学校。只有在上海才有人用他的字——少川——来称呼他。在别处他的称呼只是“阁下”“大使先生”，或者托熟叫他一声“顾博士”。他的外交界朋友没有人称呼他“威灵顿”的。他并不讨厌来自他的地位的权势和荣誉，但是在那种气氛中他从来没有像在上海这种回到家园的感觉。只要看到他和老朋友们一起坐上麻将桌，看到那些羡慕他的年轻媳妇们叽叽喳喳地议论他，就能看到一个称心如意的男人。我早就理解了这个事实，正像我知道这个喧嚣而现代化的上海城市不适于我一样。北京才是我的城市，我一度属于它，并且盼望在我有生之年有那么一天事情起了变化，我又回到它的怀抱。

船在上海下碇，一群小船蜂拥而至，都装着来欢迎我丈夫的人。新闻记者们和世界各地的一样，要采访、要照相。码头上挤挤簇簇的人群欢呼着，还有一个军乐队压着欢呼的人声鼓乐齐鸣。维钧介绍了他的两个哥哥，他们向我表示欢迎，不过我几乎在人群之中挤丢了。最后维钧夺路而出。秘书、仆人、孩子们还有我的小哈巴狗都被送到在中国地界的一所住宅里，那是他的哥哥们给我们租下的，维钧和我同他的哥哥们一齐去见他的母亲。

不管是维钧还是他母亲，在重新见面时都没有流露出激动的感情。他母亲只不过几乎是古板板地摸摸他的肩膀。然后轮到我，我跪下来给她磕头，可是两位哥哥连忙搀扶我站起来。我当时在他们眼中大约就像个从另外的世界里来的陌生人。由于天气湿热，我穿着短袖的法国式连衣裙，烫得弯弯的发卷垂在颈后，完全是外国人打扮。我还穿着高跟鞋。当我的目光接触到我婆婆和大姑子的小脚，以及继而了解到我和她们之间竟不能直接用中国话交谈，我的确感到出乎意料。她们只会说上海方言，我一点也不懂，而我只会讲官话和福建话。北京离上海不过1000英里，这两位妇女却从来没有到过那里，也从未想过去。很难想象，作为海外华侨，我和母亲曾经两次到过北京，在那里学会了官话，而她们却把北京看成另一个世界，对那里毫无兴趣。

后来我和两位夫兄相处得很好，他们都会讲官话，客气地称我“三太太”。不过他们并不了解我。他们从未到过外国，也不想到中国以外的地方看看。

他们为我们在上海租下的住宅相当美，但是不合我的要求。没有自来水，没有卫生间，没有个人隐蔽的余地。床都是中国老式硬板的，我从来一次也没有睡过，我的英国女用人也如此。等到我知道维钧在北京的时间里这儿就将是我的家，我就不答应了。

我说："我很抱歉，我没法在这种条件下生活，我连一天也不愿意试。我要带着孩子找一家旅馆住。"

维钧感到很窘："你不能这样走开让我的家里人丢脸。"

我让步，答应等他的哥哥们离去再走。维钧自己上床睡觉，一句话也不和我说。我留下他、王管事和秘书们，带着孩子们、保姆和女管家，还有我的贴身女用人克勒特伯克到老华懋饭店，那儿我曾经和爸爸住过好几次。那儿原来是一所私人住宅，是一位英国富翁为他的中国新娘子盖的。大厅里镶嵌着金饰件。那儿还有宽阔的花园，童年时期我在那里一玩一个钟头。我叫醒了旅馆的主人，说明了我的身份。他连忙把贵宾套房准备好。我把大家安排得舒舒服服，多谢爸爸给我的"零用钱"。我没有要维钧付这套贵宾房间的租金。

我们分别了七八个星期，在此期间维钧加入了北京政府，并且为我们全家找了一处合适的住宅。他写信来向我担保他已经找到我一准喜欢的房子，不过当他来信要我们去北京的时候我是有些不放心的。我们乘火车到天津，这是一座港口城市，在我后来的生活中还有其重要作用，因为它在外国军舰的保护之下，成为失势的避难者们的天堂。在天津住了一晚，我们坐汽车到北京。维钧派了一位秘书来接我们。

妈妈爱北京，虽说她一只耳朵聋了，妨碍了她学习语言的能力，她还是学会说几句官话，那比福建话容易。我小时很喜欢北京，然而直到我作为一个去过巴黎、伦敦、纽约、华盛顿、威尼斯各地的成年妇女来到北京，才真正领略到它是最美的城。我想不到颜色和尺寸比例能达到如此完美。而和上海及丑陋的天津对比，格外显出它可爱之处。以我看来，北京和巴黎是世界上最美丽的城市。我认为威尼斯更浪漫，纽约更使人惊奇，但就纯粹的美而言，巴黎和北京是无与伦比的。由于后来我在巴黎过的那段不愉快的日子，北京就在我心目中数第一了。当我进入这城郭围绕景色壮丽的首都，看到雕饰的城门和高耸的箭楼（兵士们可以瞭望自远而近的敌人），我觉得已经全然被它迷住了。

然后我看到我的府邸：一连串优雅的厅堂院落，每一处都用不同颜色的屋瓦盖顶，分布在蔚为大观的花园里，整个住宅由围墙围绕。我知道我的梦想实现了。这是一座位于城内的巨邸，占地10英亩，有200间房屋。主要的院落都由带遮檐的回廊连接起来。回廊的漆绘五彩缤纷，雕刻着珍禽异兽，顶板由一根根露在外面的木构架承托，表面涂以各种颜色的油漆，还用金箔装点。回廊每一转折都能看到山石飞泉，池塘花树赏心悦目点缀其间。我转身望着我丈夫，高兴得说不出话来。他十分高兴。这所府邸是一位前政府官员借给他的，此人失势下台要逃走避祸。由于害怕房子被充公，他求维钧接过来。维钧目前正处于有权有势的地位，我们住在这里，房屋便不致充公，这对房主人是有利的。

然而我还是不满于住借来的房子的。我知道别的妇女也不会称心的。此后我在头一趟回新加坡时，就把这种情况叙述给爸爸听了。他素来是想满足我的任何妄念的，因此他决定为我买下这所府邸。房价仅为10万元，只够它真正价值的一小部分。但是房主急于用钱，只求能卖出房产求现，就不计价格高低了。此后我又用了15万元加以翻修改造，使之面目一新。其中包括新装一套暖气系统，这可说是一项惊人的奢侈设施，因为在冬天每天要烧一吨煤。然而这可是一桩极大的改善，我们再不用每一年都要受半年罪了。我修建了新式的浴室，装上冷热水，把几间小屋子打通成为大间，一间是大客厅；另一间是50英尺宽，80英尺长的跳舞厅。上房的西翼是我丈夫住的，包括他的卧室、浴室、小客厅、书房和办公室。我的居室在东翼，卧室与他的相连，另有我自用的起居室、浴室和小客厅，两翼都另有台阶通到前门的大院子。此外还有为数众多的客人住房，用人住房（后来改成我的哈巴狗窝）和孩子们的生活区等。

这所府邸是在17世纪初，明朝山海关总兵吴三桂为他的宠妾陈圆圆所建。传说李闯王进北京后吴三桂因陈圆圆被抢走便投降清朝并领清兵入关，封了平西王。但后来在云南又叛清失败。陈圆圆出家为尼。①

爸爸为我买了这所房子，并付了全部改建的费用，但房契是用顾维钧

① 作者对这段史实记忆有误，译者略加改动。——译者

的名字。在那个时代如果房契上用我的姓名，作为一个中国男人他就会被旁人认为不合情理。然而只要政府一有更迭(那是常有之事),维钧失去权势，这所府邸就要遭到充公。1930年蒋介石和蒋夫人住进去的时候，房子照管得还好,因为蒋夫人欣赏住宅里的精致家具,喜爱纷陈在她周围的美好事物。事实上，即使在蒋从事战争指挥之际，她与蒋同住一处，依然携带着自己精美的床单、台布和玻璃器皿。但在“七七”事变我军撤离以后，侵略者占领了北京，日军驻进那所府邸，那里遭了浩劫。他们在我绿草如茵的庭院和美丽的花园里养马喂驴，弄得狼藉不堪。等到胜利后我回来时，面临的是一片使我心碎的败坏景象和从废墟上从头恢复原来景色的吃力工作。

我在北京很得意，与好多国家使团中的友人，交往频繁，成为彼此家庭中的好友。我和西班牙公使夫人很要好，她是外交团团长夫人，是个喜爱吃中国饭的日耳曼人，常常约我去看她。英国公使麻克类爵士的夫人爱克琳是我的另一好友，从她那儿我学到不少如何变更甚至绕过外交礼仪的知识。有一次，英王的一个儿子，我想大概是乔治，来访北京，他自己另找了住所，但仍在英国使馆举行盛大的欢迎宴会。维钧作为中国政府成员和我应邀前往。麻克类夫人当然坐在她丈夫英国公使的对面，维钧坐在她右手，亲王殿下坐在她左手。但她不把我的座位排在她的右侧，反而摆在亲王殿下的左侧，因为她知道我和亲王能谈得来而且相处融洽。两位级别较低的妇女被安排坐在她丈夫的两旁。这对她们来说是一种荣耀，而对我则是更大的敬意。

在我们府邸里有很多的院落，因而常常有好多外国客人住在我家，每天我们都安排出游。我们也许去野餐，也许去逛商店、买东西，也许去访问长城。这一切活动都气派十足。常有将军们和其他政府要员乘坐公家的汽车参加。

维钧和外国使团的成员们相处从不能像我那么安详自如。这些人，丈夫和妻子，都和我友好合拍。可是维钧总是有些冷淡。当然他也参加别人的宴会，也款待使团的人，但是他和西方人士在一起总感到不轻松，绝不能像他在上海和老朋友们在一起那么愉快自如。奇怪的是他从来不想阻拦我的交往应酬，有时我猜想他跟不上我的充沛精力，反正结果是他干他的，我干我的。我们除了正式场合外，很少一同外出。

我有若干项应尽之责。虽说我们有40名用人，每桩事都由我们精明的大管家王管事监督指挥。王管事已经把他深厚的效忠之心转向了我。我从不叫他的姓名，总称呼他“管事”。我很快活，也许只是我自以为很快活，就像我现在回顾当时，什么也不是真的。我爱我的孩子，我一天比一天喜欢我的前房儿女，特别是那个小女儿。但是没有什么深深触动我内心感情的事，一切都是浮在表面上的。甚至那些发生于妈妈和姐姐和我之间的事情也没有能深入我的内心。作为一个显赫要人的妻子，作为一个母亲，我只是在游戏人生。

由于政局不稳定，京城常常戒严。我就像一个公主一样毫不在乎。我经常乘坐我的罗尔斯—罗伊斯轿车，带着司机和跟班——我不能没有给我开车门的用人呀——在随便什么时候到我要去的任何地方。没有人拦过我。有一次，曹锟总统被软禁在家里，我泰然自若地走进府里，主动帮助他的夫人，偷偷运出她的首饰和钱。我本身就是法律。

当时军阀们的权力非常之大。他们是一方的领袖，有自己的军队。他们实际上是所管辖地区的军事独裁者。他们统治的地区大小不等，从一个省以至几个省。他们往往出身微贱，起自行伍，是一些凶恶残酷的土匪，横征暴敛压榨百姓来供养他们自己和养活他们的军队。最出名最有实力的一位就是张作霖，张大帅，绰号满洲虎，他控制了东北三省，当时所谓满洲（包括辽宁，当时叫奉天，吉林和黑龙江）。

虽说张大帅不高兴和妇女打交道，还喜欢吓唬她们，我对他就像对其他那些军阀一样，能克服这些困难搞好关系。他是个相貌坚毅的矮胖子，留着浓密的上髭。他是从普通一兵发迹的。正如那些升到接近政府巅峰的人，他也异常狂妄自大。当他到达北京之后，去天坛祭天。离开天坛时，在他走的道上撒黄沙，就像旧日的皇帝一样。我敢说他已然把他自己看成个皇帝，而在20世纪20年代中他已接近他的梦想。

据说他的姨太太睡的床装着拳头大的金制脚轮，室内地板上满铺着金钱。他在大太太（我的朋友张学良少帅的母亲）死后没有续弦，他以最典型的旧式中国人的态度对待妇女。女人不算人，最多只算半个人。正如有个中国故事说的，有个人有一个儿子和一个女儿，他对别人说他有一个半孩子。

有一次，我和张少帅的夫人参加一次晚会，吉林来的军阀张大帅的堂兄弟张作相[①]看见我没有节目单，就站起来，有礼貌地把他的一份递给我。话传到大帅耳中，他把张作相叫了去狠狠地训了一通，说张作相办了一件傻事。

这些军阀都为我这样一个他们从未见过的摩登中国女性而倾倒。一晚，维钧宴请黑龙江来的军阀吴俊升，他由侍从们陪同来拜访的时候带来四条非常大的白熊皮地毯。每一张都能铺满一间不小的房间。（有一条现在铺在我纽约公寓地板上，其余的我都送人了）我不赞成杀生，但这些地毯的确美丽，我对这些礼物甚为欣赏，便向来人道谢收下。后来我才明白他们原来并未打算把礼品送给我，这四张熊皮是要献给维钧的。可是他们被我的热心所动，都向我注目，就像小男孩头一次看到一个时髦女郎一般。

不久以后，吴俊升督军来访，和我丈夫讨论公务。临走时问起“夫人”，我丈夫答说我外出到天坛公园骑马去了（去任的英国公使把他的那匹15掌高的大乘马送给我，博得我的高兴，因为大部分中国马对侧乘女鞍都不够高，不能供我练习这种十多岁时在新加坡学会的骑术）。吴俊升听了又惊又喜，想不到一位中国妇女竟能够骑马。我回来后维钧向我说起这事觉得挺有趣。几天以后，我乘罗尔斯–罗伊斯车外出兜风回来，我们的司阍在大门口面带惊惶地迎着我。我问他出了什么事，他回答说，他要拦着所有开进府里的车辆，因为黑龙江的这位军阀给“夫人”送来一份礼物——80匹毛蓬蓬的满洲矮马。它们正在马路上和院子里成群兜圈子，连王管事也不知拿它们怎样办。只有处理了这群马，别的车辆才能自由入出府邸，我只得赶紧把

① 张作相是辽宁义县人；张作霖是辽宁海城人。二人并非堂兄弟。这是作者的误记。——编者

它们送交给军队了事。

冯玉祥将军也是北京有权势的人物，却不是我们的朋友，——我们不相信他。传说他用自来水管为他的部队受洗，让他的部队行军时唱圣诗，人称他为“基督徒将军”，我们并不予以重视。不过他和一位曾任基督教青年会秘书的女子结婚了。而且他的部队吃得比其他部队好，他和大家每餐都吃同样的一个菜。正值他权势日盛之际，西奥多·罗斯福夫人，美国前总统的遗孀访问中国，我们不得不请他参加为欢迎罗斯福夫人而举行的宴会。

那是一次盛会，男宾都打上白领带，佩戴勋章，夫人们都穿着夺目的长袍，戴上最贵重的首饰。冯到得最晚，他身着皱囊囊的旧军装，脚踏带着尘土的军靴，就像刚刚挖过壕沟似的。我思忖这位大人物故意如此做法会让他自己处于何等难堪的困境，反而顾不上生气了。在这富丽堂皇的宴会席上，绝大部分交谈用英语进行，他当然只会说中国话，我有意捉弄不给他翻译。

冯将军是神秘东方的缩影。不过他所统率的军队却有严明的军规，而且我常听人说，冯待他手下的人很好。多年以后，他在一次飞越苏联的飞机上因失火而身亡。①

在这些军阀中交情最好的一位就是那个恶名昭彰来自山东的张宗昌。他在北京的公馆离我家很近。那时军阀们都有贪财勒索的恶名声，张宗昌则更是胡作非为无所顾忌。有好多关于他的故事。一个是说他体力如象，脑子如猪，脾气如虎，说是连看他一眼都有危险。而且到处都知道他是“一问三不知”：不知道他有多少钱，不知道有多少兵，也不知道有几房姨太太。我和他，以及一些小军阀们打扑克，下的赌注现在想了都有些吃惊。不过我不和他们比。有的人一场牌打下来要输三五万元。赌账用银圆结付时，赢家把成麻袋的银圆带回去。我是个富翁的小姐，可是我输赢不大，一个

① 冯氏于1948年7月乘苏联“胜利”号游轮回国，途经黑海时因轮船失火遇难。作者误记。——译者

星期从未输过1000元以上，而且常常赢钱。有时一打一通宵。另一个参加我们牌局的妇女是少帅的夫人。她和她丈夫都是瘾君子，不是鸦片而是打针。我外出打扑克时从不告诉维钧我上哪儿，他也从不过问。他总是在我回家以前就上床了。他对大赌注的赌博不感兴趣。如果我向他谈起来，他肯定不乐意听。

现在我回顾，对自己也有些不解。然而就是如此。从本质说来我是天真幼稚。那位“三不知”很喜欢我，好比一匹大猛兽也会喜欢一只小鸟，为保护我不受伤害而尽力。我从来不想注意另外的男人，我只是在某些节日在家里招待外交使团的单身汉，或者招待某个未婚的年轻女子在我家中做客。至于张宗昌虽说作恶多端，但对我还知道尊重，尽量提高到按我的标准和我交往。每逢我到他家，他总要烹调鱼翅、燕窝等贵重食品，还要摆出他那套价值5万美元、有名的比利时制造的水晶玻璃餐具来款待我。当然我常常要带着我的一对宠物哈巴狗，一只是“宝贝”，另一只是老朋友赫夫·肯利夫——欧文爵士设法从英格兰找到运送给我，为“宝贝”配对的。张宗昌常常呵斥他的当差，“别管给顾太太上什么菜，你要保证招呼好她的小狗。否则当心吃苦头。”

当然，他是个可笑的人物，他也有点恃强凌弱的勇气。他的结局也是突然地凶死。当局面转恶，他来找我丈夫，请维钧为他弄一张护照以便出国，维钧给他办了。然而张宗昌在火车站被枪杀了。我听到这消息感到伤悲，不过这样结果也许对他更好些。他从一个码头苦力出身，从来不回头。我很难想象他能安然度过他的退休生涯。

十四

出生和死亡

我的二儿子于1923年7月24日出生在北京住宅。来给我接生的英国老医生都没来得及洗手就生了，多亏我有一位好美国护士。我的丈夫一直在睡觉。王管事叫醒了他对他说："老爷,您得了第三位少爷。"维钧说："好！"就又回去睡觉了。

我盼望生个女儿，不过生孩子总是桩喜事，我天真地期待我的丈夫会表示满意和高兴。过了一阵，我才明白他对小儿小女就是不感兴趣。小男孩稍稍长大，保姆们就教会他们向大人们行讨人喜欢的满式请安礼——右膝打弯，右臂向下直伸到手指头挨地。每天早上他们就到他们的父亲书房去行这个礼。但他从来不像我在请安后抱起孩子们来亲亲。

在旅行中我总带着孩子们，除非我认为环境对他们太不适宜。如果我要离开家一段较长时间，我可舍不得把他们留在家里。维钧正和我相反，小儿小女让他心神不安。有一次我和妈妈在巴黎待了一年，当然带着孩子住在妈妈在森林公园的住宅里。这所房子原来是为有名的舞蹈家罗吉兹卡·道莱所建的。维钧为当时政府所不容，流亡在加拿大。当我听到一位说客讲，蒋介石要拉维钧进新政府，要起用发挥他的组织才能，我立刻打电报给我在加拿大的丈夫，让他快到巴黎来。借口是我得了阑尾炎——我的确得过此病，不过已在恢复中。他来到巴黎以后，妈妈搬进一家旅馆，让出她的房间给他。一天，维钧和蒋的代表会谈后回家，他步行穿过森林公园，与裕昌和家庭女教师迎面而过，连一句话也没有。当然，他心中有重要的事。裕昌也认为如此，裕昌那天晚上对我说："妈妈，我想他一准没认出我是谁。"

我非常疼爱我的孩子，不过我并不想把我描绘成是一个成天照料着自己孩子的妈妈。孩子是由保姆、用人和家庭教师照管大的。我一生也没给孩子换过一次尿布。福昌出世不久，我的两个孩子每人有一个旗人保姆。她们悉心地照看着两个孩子，把所有当母亲的苦差事都替我承担了。我只是在每天早上孩子们打扮整齐欢欢喜喜的时候看见他们，还有晚上我偶尔在家的时候。可是这两位和善的保姆那么宠着孩子，而维钧又那么放任不问，于是所有的教育都要由我负责了。

有一天晚上我刚到家，裕昌的保姆向我说裕昌不肯吃晚饭。我再一问，他拒绝吃饭的方式是把饭倒在地板上。我于是让用人给裕昌再端上另一份晚饭，然后站在他身旁看着他吃。我用不着吓唬他，他自己明白我是不会让他再耍一次任何花样的。另一天我出门在外，保姆慌慌张张地打电话把我找回家，因为裕昌摔了而且鼻子流血，他不让任何人扶他起来看是不是摔坏了，赖在地板上连滚带号。我忙赶回家，指着我的大儿子说："不准再号！想讨打我就打你一顿。"他大吃一惊，听话乖乖站起来让我查看。

我对我自己有一种管孩子的天生本领也觉得有些惊奇。在我必须离开他们的期间，事情就会弄得一塌糊涂。他们一准明白我管教就是爱他们。他们也懂得只要放聪明点讨我喜欢，他们有时也能赢得我的疼爱。裕昌5岁时，我决定把宠他的那个保姆换上一位严格一些的管教者，以应付他日见滋长的自私自负的脾气。于是我为他请了一位家庭教师。这位教师很好，也很严。裕昌跟她学了很多本领，包括写字。他最早的信是写给我的。他写道："我恨我的家庭教师，请你辞了她吧。"我还记得有一次福昌到我陈设奢华的卧室来对我说："妈妈，孔夫子说过'君子食无求饱，居无求安'。"

说着用眼瞅着我专门用来摆我200双鞋的柜子。我把他抱起来，搂着他说："好儿子，孔夫子没有活在我们这个摩登时代。"

维钧的哥哥给我的第二个儿子起名福昌。我们没有给他起英文名。有一次，英国驻印度总督威灵敦勋爵，弗里曼·托玛斯，前往加拿大就任总督，路经北京，来拜访我们。他主动提出要保送我的两个儿子上他的母校伊顿学校。这时他发现福昌还没有英文名，他问我们是否可以就采用他的名字"Freeman"（弗里曼），我非常高兴。这就是福昌的英文名"Freeman"的来历。受过西方教育或在欧美生活过的中国人多半按他的中文名的读音取个相谐的英文名。我从没有起过英文名，"Helen"（海伦）与我的名字声音相近，但我宁愿用直译的"Hui-Lan"，外国人拼读也不算困难。

我的孩子都没有进伊顿学校。当他们到了上大学的年纪，英国正在全力以赴地应付第二次世界大战。因此裕昌上了哥伦比亚大学，他爸爸的母校。福昌进了哈佛大学。这是他爸爸的主意，把他们俩分开。但福昌最后还是在哥伦比亚完成他的学业的。我的姨侄鲍伯·简是我们家唯一的伊顿毕业生，事实上他是我所知道的少数上伊顿学校的中国人之一。

中国算命先生说，要保我的新生儿子平安需要拜一位干娘。于是我找到前清皇室裕格格，请她充当。她是个可爱的女人，有个漂亮的家。后来卖给协和医院。裕格格是我在北京的辅导老师，不仅领我看哪儿能买到北京才有的古玩、瓷器和玉器，还纠正我的官话，使我的口音和她一样地纯正。她真是个可爱的人，我真喜欢她。

按照传统的礼节，她给福昌一只银饭碗——让他有饭吃，一双镶金的象牙筷子。她还送给他一块带项链的金锁。寓意是她干娘收着钥匙等孩子长大娶亲，再把钥匙交给新娘子。多美的想法，可惜到福昌结婚的时候我们已经远离中国再没能和她联系。在我这一边，我也按旧礼送孩子的干娘两段绸衣料和一双金线绣的缎子拖鞋。

我不懂得节育，只是爱清洁，而维钧尽管说他不打算再要孩子，但是什么预防措施也不采用。然而由于某种自然的变化我再未受孕。我其实很想生个女儿，不过维钧前妻生的女儿菊珍成了我最大的安慰和快乐。我把她当成我自己亲生女儿，她也愿意我这样叫她。

我不知道在此期间维钧是否和别的女人来往。他常常在周末出门，并不告诉我到哪里去。当我从外地旅行回来，有时在我的起居室里发现遗簪剩粉。也有比我年长的妇女对我暗示，我抛下丈夫一出门就几个月，实在不聪明。如果维钧表示反对，我也不会一再推迟我的归期了，然而他从未抱怨过。而当我回来再尽我合法的妇职时，他见到我也很少表示如何高兴。我认为我们在物质生活关系上是满意的。然而我和丈夫并不相爱。我回顾一生，最感奇特和虚度的事就是只有当我的豆蔻年华住在新加坡时期我是真正在恋爱之中。不过我严守一个妻子的身份，即使我受到极大的刺激，我也从未想到去做对丈夫不忠实的事。当维钧和别的女人公然的行为使我受到侮辱（如他在巴黎大使任上所为），我也只是感到愤怒而并非嫉妒。当时我想，现在依然如此想，如果爸爸还在世，维钧一定不敢如此对待我，因为爸爸不会容他的。

我在北京住定以后第一次去探望爸爸是在1923年的冬天，福昌还未诞生。我认为北京的气候不大理想，有些像华盛顿，夏天酷热而冬季严寒。当我冬季乘车出门，尽管我穿了皮里的靴子和皮大衣，我还经常要抱个热水袋。那时我们的公馆里还没有接自来水，没有装暖气。所以爸爸一提出要我到新加坡去他那儿住几天，我就很高兴地离开北京。当时我还用着裕昌原来的英国保姆，所以我就带着孩子和保姆还有我新用的旗籍的女仆去了（我原来的女仆克勒特伯克在北京非常不适应，我只好打发她回英国，雇了新女仆代替了她）。

我们非常气派地前往上海，乘坐的是交通部长为我们特挂的一节专车。维钧当时是外交总长代理内阁总理。我是这样一位要人的夫人，所以按品级可以享用这种高级待遇。从上海还是像往常一样搭乘半岛——远东公司的轮船，不过中途将在香港停靠，可以打破10天漫长旅途的寂寥。

香港总督雷金诺德·斯塔布斯爵士和夫人请我们在他家过夜。他们有个女儿和裕昌年龄相仿，他们特别提出来要孩子和保姆一齐到他们家去。我欣然从命。他们还有一个大儿子，不过住在学校里。晚上闲谈中，斯塔布斯夫人对她丈夫说："顾夫人对灵异方术颇感兴趣，我估计她对那位治愈我们儿子的印度法师的事一定想听。"

我说我的确愿意，可是斯塔布斯爵士不经再三劝说是不肯讲的。他说他作为一个英国教会主教的儿子如果再三描述某种神秘的治疗是不合适的。但经不住他太太一再鼓动，再加上我的请求，他终于讲了，我记得那个故事如下。

去年冬，他们的儿子病得很厉害，耳朵感染流脓，不能上学。他们找了一个又一个医生也治不好。他们已决定送孩子回英国治疗。他们甚至考虑，为了儿子的健康，必要时不惜放弃香港总督的职务回英国。

距预定起程日子前一周左右，有一位印度法师库玛拉来访问他。斯塔布斯过去在西印度群岛见过他，当时爵士还是一位低级的英国文官。有一晚这位法师出乎意外地到乡间俱乐部找到他，对他说："你很快就要当香港总督。"

斯塔布斯爵士不是个相信神秘预言的人，再说英国文官升迁很慢。他认为这位法师不过设法引起他的注意而已。那时流传不少有关法师预言的故事。就他记忆所及，如预言未来的威尔士亲王不能加冕当国王，在当时听了就像是胡话。爵士对法师的一番预言并未十分在意，然而不过数月，由于某种特殊的际遇（我记不清具体内容了）爵士的确被任命为香港总督。那时法师行踪消失了，所以当他突然出现在斯塔布斯爵士办公室时，爵士立即接见并且说他的预言灵验了。法师说："当然，我的预言总是灵验的。不过我这次来见你是因为我听说你要回英国为你的孩子找医生治病。你用不着这样做，我能治好他。"

当晚，爵士对他的太太谈了法师来访的事，并说："我不能让法师在我儿子身上施行法术，否则人们要说我失去理智了。"但是爵士夫人坚持让法师试一试。他们派车到旅馆把法师接到家里。他身穿法师长袍要求单独去看病儿。他们始终不知道他如何施法。孩子说法师随即烧了一大炷香，使他觉得昏然欲睡，可是就他的记忆，法师从未接触过他或挨过他的耳朵，然而当晚孩子耳部就开始消肿而且疼痛也大为减轻。这孩子当夜就睡了一个若干星期以来第一次的好觉。三天以后，肿完全消了，再也不流脓水。再过了不几周，孩子就能回学校了。

我问后来法师如何。斯塔布斯爵士和他夫人交换一下目光。最后爵士无可奈何地说："我听说法师行道收费很高，可是当我再去找他的时候他却已离开旅馆不知去向。我连一分钱也没给他。"

我抵达新加坡以后，生活就又像我当年是个小女孩那样单纯和可爱。给我准备的别墅还没装修好，因此爸爸为我们在拉弗尔斯旅馆订了一整套房间。几乎每晚都在这旅馆进晚餐——爸爸坚持要雇一个专门的厨师为我烹调我最喜爱的印度尼西亚饭菜。我们就坐在洒着星光的走廊上，同时他抽着雪茄。有时他走得很晚，唤起坐在他为我新购的奔驰新车里打瞌睡的司机，送他回到贺露西那里去。大半的话都是他说的，我则满足于一面抚摸着伏在我腿上的"宝贝"一面倾听着。

那时所有的事情对我似乎都很简单而且特别美满。我觉得我肯定会永远这样生活下去，爸爸也会这样。有一晚我们似乎特别亲近，我对他诉说妈妈和姐姐在我生裕昌时如何对待我，妈妈或者姐姐把我从华盛顿寄给她的信原封不拆地退回来。我说"我并不恨姐姐，我觉得她一直怕你。我希望你为了我的缘故对她更和善一些。"

爸爸沉默了，半天没有回答我。最后他说："蕙兰，我可以为你做任何的事，但是在感情上我无法伪装。也许我待你妈妈和你姐姐不够和善，甚至有些残忍。也许光给她们钱花是不够的。然而我只能做到这样。她们两人都已列进我的遗嘱了。"

我退缩了。我不愿意谈与他的死亡有关的话。爸爸解释说，他的生意都将传给他的儿子们。但是他要把在印度尼西亚的一部分财产留给我，包括他的巨大糖厂。他要留给妈妈和姐姐一笔现金。此外他已经在一家瑞士银行用我的姓名存了钱。这样加上他不时给我的巨额零用钱，我将成为一个女富翁。

当时我对遗嘱之类还很少了解，而且我的确不愿意在此时谈到他身后如何的话来破坏我们欢愉夜晚的气氛。他在我心目中还是那么年轻健壮。

后来我才知道贺露西经常伺机催促爸爸按她的要求安排遗嘱，直到她如愿以偿。我不喜欢她，也不信任她，但是我不知道她为谋取她认为应当归她和她的子女所有的一切究竟要做到何种地步。我忘记了中国的老话：没有不散的筵席。

福昌是在我回北京以后不久出生的。产后我恢复得很快，他出生刚半个月我就冒着从戈壁沙漠刮来的风沙去看我还没看过就买下的暑天住宅。那是用我还在新加坡时爸爸给我的零用钱买的。房子坐落在北戴河，时髦的避暑胜地，嫌北京的夏天不舒服的人们就上那儿去。我们的房子是唯一有自来水的。为了热天冷藏，在冬天把河里的冰凿块储存在冰窖里，盖上稻草，到夏季使用。那儿禁止汽车和火车通行，我们不论到何处都坐人力车，骑自行车或者小驴代步。后来少帅和夫人发现这处过去由教会人士享受的好地方，把它建设得更为时髦了。从这儿到北京大约要在京奉线上坐9小时火车。

我后来又去看爸爸两次。每次去新加坡都计划只住两三个星期，但结果总延长到两三个月。我总带着贴身女仆、两个小孩和他们的保姆，还有小狗“宝贝”和它的伴侣。和爸爸在一起，一切都各得其所。新加坡的生活和在国内繁忙的社交生活真有天壤之别，然而我一点也不感到寂寞。有一次我甚至因为新加坡总督的侍从副官来访干扰了我的清静生活而感到不高兴。

这位副官穿一身漂亮的白制服，挂着金穗带。送来总督邀我去总督府参加晚宴的请帖。新加坡的生活以政府大厦为中心，但是唯一被请到那里参加社交生涯的华人只有罗伯特·何东爵士，他是因对英国所作的特殊功绩而由英皇封为爵士的。照例，客人名单上只有英国人和马来人。

我对副官说谢谢总督的美意，但是说明我是私人来探望我父亲的，我丈夫并未同来，我并未准备在此参加正式的社交活动。可是这位副官坚持邀请，并说：“总督让我了解是否有哪位您指定要同去参加宴会的特客。这次宴会是为您举办的。”

我理解这是一个机会，让我父亲能在一种他虽有钱却买不到的场合露面，他将参加和英皇特派代表坐在一起的社交活动。因此我说："谢谢总督，请转告他，如果我能请我父亲作为陪伴，我将很高兴前往参加宴会。"爸爸对这次邀请就像我预期的那样兴奋，不过有点紧张。他说："我能为主人做些什么呢？"

我告诉他："去找你能找到的最名贵的兰花，送总督夫人一个最大的花篮。"

他委托我代办。于是我订购了一个惊人的大花篮，装了最优美的兰花，用爸爸的名字送给总督夫人。我相信没有几个客人有过这样的奢华表示，总督夫人定会很喜欢。当晚，当我坐在奔驰轿车里找他一同去赴宴时，他问我，"你的首饰呢？"我告诉他我并未准备在此地参加大型宴会，因此没有带我的贵重首饰来，再说带着那些首饰旅行也不安全。

他说："你不能这个样子赴宴。你要戴钻石。"他又走进门内不见了，过一会儿又回来，手里拿着一大把珠宝首饰放在我大腿上：一对巨大钻石耳环，一条钻石项链、每块钻石都至少有25克拉，还有一只宽型手镯。我没有问这些首饰从哪儿来的。我把首饰戴好，心情激荡。尽管我的晚礼服很简单，却在进门时造成盛况。

另外应邀的华人只有何东爵士，其余的都是英国人，因此我们都用英语交谈。为了爸爸我真盼望另外还有马来客人。不过爸爸并没有畏色。他倾听一切，在适当的时刻点头，紧靠我坐着以便我代他讲话。可是我们去晚宴餐桌就座时，他可窘得要发急了。我的座位排在总督的右手而爸爸的座位排在餐桌另一头女主人总督夫人的左手，这是对他的敬意，因为何东爵士坐在总督夫人的右手。可是这样一来，爸爸伪装懂得英语的假象就不能维持了。他低声对我说："能不能坐到你旁边？"

我找到侍从副官并向他说明这个问题。座位卡很快换过来，爸爸的座位换到我旁边。这一晚度过得非常愉快，不过总督夫人也许由于座位的改变而觉得有点奇怪吧。但是她宽宏大量，在我们临走时她对我说："令尊真是个可亲的人。"

在这之后，我在唐人街为爸爸设宴，在那里他能更多地取乐。我邀了三个表兄弟参加，还找来了最漂亮的歌女们。在欢闹的行乐中——杂技、跳舞、烟火——歌女们给爸爸斟茶，还嗑了瓜子把仁送到爸爸嘴里。这回可没有语言障碍了。我听到他用福建话对歌女们说："姑娘们一定来看我。"

我怀疑有贺露西当"看门犬"，她们是否真能做到这一点。我离开新加坡的时候带着在赴宴时他给我戴的钻石首饰。他从未向我讨还过。我也不知道他究竟是向贺"借"出来的，还是就这么拿出来给我的。事实上我也不知道这些首饰原来是否属于她。

后来爸爸来信说为我准备的新加坡别墅已接近完工，让我去看一下以便做最后的修饰。于是我带着孩子、用人和狗又一次去新加坡进行14天航行。到新加坡仍旧住在拉弗尔斯旅馆的老房间里。这一次途中我未能见到斯塔布斯爵士夫妇，因为他们正在英国休假。

不过让我有些意外的是在我隔壁房间住着一个面色苍白的高个子印度人，他似乎知道我的来历。我心头一动，问他是否认识斯塔布斯爵士，他点点头并自我介绍说他就是印度法师库马拉。

我问他如果为我算个命指点吉凶要收多少费用，他说2000美金，用英镑付给。

我说，我可花不起。

他用又大又黑的眼睛望着我说："反正你会花得起的。"

对他这种粗鲁态度，我有些不高兴："你这个人真古怪，我告诉你，我就是花不起。"

他笑笑，"你会花得起的。"然后走进他的房间。

那天我搬进爸爸为我装修得让我非常喜欢的别墅，一所大而宽敞的屋子，备有洗澡间和冷热自来水。一切安顿停当之后，我向爸爸说起那个法师，以及他的粗鲁态度。

爸爸说："打电话找他来一趟。"我不赞成。他说："我想听听他认为值那么多钱的话。我要来他这儿。打电话给你姑母要她也来。我想听听她的意见。"

我像往常一样，爸爸要我做的我就照办。我和法师约定几天之后的晚上会面。我派我的汽车去接他到我的住所，爸爸、我和姑母等着他。他用马来语对我爸爸说："你在银行业和航运方面有很大的利益，可是你和某个荷兰总督关系不好，你必须离开远东。越早离开越好。"

爸爸半开玩笑地说："也许我应该去旧金山。"

"好啊！马上去。"

"没有必要着忙。"爸爸肯定地说。

法师转过来用英语对我说："这可是紧急的事。他必须赶快走。告诉他，这个世界上只有一个真正忠于他的人,那就是你,他的女儿。他站在云雾里，看不见危险。你一定要告诉他，他有个敌人就在他的近处。"

爸爸听懂"敌人"这个字，用马来话回答说他有"一大堆敌人"。

法师又改用流利的马来话对爸爸说："不，只有一个敌人策划要你的性命。你正处于严重的危险之中。"

爸爸坚决地说："你错了，法师。我要活到95岁呢。"

他们互相注视了一会儿。法师摇摇头："谁告诉你的？"

"一个中国算命先生。"

法师面色凝重。他本来容貌古怪，此时几乎显得有些凶相。"先生，我从不说谎。我必须说我想到的话。我知道你只有一个特殊的敌人能严重伤害你。你想知道他的姓名吗？"

爸爸点点头。我和姑母都说不出话来。法师让我取一玻璃杯水来，说："顾夫人，请你给我一张纸，真正的白纸。把它放在水里，不许用人们碰它。要保证是真正空白的纸，折好了不让别人见到纸的里面。"

我照他的吩咐做了。他让我端着杯子不放。法师并没有靠近。最后他说："好了，现在把纸拿出来看上面出现什么字。"

我取出纸，放下杯子。我鼓足勇气打开纸。纸终于揭开，纸上是粗笔画的字："露西·贺,毒。"我拿给爸爸看,又给姑母看。他们两人都没有碰纸。我把它放在桌上。

法师走过来捡起纸把它烧掉。然后他对我父亲说："如果你到6月份还不离开新加坡，那你就再也办不到了。"直到法师走了以后，我才想起来，他并没有为我预卜吉凶，而这是爸爸找他来的本意。

这是春季，我在新加坡尽可能多住一些时，以便劝说爸爸和我一起到中国来，或者至少计划好把贺露西留在新加坡而他自己去别的地方。他总是固执地说："办不到，我办不到。"我和姑母说这件事，她打算说服我这不过是法师想吓我们，好让我们相信所花的钱是值得的。我不能同意。于是她对我说："你父亲的主意别人改变不了。你已经努过力。让他自行其是吧。"

我同意她也许是对的。我曾经读过一句话，每有一个谋杀人的凶手，总有一个愿意被谋杀的人。因为爸爸并不想向我掩饰他理解法师所谈的事。爸爸爱饮茶，他在我住的别墅和我一起的时候杯不离手。可是他在家里不喝茶，也不让我喝。因为，他说："我怕茶杯，你看不出里面是什么。用个玻璃杯来喝白水，那就不致有危险。"我上他住所看望他的日子里，在吃饭之前，他总警告我："除了她动过的，其他什么也不要尝。"

他明白他的前景，但是他的行动特别，故不自此就怀疑他是否当时已经受到毒害，甚至已经达到致命的程度。最后我只得放弃再劝他离开新加坡而订了返程的船票。临行之日，爸爸在船上陪我一直等到所有的送行客人上了岸，我们都快哭了。轮船启动，我对他说："改变主意吧，和我一起走。"

他不回答，转身下到他的汽艇里。我目送他直到小艇靠了码头。我回到舱里，抱着"宝贝"，眼泪扑簌簌掉在小狗身上。

轮船离港中途搁在浅滩上，要等涨潮把它托起来。我走上甲板，遥望有一艘小艇朝轮船开过来。小船靠拢，爸爸爬上船舷。我们走进船舱，一直谈到天将破晓。这时我们都讲了心知这将是我们永别却不能形诸言辞的话。他对我讲的最后一句话是："蕙兰，我十分疲倦。"

三个月之后，我接到我最大的异母兄弟宗宣的电报，说我爸爸因心脏病突然逝世。他从床上起来，走过房间倒在地下死去。这个噩耗标志着我成为大海中失舵之舟的时期的开始。我一直知道，只要有爸爸在世，我就是安全的。我所谓安全并非指金钱方面而是指我感到没有一个人能伤害我。

尽管我害怕，思想上对他的死有所准备，但这个消息对我还是如雷击一般。我电告在伦敦的母亲，请她来我处一同奔丧。她的答复是“不”。我难以想象她的感受。后来在巴黎，我姐姐告诉我，妈妈接到我的电报以后把自己关在浴室里痛哭。为爸爸？为了可悲的往事？我说不清楚。然而我将独自去参加爸爸的葬礼，这使我感到恐惧。

维钧提出由王管事陪我前往，这真是个神来的建议。由王管事和我的贴身女仆陪着，我们乘老式飞机到上海，再搭半岛公司的轮船去新加坡——那个冗长的旅程。我欲睡不能，欲哭无泪，心头时时泛起对往事的回忆。

我到达新加坡时棺木已经封盖，周围是一群我不认识的哭泣着的贺露西的朋友。他们已经将遗体入殓等待出殡。我的以我为主的心情动摇了。现在我已成为外人，一个闯入者。我向遗体行礼后回到我订了房间的旅馆。我的姑母和两位行医的表兄弟在那里等着我。我问两个年轻人：“你们为什么不到爸爸家要求和遗体告别？”他们告诉我，直到签发了死亡证遗体入殓以后才通知他们的。

我鼓起勇气，作了最后的努力。我去找一个英国人，他被公认是新加坡最好的律师，把我的理由讲给他听，请他以我的名义申请验尸。我不知道他是不是相信我，说实在的，当时我怀疑他也是这个无声阴谋的一分子。不管怎样，他说他不能帮我的忙，他解释说即使我父亲确如我怀疑的那样是被毒死的，在东方有一些毒药是无法检验出来的，另外一些也是受西方教育的医生们所不了解的。如果我申请验尸而验不出问题，则我将成为笑柄。他又说：“你是中国人，你要遵守中国的习俗。如果你母亲在这里，作为死者之妻她有申请验尸之权，她也有权申请开棺。你是他的女儿，则无权这样做。”

我没有别的办法，只能遵礼参加我父亲的殡葬。他的灵柩用船运到三宝垄然后葬在我祖父的坟地里。掌管全部生意的两位异母兄弟宗宣和宗孝负责安排一切，每一件事都办得妥妥当当。他们对我，这个法定嫡室的亲生女儿，表示了最大的尊敬。宗孝和他的妻子把他们漂亮的住宅让出来给我住，他们的仆人和汽车供我差遣使用。我的尊严和安适是他们最优先考虑的事情。出殡时我坐在紧跟灵柩的第一辆马车里，宗宣和宗孝，以及其他姨太太生的儿子都在华氏100度的高温下徒步跟在灵车之后，按中国传统礼仪穿着丧服披麻戴孝。

江太太，爸爸最老的姨太太，给我准备了出殡时穿的孝服孝裙。下葬时没有牧师或祷告。我撒下第一铲土和爸爸的假牙，然后离开，有意避开贺氏或者她的子女。我听说她竟然大胆厚颜打算带着她的孩子住进那所大住宅，但这时我已无所谓。我连去那儿再看一眼也受不了。

我在三宝垄又小住几天访问我母亲的娘家亲眷，每天她们都给我送来大量的食品水果和糕点。我连一小部分也吃不完。他们决定魏氏家族（我母亲也是魏氏的一员）在三宝垄最大的饭店用西式筵席宴请我。这使我非常感激。因为我已是顾家的人，在办完丧事以后，黄家的人就不管我了，连爸爸的兄弟，那位艺术家都不屑于抽空来看我。我到场后格外感动。那是一次盛大的家族聚会，舅舅、舅母们、表兄弟们大约有30人都齐集在那里迎候我，他们都一对一对地排好座次，以便我认清他们是夫妻。他们这种细心安排和把我当作亲骨肉邀与盛会的盛情使我几乎流下眼泪。没有邀请任何黄家人。这更像以前，黄家和魏家毫无友谊往来。

我总在想，如果当时妈妈来奔丧，我们也许能使遗嘱无效。爸爸给我留下他答应过的那一份，留给妈妈的是几百万美元的财产而留给姐姐100万美元。可是价值要高多少倍的整个公司则分给两位异母兄弟和贺氏了。我可以肯定就是贺氏促使爸爸这样做的。最终公司的经营传给她的儿子们，一时他们都成了巨富。宗宣在满孝以后把他的股份转售给宗孝和贺氏，并移居荷兰。宗孝和贺氏本来很亲近，在她带着儿子们回到爪哇以后，他们的关系更为亲密，以致宗宣怀疑他们可能在阴谋排斥他。当时，虽说宗孝和宗宣对我都很好，为我考虑得很周到，但我并没有把我为了要在新加坡验尸所做的努力向他们透露。事已过迟，贺氏又那么有势力，我似乎已成了外人。多年以后我才把这一切故事说给宗宣，他也才告诉我，他为什么把股份出售给宗孝和贺氏并移居荷兰的缘故。

这两位异母兄弟和贺氏，现在都已逝世了。我听说贺氏因癌症在瑞士病故。宗宣是由于牙齿炎症长期忽视不治而致命。宗孝则死于一次心脏病的袭击。爸爸经营的事业在日本侵占时期被他们接管，后来则在苏加诺时期血洗印尼华侨之后予以没收。但似乎是命运的嘲讽，我最近却听说，我爸爸遗嘱留给我的那份财产现在仍属于我的名下，有朝一日我还有可能卖出去。在某种意义上，我把这种世事轮转看作是天道好还。

十五
实际上是中国的第一夫人

安葬了父亲回到北京后，我觉得像个机器人。除了我的孩子，什么都引不起我的注意或者值得关心。我也吃也笑，也和许多人会面，但我的内心似乎麻木了。

我苦苦怀念我的父亲，我还不能接受他的死亡，也忍受不了悼念他的悲伤。于是我投身于各种活动。由于大多数中国上层妇女不参加公开的社交，在她们必须参加的正式宴会和与在北京的外交界人士周旋的时候感到很不自在。我于是在这外交界领域之中成了实际上的第一夫人，在宴席上座次排在主人的右侧。对于我这样的年轻人实在是一种殊荣，而我视为当然，就像对我的罗尔斯-罗伊斯汽车，我的府邸，我的“夫人”称呼一样。我的父亲自幼宠坏了我，社会继而娇纵我，谄媚我，追求我。宠坏了的孩子长成了宠坏了的贵妇。

现在我对自己也感到诧异。我立规矩，我给别人舞蹈定调子，我却没有意识到自己应负的责任。例如：外交使团团长之一丹麦公使亨立克·高福曼是个漂亮可亲的单身汉，正如许多丹麦人一样，是讨女人欢喜的男子。可是他犯了错误，和一位美貌的日本女人，一位公使馆日本秘书的妻子相好。

当她显然怀孕以后，谣言四起；大家都在猜测生下的婴儿会不会像个西方人，如果这样，她的丈夫会怎么办。亨立克着了急，于是赶快找了一个美国女人，一位停泊在天津港的一艘轮船船长的女儿结婚了。后来这位日本妇女生了孩子，我猜孩子不像西方人，因为她的丈夫并没有和她离婚，流言蜚语也烟消云散。可是留给亨立克的却是一位不大适合于外交界生活的妻子。可以说她缺乏必须具备的气质和能力。在一次午餐桌上她对我说："我打算开一次午餐招待会，我愿意你来，但是请你不要迟到。我听说中国太太们总要迟到一小时。"

我对她说："照这样说，你还是不要指望我去吧。"

过了几天，王管事来告诉我有两位身穿燕尾服、条纹裤、戴大礼帽的外国绅士到会客室请求会见我。我让他把两位客人请到小客厅，我怀着一份神秘心情到那儿去会见他们。原来在那里等着我的是亨立克·高福曼和西班牙公使，外交使团的团长，神情严肃。他们对我说，他们来是为了高福曼夫人违礼警告我对她所约午餐会不得迟到而冒犯了我，前来向我道歉。这时我才明白我多么势利，眼光短浅。我应当做得更聪明、更和气一些，不致损失我的地位和应有的尊严。可是我当时怎么能想到呢？

作为一个娇纵的贵夫人的另一例子发生在1926年冬天，我父亲逝世两年半以后。我刚刚对失去他的伤痛渐能适应，忽然接到我异母兄弟宗宣从巴黎打来的电报，说我母亲患阑尾炎很严重，因为她长期有糖尿病，生命难保。我心急如焚。那时飞机还很稀罕，林白要到1927年才完成他那惊人的横渡大西洋中途不停直飞巴黎的壮举。我最快的路线是经由西伯利亚铁路穿过苏联和德国到巴黎，这样只用14天而乘船则要一个多月。

在冬季，像我这种地位的妇女进行这趟旅行实在有些冒险。维钧从外交部委派了一名秘书陪我以保安全，苏联政府调给我一节专用车厢。而我怎么做的呢？我不仅带了我的两个小孩子和他们的两名保姆，还带上我那对宠物，哈巴狗"宝贝"和"清明"。这简直是荒唐，不过我认为一切都不会有什么问题，事实也如此。西伯利亚正处于华氏零下50度的严寒。当必须把我的孩子从一节车厢转到另一节车厢时，警卫员们要敞开他们挂羊皮里子的灰棉大衣把孩子裹在里面，免得冻坏了。我带着好多罐奶粉，食物和成瓶的花露水。所有的热水都来自列车中部冒着热气的唯一的大茶炊。我们只能间或洗个澡，我自己用花露水洗。整个旅程大约每英里都派了专人扫雪，在铁道两侧堆成约15英尺高的雪墙。结果人们透过车窗只看见一片皑皑白色，成为最单调乏味的旅行。我对白雪真是厌烦至极，等车到柏林，虽然是仲冬，我却觉得犹如从冰封的荒漠解放出来进入阳春。

旅途第一个加煤和木柴的车站是伊尔库茨克。现在它已经是个大城市，当时则又小又偏僻，没有什么特点。而且火车到站是凌晨3点，我正熟睡。此时忽然有人敲我的房门，维钧的秘书说："夫人，您一定要醒醒起床出来，这儿有成百的中国人等着见您。"

我有些生气："天那么冷，我又瞌睡。他们为什么要见我？"

"夫人，您是中国外交总长的太太。他们从来没有什么机会见到像您这样的重要人物。"

我还不明白，我说："请你代表我见他们，我不想出去，天那么冷，还下着雪。"

他说："您一定要起来，这些人站在严寒的雪中好长时间了。"他把我的厚貂皮大衣披在我肩上，我穿上皮靴走出来，里面还穿着睡衣，站在火车的平台上向这些人们挥手致意。他们非常激动。高呼"一路平安！""万岁！"我敢说，如果不是雪那么深，他们还会跪下磕头的。

嗣后，我喝着热茶暖和我的身体，一面听秘书解释说这个小地方的居民很少见到要人，而我是个大人物，就像个电影明星。不过我当时还不甚明白我还有各种各样的义务。我回去睡觉，感到别扭和被作弄了。

我在早春三月走上回北京之路，当时还在下雪。不过那会儿我至少已经知道中途有什么事情等着我，稍稍出头露面，并把一切对我的奉承视为理所当然。当我们在莫斯科停车，把德国来的窄轨火车换成西伯利亚铁路所用俄国宽轨火车，我们的火车则在此时加煤加柴准备此后的行程。一位住在他的火车上的将军（那些日子莫斯科没有旅馆）请我和我的孩子们到他车上和他的妻子同住，我把这邀请也当成我应享的权利。不过我记得，虽说积雪仍在路轨两侧形成白墙，我因为看到妈妈已逐渐康复，又与姐姐言归于好，所以能够更有兴致享受归途中的西伯利亚探险旅行之趣了。

我住在北京的这段时期里，有一桩我最得意的事业，就是繁殖北京哈巴狗。繁殖这种北京哈巴狗听起来很简单，实际远非如此。在中国几乎无法买到纯种哈巴狗。据说最早的哈巴狗是紫禁城里的太监按早先一位皇上的要求饲养出来的。他要的狗灵如猴，勇如狮，有龙眼和金鱼尾。据说（虽然我不大相信）为了养成众所周知的狮子鼻，太监们把肉钉在平板上喂食，小狗每吃一口，脸都要挨一次碰。

不论怎么说，我见到的好哈巴狗都为满洲贵族所有。他们越过越穷，先卖珠宝，再卖家具，再卖皮货衣物，就是不舍得卖他们的哈巴狗。裕格格的一些亲朋听说我有意于养哈巴狗，都不愿意让我看到他们的小狗，除非我答应不买他们的小狗。还是大英烟草公司的总经理雨果·坎利夫·欧文通过他在中国的关系，给我运来两只品种优良、血统可考的北京哈巴狗。那是我的第一代小狗。

我还在大宴会厅的走廊上用大盆养了许多名贵的金鱼。有的是大红的，大尾巴足有半尺长，拖在身后就像一把奇妙的折扇，有一种名叫三只眼，还有一种肚子很大，浑身墨黑，一动也不动。在外交界人士中，这些金鱼很有点名气，来客常常给领过来观赏。我派一个用人专门伺候这些娇贵的金鱼。

但是小哈巴狗们就像我的另一群孩子。我用心繁殖它们，只留下那些最优良的，有四五十只，这些小狗另有住所和专用的洗澡间，有3名仆人——两男一女——照料它们。每到国家重大节日如双十节我们在花园里举办盛大的招待会时，小狗们必须关起来。当招待会快要结束，来宾们还在流连，我就命令管家把小狗们放出来。这不仅因为维钧和我都急于换装去参加另一处宴会，也因为我的哈巴狗们也需要自由活动了。

有一天，让我又气又窘的事发生了，北京的报纸刊登指责我的文字，说我花费那么多的钱去养哈巴狗，而老百姓却在挨饿。我读到说我喂小狗的食物足够维持3个村子的人生存而感到害怕起来。尽管我愤恨，我还是不得不放弃我的狗房。像我的小狗那样优良的北京哈巴狗在中国几乎难以找到，我把它们都卖了出去，只留下我自己最心爱的3只。最优的被旅游者们以1000美元一只的高价买走，普通的也要卖250银圆，合75到80美元一只。我用全部卖小狗的钱，加上喂狗饲料费用和3个养狗用人的工钱在公馆大门外设了一所粥厂，从早晨8点到晚上6点施粥，在冬天给年老无靠的穷人发放棉衣，还在北京城门外设了水槽供往来的骡马骆驼饮水。报纸停止了对我的攻击，更重要的是我得到了很好的教训。头一次让我懂得要想到那些不是生活在深宅大院里的人，他们并不像我家那些待遇很好的仆人，而是食不果腹，衣不保暖。我维持了这些慈善设施直到1936年离开北京去法国为止。

我本当能为人民多做点好事，可是有钱的人——至少是我本人——是在他们有限的小天地里成长起来的。我从未和普通的中国农民接触过。我的用人们都得干活，可是吃、住待遇都很好，因此他们并不让我感到自己如此放纵有什么罪过。我不是坏心肠的人。这个时期中认识我的人常常向我提及我为他们所做过的事。我只是不自觉。我也像妈妈年轻时那样精力充沛活泼好动。我的生活接触面很广，注意力往往从一方面转到另一方面，我的爱好也随之转移：骑马、收藏玉器和名瓷、养狗、养鱼、赌钱。

我不喜欢上海。它很大而造作，浮华放纵，充满了白俄和做运输生意的英国人。这些人在本国本是无名小卒，到中国来却装出一派上等人的神气。时至今日，我们不妨称他们是冒牌货，是一些气质偏狭的凡庸之辈。他们在只供应英国菜肴的饭店里吃饭（老板和厨师都是中国人，烹调好手，因而做出的饭菜确实比那种平凡的英国伙食要高明得多），瞧不起任何真正代表中国文明的美丽、智慧的东西——玉石、瓷器、古玩等。那些可怜的上海的中国蠢人却非常看重这些暴发户，处处模仿他们。屋里摆满了“西式”家具（所谓漂亮时髦的上海家具都是来自英国的大路货，又笨又丑），满口英语，却发音很糟，使我难以理解。我常常恳求他们：“请您讲中国话吧！”后来我才发现他们不会说普通话，又窘于承认此点。

我有时陪少帅的年轻夫人乘她的大型福特飞机去上海，她要去那儿买麻醉剂，也许是要暂时离开张学良。传说他和墨索里尼的女儿齐亚诺夫人爱达有些风流韵事。我很喜欢爱达，不过她是个安静的人，相貌也很平常，我很难说他们之间的感情有多深，也许他只是想和赫赫有名的墨索里尼的女儿有交往而已（张本人是个很能吸引人的男子，只是后来因戒除麻醉剂嗜好而受了一场大罪，变得憔悴了）。他的夫人是一位地道的满洲贵胄，也往往和她的朋友们同去上海在交际场中周旋。在上海的夜总会中寻欢作乐，放浪形骸，中国妇女一般说来是不适宜去的，可是少帅夫人和她的追随者们却秘密前往。

我对这些事不感兴趣。最初我总住在华懋饭店，后来维钧在上海作为投资买了6所住宅房子。我把其中两所打通了当作自己的住宅，把另一所装修为仆人们的住所。这批房子位于上海一个有时髦商店的住宅区，可以和纽约的第五大街相比拟。后来他又在东北置了产业，以为在那片地上能开采石油（顾氏曾投资开发玉门石油矿区，后为国民党政权收归国有；在东北置地准备开发农场，后为日伪所没收，均见《顾维钧回忆录》。——译者）。他是用我的钱投资的，现在都已经为共产党接管了，我的钱等于投入大海。

我常常是在北京政权更迭的当儿到上海住一阵，或是来看维钧在圣约翰大学上学的儿子。我在上海的好友只有唐绍仪的几位千金。唐老先生是一位年高望重的政治家，是维钧已故妻子的父亲。他把维钧和另一些有才华的中国留学生召回中国参加政府工作，使他们得到发挥。唐氏姐妹很开通，聪颖活泼，喜爱社交，可是眼界很高，颇有所选择。我们常常创出新的时装式样，看着上海的妇女们争相模仿以为乐事。

我刚回到中国时穿的是我在巴黎、伦敦买的西式服装。后来我想起在日内瓦时，石井子爵夫人穿着日本和服看起来是那么美丽，使我们其他的妇女们黯然失色。那些所谓雅致的中国妇女常常穿着剪裁考究的西装上衣和长裤，但是她们看不上中国绸缎而爱好法国衣料，她们做西洋发式，上法国美容院。我开始选用老式绣花和精致的丝绦，精美的中国绸缎，有些是古色古香的。我选用这些衣料，择取中国传统式样的特色制作我的服装。在北京的寒冬我穿绸棉袍、棉袄和棉裤。天气转暖后，我穿造型飘逸的绸夹衫，用细绸做里子，开衩及膝，与我内衬的软绸裤子相配。我也喜欢深蓝色的绣花单衫，长及脚踝，或是为了舒适，裁剪得短短的，罩在用假珍珠盘花的金丝软缎长裤上。这些都是特别按照我的身材精心设计缝制的杰作，只有一个人能做。他是一位上海裁缝，在香港开了一爿店。即使是当年样样便宜的年头，我每件衣服也要付给他150元到200元。穿了这些衣着，配上我戴的宝蓝钻石项链和大耳环，才显得分外相衬。

香港有些人把老式古董绣花裙子遮在钢琴或沙发上作为装饰，就像一度使用马尼拉来的长穗披肩似的。这些绣花幔子对家具并无好处。它沾惹尘土，而且有一种小家子气，因为这种旧绣货到处都有，而且很便宜。我买了不少这种老式裙子，常在晚上穿着。后来我在巴黎穿出去，却引起了轰动，把它的价格哄抬得很高。最后我在店里看到一件尺寸只够孩子穿，而且是经过不高明修补的，居然标价300美元。

上海的漂亮妇女们把少帅夫人和我当成从火星上下凡的，处处仿效我们的衣装打扮。我看了觉得很有趣。这简直和她们的英国腔一样可笑，可说是冒牌货。她们不懂得本国丝绸之美的价值，不明白那种地道的中国手艺是如何精彩绝伦。我有一条腰带是用细珠子穿的，装着银带钩，珠子那么细小，简直和织出来的一样。我在西班牙、法国、香港和以色列各处找人仿制，都没有办到。这种手工已经没有人会做了。

有一年冬天我因为皮肤病不能穿袜子而光脚去了上海。我没有告诉别人为什么。然而令我感到可笑的是上海的妇女接二连三在大冷的冬天也把袜子脱掉了。后来我的皮肤病好了，重行穿上袜子，这些人一定会感到莫名其妙吧。

在上海这方寸之地上的大亨要数维克多·沙逊爵士了。他的哥哥赫克特·沙逊则是香港的重要人物，依我看来，为人要好得多。不过维克多·沙逊在印度拥有巨大财富,在香港也置了很多公寓房子(包括格罗斯文拿大楼，后来我姐姐和妈妈就住在那里)，还有新式的国泰大饭店。他乘坐他的罗尔斯—罗伊斯轿车出入市廛，围坐着一些有名的和最美丽的中国和西欧妇女。不过我听说这不过是装腔作势，因为他腿上带着支撑架，老天不再赐给他以寻欢作乐的本钱。但是不管是真是假，他却做出一副爱向妇女献殷勤的男人的模样。每个星期天，他总举行盛大的招待会，被认作社交界每周最大的活动，每一位有名望的人都要在那里露面。

我很少去那儿，因为我不大重视这位维克多·沙逊爵士。我觉得他为人粗鲁，算不上个君子，这个看法后来在我姐姐和妈妈来到中国后证实了。琮兰看见我收藏的翡翠饰物也变得很爱好翡翠，买了一副很精美的翡翠项链。有一天，维克多·沙逊爵士邀她去鉴赏他的两串翡翠项链，看来和我姐姐的相仿，她摘下自己的项链来对比。当她再戴回项链时，维克多细心查看他的那两串，数清粒数，生怕她是不是会调换了他的项链。

他和我唯一共同之处就是珍爱翡翠。有时我们在某些宴会上不期而遇，常常把翡翠作为话题讨论。他爱夸口说，只要市面上有翡翠佳品出售，他事先就订好，他有优先选购之权。有一晚在欢迎威灵敦勋爵的宴会上，维克多·沙逊从餐桌对面探过身来大声对我说："我到手一件翡翠，会让你嫉妒得脸色都绿了。"

他说："你敢和我赛个输赢吗？"

我微笑着对他说："我们就比赛个小小1000元的输赢如何？"

他很有钱，当然没有爸爸富，可比同桌——包括我在内的人都富。我敢说他可不乐意冒这1000元的风险，可是当我提议我们一人拿出1000元赌注，交给威灵敦勋爵保管，他再无路可退了。我们约好再见的日期比赛我们的翡翠，约好威灵敦勋爵在场做公证人。

不久以前我有一次不寻常的经历。我到北京之后不仅热衷于搜罗翡翠，还收藏瓷器。正像一些新手收藏家，一上来我也犯了几次错。但通过请教和赏玩这些精美物件，我长了不少的见识，渐渐在前门外那条窄窄的珠宝市街上有了名气。那儿约有200家小店面，零乱地陈列着一些翡翠、玉髓、鼻烟壶和零星的瓷器。中国珠宝商不像西方的店主，他们把次劣的货品摆在铺面柜橱里，即使遭到盗窃损失也不大。那些专为卖给特殊主顾的上好货色都另锁在柜里。在我那个时代，想买点够得上品级的翠货，先要有位熟识的好主顾或是位前清贵胄介绍，简直像打猎。你要懂得其中的规矩，而当一位狡猾的经纪人挨近你，显示在他褡裢里藏着点东西，并问这位太太是不是想看点“上等货色”时，你要学会装出无动于衷的神气。

生意做不成他们并不大在乎，说实在的，大约60%的顾客看不到什么佳品。我是由裕格格介绍的，因而也成了一个特等的主顾。不过我自己也要学懂什么是好翡翠。新坑翡翠不值钱，不像老翠那样透明。老翠货多半是从古墓里出土的。出自内廷的翠品做首饰最为珍贵。我渐渐收集到若干精品。一副雕花配对的手镯，是整翠雕成的，两串翡翠项链，还有几块极品的翡翠我镶成了耳环。

但是我收藏到的最好的一件翠货，也许是世界上最好的一件，却有个很有意思的经过。就在沙逊爵士和我打赌之前不久，珠宝市的一位傲慢的珠宝商想显示出他比众人高，把他的店房改建得高耸于别家店铺之上。可以理解，别的商人都生了气。这里有个面子问题。他们到北京市市长那儿告他，市长答应要强制那个珠宝商“老德”拆掉他那座高房子。

老德急得要发疯。如果他必须拆房，他就要丢尽了脸，大家都要笑话他，他的声誉就要遭到败坏。他气急败坏地跑到裕格格那儿诉苦，说如果他成了北京的笑料，只好自杀，要么只好离开北京城。裕格格对他说：“你唯一的机会是去找顾太太，她也许能帮你的忙。如果她帮不了你，谁也没办法。”

他找到我公馆来，给我磕头，向我诉苦，如果他的房子给拆平了，他的颜面何存。不仅他的名声扫地，连他的儿子和没出世的孙子的名誉也给毁了。一连串诉苦声最后归结一句，我能不能插手帮他的忙。

我让王管事给市长打电话，说夫人要和他说话。我于是接过来对市长说，老德盖了那么一栋高房子确实犯了严重的错误，不过如果令他拆掉，对他本人和他的子孙的惩处未免太重了一点。我说也许过一阵子大家习惯了就不再在意那栋房子了，很可能别人都会仿效而翻盖店面使得珠宝市街的市容焕然一新呢。市长听了我的话，最后说：“尊重您的意思，那栋房子就不要拆了。”

我把这个好消息告诉在旁等候着的老德。他说我挽救了他的名誉，为了表示敬意，他要告诉我一桩秘密：逊清末代的小皇帝，光绪的侄儿溥仪，在被冯玉祥将军驱逐出宫时带着他的妻子逃到天津，当时在皇后腰带里带走一块价值连城举世无双的翡翠，现在他们急于用钱，很可能愿意出售。由于这是稀世珍宝，可能索价极高。不知我是不是想看一看，他可以从中设法。我说我想看看。过了几天，他又神头鬼脑地来到公馆门外，我让他进来。当他确信没有外人，就从褡裢里掏出一块我从未见过的美丽的翡翠。它看起来像一块大绿宝石，通体碧绿透明，没有一丝裂纹。我拿在手里，有一种特殊的感觉。学者们有一种理论，说美玉使人有异常的温润之感，我相信这一点。

老德于是告诉我这块翡翠的来历。他说当年乾隆皇帝有一位来自西域的宠妃，她爱好波斯口味的饭菜，想吃当年在气候寒冷的北京长不出来的青椒。为了安慰她对青椒的怀念，皇帝召了宫里最高级的玉匠用一块无瑕的翡翠精雕出一个逼真的小青椒。这个翡翠青椒在宫里一直传到小皇帝溥仪手中。他舍不得脱手，可是他急需钱用。

我问他要多少钱。他告诉我按中国钱的索价让我听了脸都变白了：索价竟然超过100万元。我犹豫了一下，把翡翠青椒还给他。他要求把它存放在我这里过夜。因为他要到第二天才能把它送回天津，而当晚存在我公馆里要比带回珠宝市保险得多。

我把这个翠椒藏在我卧室里。但是一整夜我辗转难眠。天快亮的时候我梦见父亲。醒后，我感到他愿意让我买下这个翠椒，如果他在世，他一定会买给我。我想起这些年他给我的那些零用钱，他给得很丰厚而我开销得很省，积累起来也差不多有100万元了。第二天老德再来取回翠椒时我把我全部私房钱交给他，让他拿给小皇帝，看他愿不愿意按此价卖给我，我的财力尽于此矣。他再想找一个出价比我更高的买主怕是难上加难了。这是爸爸的老伎俩。摆在眼前的现金诱力，溥仪是无力抗拒的，于是我得到了翡翠青椒。

当维克多·沙逊和我再见面决定赛宝输赢时，他等不及地先取出他的翡翠。这件翡翠比我的翠椒略大，有如鸽蛋，但是有一个淡白的端部，是个明显的缺陷。我摆出我的青椒，他见了倒吸一口凉气，毫无怨言地承认输掉这1000元。我听说他后来找所有的珠宝商为他搜罗一块能比得上我的翡翠，但我怀疑世上会不会还有。

后来我把翠椒拿到巴黎的卡蒂埃首饰店，把它和一粒25克拉的钻石合镶了一副胸链。路易·卡蒂埃如此为这块翠椒倾倒，他在为我镶制胸链时不准别人进他的作坊。他说这件饰物是无价之宝，无法给它定保险的价格。

我得到这件宝物十分高兴。见到我这件胸链的人几乎都对那粒钻石视而不见，因为注意力都被翠椒吸引住了。这件胸链是我所有珍饰中的魁首，曾经为了慈善事业募捐在华盛顿的斯密逊尼安博物馆展出过。当我前几年在纽约被盗时，幸而这件宝物存放在银行保险库里。我现在不再取出来了，偶尔我去保险库看看它。也许有人要问我为什么还要保存它。我本来想把它留给我的儿子，儿子再传给孙子，永远收藏在顾家。不过现在我改了主意。我看够了许多家庭因为争夺留给他们的遗产中的名贵物品而争吵不已。我也许应该把它卖掉再把钱分给孩子们。

几年以后，维钧出任驻法大使，托付我回国为新大使馆采办家具陈设。这桩光荣使命确实是对我极大的信任。可是维克多·沙逊按他以自我为中心的性格偏喜欢听种种合乎他口味的流言蜚语，爱信谣言。在当时——1937年——颇有几位中国外交官抛弃发妻，他子女的生身之母，而在驻外使馆里另结新欢做他的家眷。这种趋势引起众多的议论，孔祥熙和蒋委员长知道以后很不以这类事为然。大家还流传着“新夫人运动”的口号来取笑（这个口号是蒋介石夫妇提倡的“新生活运动”的谐音。）。我一路乘飞机到了香港，然后改搭英国半岛公司的轮船从香港回上海。维克多·沙逊正好也在同一艘船上。见到我单身旅行，他一定以为我是让某个情妇排挤出来的，已失去我的重要社会地位了，因为一路上他竟然不屑于和我交谈（这是他做人的常态）。船到上海，他的汽艇前来接他。按照常理，他应当遵守最起码的礼貌，邀一位相识的同船旅行的太太搭他的汽艇回上海。然而他有意避开了我。但是他被告知，他要等候市长的汽艇接一位重要乘客先走，这让我心中暗喜。原来我就是这名乘客。上海市市长派了他的专用汽艇来接我。

赫克特·沙逊和我的一个女友，一位比他年纪大得多的意大利女郎结婚。他用钻石珍珠把她包起来。有的珠子有鸡蛋大。这位夫人跟他回到香港，成了香港的王后。他死后她成了一位富孀。她告诉我，维克多·沙逊爵士后来和他的护士结了婚,不算是社交上的成功盛事。他们退隐在巴哈马群岛，不愿意再和任何过去在上海结识的朋友来往。

我在上海有时来往的人中有市长的夫人。她喜欢打扑克，但不是个好输家。结果是很多男人宁愿躲开她不和她一起玩牌，可是这很难避免。有一晚我和她是牌桌上仅有的两个女牌客。桌面开牌只下5元注，可是加码是无限制的，因此就很使人兴奋。有一副牌，她发牌，我是她的下家，我们都起了三张牌。她和我都加码，加到1000元时，除了一位男客外都扣了牌。她又加到2500元，这位男牌友也丢了牌。于是只剩下我们两人了。我们继续加码到8000元和9000元。这时站在她背后的一位男客想让她安静些，可是她兴奋难忍。最后我要求看她的牌。她手中有三张A和一对，是FullHouse。我摊开手里的牌，是四张皇后，赢了她。她几乎犯了心脏病。

维钧和我各行其是。偶尔我们同时在上海，也不住在一起。我住在新住宅，他和他家的人一起住在老宅子里。有一次我听说他生病住院，我到医院去看他，他似乎很感激。过了两天再去医院看他，他住的那间病房已空了。他连通知我一声他已经出院都嫌麻烦。

在北京的时候，除了我们欢宴款待宾客，他总是在书房里工作到半夜，然后直接回他的卧室睡觉。我们参加外交界的宴会，他感到很不适应，吃完饭就回家，而我则和一小群人继续欢聚。我们常常最后在北京饭店兴尽分手，因为那是北京唯一的新式饭店，可以赌钱并有音乐伴舞。我还记得当年英国乔治王子来访，英国的麻克类公使夫人在英国使馆设宴招待，他和我一同跳却尔斯顿舞直到天快破晓的情景。但是有一晚我和另一群外交人士到北京饭店取乐时，我忽然觉得跳舞使我厌烦，于是我走到赌钱的屋里去玩角子老虎。我扳到第二把或是第三把，我碰上“甲克扑”（头彩），我真交运，银角子淌出来，满地板都是。屋里唯一的一位西方年轻人过来帮我拾起来，我向他道谢，并介绍了我自己。

他说："我知道您是谁，我叫亨利·卢斯。"

我从未听说过亨利·卢斯，问他在北京干什么工作。他告诉我他是个记者，在写一些有关中国的文章。

我说："欢迎您来看看我的花园。"那时我雇了一位精干的山东花匠，他把成排的树丛修剪成龙和金鱼或是其他想象得出的形状。可惜由于北漠的沙尘漫天盖地，无缝不钻，以致他得了肺病，于是我失去了他。北方农村的穷困农民砍尽了林木作燃料，使得戈壁的沙尘毫无阻拦地随朔风南下。我把花匠送回山东，当地一位医师说，只要吃山东大葱就能治好他的病，山东的大葱据说是世界第一。过了一年多他又回到北京来看我，满面红光，看来很健康，已经完全康复了。

亨利·卢斯来拜访我，我们成了朋友。后来我们在法国继而在美国重逢。他一直支持中国，比绝大多数的人都更警觉到日本人会造成的灾祸。我们常常交往聚会，我很重视他的友谊。他是少数能透过我浅薄无聊的外表认识我真实人格的人。

1930年我去巴黎一行之后，我们母女的关系又亲密了，姐姐和我也重归于好。我知道姐姐和她丈夫之间的关系不好，谣传她和别的男人要好。但是妈妈给我写信非常慎重，以至最后她谈出我姐姐的丈夫回到爪哇去了时，我大吃一惊。他在爪哇故去，不过在他逝世以前就离婚了。

妈妈对这种结局很不快。她打算回爪哇老家去住，留我姐姐一人住在英国。但这事并未能实现，因为贺氏和她的子女们在爪哇的势力很大，妈妈的娘家亲戚给她写信来说连当地的报纸上也登载关于可怜的妈妈的笑话。于是我立即接她到中国来，她住在我们北京公馆里紧挨着我孩子们住屋的一座上房里。

继而我姐姐厌倦了英国的生活，也到北京来和我们同住。然而北京不合她的要求，她不能屈居在我之下。她又带着妈妈到上海，住进一所公寓。她在上海遇到曾在美国主持华盛顿会议代表团住所摩兰大楼的严恩槱博士并嫁给他。他也是维钧在圣约翰的一个同班同学。

妈妈显著见老，更孤单了。在这一点上说，我对姐姐需要妈妈和她同住反而更高兴，妈妈非常疼爱姐姐的孩子，我的姨侄鲍勃·简和我的姨侄女。当然我很想她，可是我很忙，没有我有心陪着她的那么多时间。

我和姐姐虽然彼此都尽量迁就，可是仍然少不了争吵。有一次我把天津的住宅借给她和她的女儿住，我们为了如何抚育她的女儿的方式发生了一场愚蠢的争议。这本是件细琐的事，可是她却过分地发起脾气来。我还记得她向我大喊："你待你的孩子就像待饿猫一样。"真是莫名其妙。不过维钧和她的新丈夫却相处得很好，他也在政府部门做事。

1936年中法协议双方外交使节升级为大使，顾维钧荣任第一任驻法大使。他非常高兴，也知道我可以给他以帮助。他向我担保两年之内就回国。我们北京的公馆原样未动，两个男孩子送到上海圣约翰附中读书。我根本没有想到来日的灾难，我猜这就使得我和其他亿万人民命运相同。我甚至蠢得把维钧前妻留下的首饰也留在北京了。维钧要把它给我，可是我想这该留给她的女儿，等她大了交给她。而当时我相信存在银行保险库里是安全的。

十六

再谈灵异

我没有正式的信仰。近来有人问我信不信有来生，我用孔子的话回答他："未知生，焉知死！"

我相信有造物主创造世界万物，予取予夺。除此之外，我接受现实，从不深究。生命有其自然的节奏，我们属于东方的古老民族，懂得这个道理。就像人类失去的某些动物本能，我们懂得许多西方人不相信、不承认因而不懂的道理。我们承认存在着神秘不可解的现象，虽说弄不清为什么。不过，话又说回来，弄清又有什么必要呢。

我从童年起就看到许多西方人认为是奇迹的事，也见到过祈求神灵和仙丹法水治愈疾病的事。我亲眼看到我妈妈和孩子在医生认为没救而为信仰治疗者治愈。我没有见过鬼，不过我相信有。在巴黎有一次一个刚死去的妇女的灵魂来找我，要我照顾她的孩子。当鬼很善良而无所求索，只是挂念它所爱的人而不是它自身，我怎会怕鬼呢。我自己就有过灵魂出窍的经验，我怎么会害怕灵魂呢。我在下文中还要细说。

在伦敦大轰炸中我从不害怕。我领着位于波特兰广场的大使馆的人员进了地下防空室，然后偷偷地再上楼从卧室窗户中注视着漫天炮火，就像我童年看放花那样有趣。半英里外的英国广播电台直接中弹，这并没有吓着我使我失去勇气。这并不是因为我很勇敢，而是我相信冥冥之中自有天命，我对这一点既有点好奇，也深信不疑，我对一些通灵异兆的看法也是这样。

我常做一些我自己也难以解释的梦。1925年[①]初，我父亲去世半年左右，我做过一个噩梦。我梦见一只长着羊蹄的死猪卧在维钧小客厅的雕花黑漆桌下。我梦中看得很真，难以忍受，逃到院子里，又被一大队手持上着刺刀的枪的士兵截住。

我吓醒了。我清楚地记得梦中情景，就在那天告诉维钧。他听了只说："你昨天晚饭吃得太饱了。"其实头一天我应邀到人家吃晚饭，女主人很小气，饭菜很差使我难以下箸。这场梦继续困扰我。最后我找了个算命先生来详梦，他也难以解说。

不久我们因冯玉祥将军倒戈而仓皇离京。我住在天津维钧为应付这种非常局势而建的住宅里，他去上海和他的兄弟们同住。军队占了我们北京的公馆，后来孙中山先生于1925年3月12日就在维钧的小客厅里因肝癌逝世。我能猜到那些穿着灰军装手持上着刺刀的枪包围维钧的客厅预兆某种可怕的变故，不过对那头长着羊脚的死猪的意义始终弄不明白。

1940年，维钧在驻法大使任内，随法国政府迁至维希，我去了美国。美国那时还未参战，在欧洲许多人都在猜测美国会不会参战，以及何时参加同盟军作战。我在纽约州阿尔巴尼附近的许隆湖地方租了一处村舍，以便在美国上学的儿子们能来看我。那里很安静，而且一季只需200美元租金，当时我从瑞士提存款手续困难。裕昌外出旅行去访问他的一个同学，福昌带了一个年轻伙伴叫弗里茨的来住了几天。很快我们招待他的娱乐办法就计穷了，于是我取出一个从壁橱里找到的灵应盘（洋扶乩盘），提议我们试试。

我们三个人围坐小桌，乩盘摆在桌上，手指轻抵，一开始没有动静。我正打算提议早点就寝，忽然乩盘大动起来，我们几乎跟都跟不上。我怪孩子们故意推动，他们都不承认。最后我问乩盘："你打算到谁那儿去？"

① 疑误。因下文说"不久"冯玉祥兵变，而此事实发生在1924年秋。——译者

乩盘偏滑到福昌怀里。我找了一张纸交给弗里茨让他记下乩盘上的笔指在什么字母上。我和福昌用手指头轻抵乩盘。

于是福昌问："美国是否要参战？"他和我在暑假中反复议论此事。

乩盘拼出字来："是的。"

福昌问在何时。乩盘拼出字来："1941年12月。"

福昌又问在此以后战争还要再打几年。乩盘答复："4年。"停了一停，乩盘又拼出"中国必胜"。

乩盘突然停止不动，我们再也不能让它动作，第二晚也如此。等我回到纽约，中国总领事问我，对美国参战之事有何设想。这并不是个特别的问题，人们常常互相探问，想从中搜集到一鳞半爪的消息。我于是告诉他我和福昌在许隆湖扶乩的事。

我又说："顾维钧在发生这类事情时总是取笑我，因此我不愿意你再告诉别人。不过请你在日历上记下这个日期，1941年12月。我们今后可以按此核对。"

福昌现在听我谈到灵异奇迹也笑我。可是他在婴儿时期两次靠信仰治疗医好了病。有一回他很小，得了很厉害的咳嗽，让我和德国医生都担忧了。最后医生给我一种很强烈的药晚间服用，好让孩子能熟睡。但是孩子的旗籍保姆不同意，她反而找了一个用求神治病的太监来施法。她不给孩子服药而是每晚把药在浴室里倒掉一点，假装瓶子里药每天喝掉一些。我知道她在干什么，不过我决定不说话。孩子立即有所好转，很快医生说可以不服药了。保姆朝我笑笑，我也朝她笑笑。我们都保守着孩子怎样治好的秘密。

不久，在福昌2岁或3岁时，臂骨摔断了。我急忙送他上协和医院，在那儿打上石膏。可是打开石膏以后，他的小胳臂僵硬了。医生说只有一个办法，就是重接一次再打上石膏。我说我要考虑一下。保姆建议请一位太监来，他会用草药治骨伤。我同意了。每天这位太监来，把孩子的手臂浸在泡着草药的药水里，然后按摩僵硬的部位。不久僵硬之处消失了。我对医生们指出，用药浸泡和按摩起了多大的作用，他们一语不发。我也不指望他们说什么。

当两个孩子长到6岁和8岁时，我最名贵的传种母狗被偷走了。尤其让我着急的是它快生小狗了，这可能是它最后的一胎，因为这只狗已经不年轻了。北京城外有个小庙名叫狗庙，平时我定期到那里，捐一点善款。于是我到狗庙祈祷找回我的小狗，我还惊动了警察并在报纸上登了悬赏寻犬的广告。

一切毫无结果，王管事提出从大街上找一位圆光的瞎子来帮助找狗。这种瞎子由小孩领着串大街，据说能帮人寻找失物，特别是盗走的东西。那时，比彻姆伯爵夫人正住在我的府邸中做客，非常想亲眼看到这种神异的秘法。我于是叫王管事找了一个圆光术者来施法，他由一个小孩领着进来。当时在场的还有伯爵夫人，一位英国家庭女教师菠拉（我为两个大孩子请的），还有我的两个小儿子。两名警察，公馆的门卫也随着进来。

圆光术者向王管事要一块大台布，他告诉王把它钉在墙上就像一幅电影银幕。然后他在台布前焚香，并且要求从大街上找两个儿童来，让他们说明在这块台布上见到什么景象，两个儿童找来，但什么也看不到，于是又找来两个，他们也看不到任何景象。这时我的两个小儿子指着白台布跳上跳下。

“妈妈你看，有个老头子把狗放在一个盒子底下。他留着灰色的长头发，戴着帽子，穿着灰长袍和黑马褂。”我们这些人什么也看不见，可是两个孩子盯着台布好像看电影。他们说那个老头子走出他的屋门上了街。

有一名警察走过去问孩子：“小少爷，你们能说得出来这个老头子住在京城的哪一方吗？”

孩子们给问愣住了，最后裕昌指着南方。

当晚，小狗安然无恙地找回来了。对老头子形象的描述和所住的方向帮了警方的忙。我非常高兴找回我的小狗，关照不要为难那个老头子。我赏给警方一大笔奖金，特别奖赏了那个圆光的瞎子。我担心两个孩子经过这次施法会不会受什么影响，可是他们和平常一样。他们照常吃晚饭，喝牛奶，临睡觉时埋怨大人催他们上床。第二天我问他们，当他们看见布幕上的图像时害不害怕。他们不知道我问的是什么事。

听过我讲的故事以后，一位外交使团里的女朋友也想自己找一个圆光瞎子试试。她把一笔钱放在另一位朋友的手提包里，然后找一个圆光术者来，告诉他丢了一笔钱。搀瞎子的孩子不仅找到钱，还说这钱不是偷走的。

我认为像这样拿人来取乐是不公道的。这世界上是有骗子，我自己遇到过不止一个。如果没有结果或者我疑心我在受骗，我就告别走开。不过我从不为了取乐而去找一位印度法师或是求神治病的人或者有意开他们的玩笑。

我曾听人说，许多像我的公馆那样的旧府邸闹鬼。可是年复一年，我从未觉得有什么异常之处，渐渐忘怀了。维钧更是个现实的人，不信这些事，他的兄弟们也一样。他们轮流到北京来，在我们公馆的客院里一次住上几个月，为这所老大府邸进行必要的维修。

我那时大约还有50只哈巴狗。我每晚派一名饲养员睡在饲养小狗的那所屋子里，我不愿再丢失另一只值钱的小狗了。我规定夜里必须锁门，谁来也不准开。

有一天，那时我的二夫兄住在我家，他对我说，他头一天晚上从市里回来得很晚，走过装点有致的花园，看见我的哈巴狗到处乱跑。他说："三太太（我丈夫的兄弟们这么称呼我），我知道你很宝贵你的哈巴狗，为什么放它们到处跑呢。"

我很生气。我叫来王管事，告诉他那天晚上值夜的饲养员由于玩忽职守，要严加处罚。可是饲养员发誓说他当夜睡在养狗小院里，整夜门户紧锁，灯火通明，一只狗也没有放出去过。

王管事揣测也许二老爷回公馆以前多喝了一杯，错认为他看到小狗在跑。我同意他的话。可是过了不几天，我的二夫兄晚上回家相当早，又看到同一景象。这回是另一个饲养员值夜，他又坚持说门锁着，灯点着，狗通夜睡着。

王管事说："夫人，您不用担心。我晚上自己到花园里睡觉，一定要弄清究竟。"

第二天早上他来我处，摇着头可是面带笑容。小哈巴狗都整夜关着，灯点着，正如饲养员所说。可是王管事也的确看见它们满花园乱跑。

“那是狐仙变的小狗，太太，您宅子闹狐仙了。不过您不要担心。狐仙带来好运气。”

我也曾几次流居在外。每次我被迫离开我的府邸再回来，看见它被作践的情况都令我心痛。我相信住在里面的军人并非有意毁坏，可是他们毕竟是些大兵，行为粗鲁。我离开北京时间最长的一次是1930年（译注：似应为1928年），蒋介石为了扫除军阀统一中国，进军北京加以接管。他这一行动是无可避免的。顾维钧的一位好朋友事先就到南方投到蒋的麾下，我也曾劝过我丈夫至少应当设法和蒋接触。可是维钧很忙，在北京生活得也很舒服，也许他认为我是杞人忧天。我的确不是个政治家，然而我在外交使团中有不少朋友，我听到过风声。

不管怎么说，为了不坐牢，顾维钧不得不逃到国外。有个故事说他穿了女人衣服化装出逃，这不是真事。[①]然而他必须快点走。我给他准备了蓝布的农民衣服，他把平常穿的皮鞋换成了布鞋，他乘三等舱去威海卫，再转船到加拿大。

妈妈当时住在我们北京公馆里。我带她和孩子们迁往我们天津的住宅，然后去威海卫给维钧送行。我们在国内是很安全的，他希望我们住在天津，直到他估计情况好转回国。可是我不喜欢天津这个港口都市。它充满商人，我和他们无共同语言。而且我因为离开朋友和北京的住宅而郁郁不乐。

听了妈妈的建议，我们带着两个小儿子到巴黎去住。到巴黎后在旅馆里住了一段时候。妈妈感到不方便，于是她在波瓦区买了我前面提到过的住宅。住宅虽不大，然而结构精美，妈妈买它花了25万美元。

一天早晨我醒来，发觉我在屋里悬空飘浮。我向下看，我的躯体卧在床上。我大吃一惊，知道我已经离开了躯体。我看到我的身躯睁开眼坐起来，

---

① 此故事系指顾于1924年秋冯玉祥兵变时逃离北京时的景象，当时他任曹锟政府外交总长，事见《顾维钧回忆录》1分册276页。后来这次离开北京到加拿大是由于他遭到国民政府的通缉。——译者

向我伸出双手。我明白这是求我重回躯体，可是我不知怎么才办得到。我在屋里转来转去。我现在还记得我悬浮空中，不用力气就能走动的特殊感觉。这并不是件不快意的事。可是我看到我的躯体越来越衰弱，眼看要倒下去，这可使我担忧。我知道我的躯体已在垂危，如果我不回到躯体之内，我就要死亡。

有生以来我这是第一次真正感到害怕。我不愿意离开我的孩子、我的妈妈。我想到上海的姐姐和她的孩子，想到在加拿大的维钧。我想活着，我还不到30岁。我的前途正长，还应当活好多年呢。突然，（我明白这就是弹指间的事）我躯体的口张开喘气。我像是在哪本书里读到过，说印度法师在真灵云游以后从肚脐回到原体。我决定试一下。我冲下去，但却从我因喘气而张开的嘴里钻进了身躯。

此后我大概就晕了过去人事不知了。

一直到将近中午的时候我才醒过来；事情则发生在天刚亮时。我身体虚弱，大汗淋漓。我不愿意惊动妈妈，我用尽气力叫来我的女仆让她给我送一杯茶来。她看到我时以为我病得很厉害非常害怕。茶给了我气力，我洗澡并且慢慢地梳洗更衣。

我不知道是什么缘故使我灵魂出窍。这事再也没有发生。不过如果死亡就是这样，那也不算很坏。真的，如果现在能如此死去我会很满足。我想象不出死后会怎样。我在遗嘱中写明死后火化，不过要停四天，以便我逐渐离开我的躯壳。我认为鬼是被困的灵魂，由于某种原因没有能在它们的躯体死亡时完全离开。我可不愿意变成鬼。

在第二次世界大战时，我住在位于德军占领下的巴黎的中国大使馆，维钧则随法国政府迁往维希。这时有个亡灵来找过我。我的异母兄弟宗宣很像我爸爸，见不得一个女性美丽的面貌和窈窕的身材。他的发妻出于善心，把她的侄女从爪哇接到荷兰。宗宣引诱了这个17岁的少女，把她当成他的二房。他在巴黎为她买了房子，她生了一个小女儿。从一开头我就很可怜玛利，现在则产生了疼爱她的感情。她几乎天天来看我。由于她再不能回到她姑姑身边，她把我看成一位大姐姐。她深深感到自己有罪过，活着还不如死去。最后她由于体力衰竭而死，年纪不过28岁。我虽不感意外，但很伤悲。我的异母兄弟宗宣到巴黎来看我，问我能不能帮他把玛利安葬到他在瑞士购买的一块墓地里,因为他不熟悉中国的丧葬礼节。我答允帮助他，我能和驻瑞士中国代办的夫人取得联系，她可以帮忙作必要的安排。

这天晚上和往常一样灯火管制。我早早上床看了一会儿书，然后关了灯。大使馆的法国看门人老夫妇二人睡在楼下。我的卧室在三楼，我不愿意一个人睡在三楼，因此让两个女仆睡在我卧室对门的客人卧室里。整夜我听见像是有个女仆在过道里走来走去。可是当我开门想弄清楚时，我什么也没有看见。最后天快亮时脚步声停止，我才入睡。当我打铃让用人给我送早餐时，小女仆之一进来对我说："噢，夫人，您一定很疲倦吧。我们听到您整夜在过道里走来走去。"

这时我才明白这个夜间来访者就是可怜的玛利的灵魂，我理解她是想要找我照顾她的孩子。当宗宣和我把玛利的遗体送往瑞士安葬时，我求他把小姑娘阿比交给我抚养，我将待她如自己的女儿。但是他要这个女儿，而拒绝我的理由之一是，如果我收养她，她将来会失去她本可继承的他的部分财产。事情确实如此，当宗宣逝世时，阿比在纽约，她是否能合法继承遗产出现了极大的疑问。其时维钧正任驻美大使，我们住在华盛顿。她的一个异母哥哥，法定的大太太的儿子来找我，问我是否可以到纽约法庭出席做证，证明阿比的父母血统。当然我这样做了。阿比成年后，自己有了孩子。现在她住在纽约，离我住所不远。由于她父母都不在世，她把我几乎当成自己的母亲。因此，我希望她可怜的妈妈的阴灵知道这一切经过而终于能得到安息。

十七

第二次世界大战前的巴黎

1936年，我到达巴黎时，人们议论最多的是一个俄国美人伊利亚·阿布迪。她在塞纳河左岸有一所房子。她差不多有六英尺高，浅黄头发，常常举办舞会。可是房屋里有一层楼总是锁着，朋友们都没有进去过。于是，人们谣传说她把她的父母（一对普通俄国农民）关锁在里面。

一方面，作为第一任中国驻法大使的妻子，我也成为人们的稀罕对象，闲话的题目。当我戴着妈妈给我的那些珠宝在社交圈子里露面时，人们的眉毛耸了起来，同时那些假想为我的慷慨大度的情人的名字（有的甚至是我不屑一顾的人）就在私下传开了。这些闲话传播迅速，一部分原因在于我是个中国人而举止却西方化。我有自己的作风，习惯于自行其是。像我这样属于大使阶层的人物按说是不能去夜总会的。所以，每逢我能找到一个闲暇的夜晚——在如同打乒乓一样你来我去的外交界酬酢的夹缝里，那是很不容易有的——我就戴上钟形女帽和面纱，乔装改扮，约一位美国或意大利大使馆的年轻秘书陪我去一家夜总会跳舞。一个人如果率性而行，那就要招来流言蜚语。早年我在新加坡，我短暂的天真无邪的初恋被爸爸拆散并把我突然带走，那时甚至我的表兄弟们都帮着散布谣言，说我已经怀孕，被送回家打胎。（甚至还有人传说我做了子宫切除手术，以后再也不能生小孩了；当我生下裕昌，我猜想某些人一定会非常失望。）

另一方面是因为在大众目光中，我在官方等级上占有很大的优势。维钧受任驻法大使时，在巴黎只有13处大使馆。其中有7位大使是单身汉——没有结过婚或是离了婚（如美大使蒲立德）。而土耳其大使夫人由于她的穆斯林宗教信仰，是不出席男女交杂的聚会的。因此在一切正式集会场合我经常成为第二名或第三名女贵宾。对于那些公使夫人们来说，我的新身份不啻是她们的一颗苦药丸。因为不久以前，我还属于她们较低的同一阶层，而她们还以能指点我记住自己的位置而高兴。

在维钧受任驻法大使以前，他曾担任过短时期的驻法公使。这比他以前在北京所任职务降了级。但在这时政府已经和法国磋商两国外交代表升级的事,因此他答应在短时期内任此职。别的公使夫人当然不知道这种情况。有一次在一个巴黎上流社会的客厅里与一些大使夫人们坐在一起，我和在北京就熟识的美国大使夫人谈心,这时公使夫人们就过来找我,并且说：“你不能高攀到她这儿来，你属于我们这低一层。”

女性嫉妒相互攻击并不仅仅存在于外交界，巴黎一些名门的女主人也忌恨我的等级。因为我经常在宴会上作为外交使团团长巴西大使路易・德・苏查・丹他斯的女伴。在官场等级上，他仅次于法国总统及来访的国宾或是教皇驻节代表（在天主教国家，他的级别高于其他外交使节）。因此在入宴就座的行列中我总是靠近前头而超越维钧，这只是由于较少高级别的女宾出席之故。在法国勒布伦总统和夫人为新加冕的英王乔治六世和伊丽莎白王后举行的盛大国宴中，入宴行列是这样安排的。勒布伦总统领着伊丽莎白王后走在最前，随后是英王乔治和勒布伦夫人。后面是教廷使节和外交使团团长的太太苏查・丹他斯夫人，随着是苏查・丹他斯大使先生臂上挽着我。门德尔夫人（在嫁给门德尔以前原是美国的装饰专家爱尔西・德・伍尔福，传说是为了查尔斯・门德尔的门第而嫁的）急于看英国王后而推开我好望个清楚。她的丈夫,英国大使馆的秘书,把她拉回原位，说道：“别忘了你的举止，可怜的白种下民。你得排在大使们的后面。”宴会上的侍者看当场的盛况发了呆，竟然忘了为客人斟香槟。当英王陛下站起来祝酒时，他手里拿的是空酒杯，其余的我们这些人也举空杯相应。

从拉丁美洲来的大使们也急于考验我。我在外交庆典舞会上和这些大使跳舞时，他们常常把我搂得死紧，使我感到有趣。然而我怀疑那些镇静地作壁上观的太太们是否也会感到有趣。当然，维钧是从不注意这些的。

我大多数的好朋友都不属于外交界。其中之一是莫理斯·德·罗斯恰尔德男爵，他是有名的油画收藏家，尤好美女画像。他的“波尔第尼斯”（Boldinis）是颇负盛名的。莫理斯又高又胖又丑，不过我们是交际场中的好伙伴。他想说就说想做就做，这使我颇感有趣。对我来说这实在是一种奢侈品，只有到我老年退出社交圈子以后才敢享用。我几乎每星期都要和他一起吃午饭，事先就商定食谱，以便他能订购鲜美的食品，从他的庄园航运来的鲜菌，或是从英国来的德文郡鲜奶油和栗子在一起做甜食，美味可口。

有一次他请我陪他和他的情妇——一位公主去欣赏歌剧。莫理斯用一辆小型罗尔斯—罗伊斯汽车。我抗议说：“莫理斯，你又胖又大，我挤不进你和公主的中间。”莫理斯说：“噢，我让公主坐在地板上。”实际上，他竟让公主坐在和司机并排的前座上。

他想去个异乎寻常的地方度假，我建议他去上海。他十分欣赏这个意见，于是送给我一套从卡蒂埃买来极为美丽的粉红珐琅梳妆盒，内装盛化妆品的金瓶子和水晶瓶子。我去看他表示谢意，他说：“我有个问题，我是否要带着我的小女朋友？”我坚决回答说：“莫理斯，你去赴市长大人的盛宴时，你决不带着火腿三明治。”我把他介绍给我姐姐，她又把他介绍给上海城的最漂亮的中国小姐们。在她们之中，他被称为“冯·品彻尔[①]男爵”。

我从北京带来一名厨师，他是个年轻人，在北京公馆的厨师里是第三名。不过总是由他随我在夏天去北戴河，因为大厨师们离不开北京城里的朋友和麻将牌局。不久，这位年轻厨师的手艺就赶上了另外的大厨师们，

---

① Pincher，有“捏子”的意思。——译者

而且他更聪明好学。在巴黎，我让他学法语以便到烹饪学校学习。我们请客吃饭经常是准备法国饭菜，但我常常另上一道中国菜。

我曾经向莫理斯谈起中国烹调，他却直言不讳地声称我描述的菜肴把他吓住了。一样是燕窝羹。燕窝是一种特殊燕子的涎状物质粘成的窝，这种燕窝很难得，要爬上高崖才能找到，做菜之前要先发24小时，择净羽毛，再用鸡汤、火腿、冬笋、木耳等一起烹调。燕窝、鱼翅都是最名贵、最美味的中国菜肴。鱼翅也要先发好再用鸡汤煨，加上火腿、冬笋、葱、蒜等烹调而成。

有一天我在大使馆开午宴，请了莫理斯。维钧和我在可摆24个到30个座位的长餐桌上经常在餐桌中间对面坐。那天，莫理斯坐在维钧身边，和我坐对面。那道中国菜上的是鱼翅。他先吃了一点，并不知道是什么，又要了一次。在较大的宴会上要保证上热菜很不容易，我常常用四名用人同时上菜。莫理斯吃完第二份以后望着餐桌这边，招呼我这边上菜的侍者传菜过去。这个侍者把传菜盘端了过去，莫理斯把整个菜盘留在他面前，全吃光了。他说："蕙兰，真好，这是什么菜？"

我笑着回答："那就是我告诉过你的鲨鱼翅。"

"我的天！"这会儿我想也许他会感到不好受。可是他又笑了起来。"此味只应天上有，我以后再也不会拒绝中国菜了，我敢起誓。"

维钧总是非常忙，或者这么说，不能接受周末的邀请。可是我要带着我的北京哈巴狗和我的年轻女仆到巴黎各处名门巨宅去赴宴。

在法国，我平生第一次认识到，不论我是不是高兴，我有责任必须对人和善。我见到的和屡次宴请过的大多数官员，实在是些公然使我厌烦的人。然而我懂得如何倾听，面带笑容，装作颇感兴趣。我发觉在外交使团圈子里，妇女间的友谊是至关重要的，但是只要参加过任何一个常常激烈争吵的女性小集团，就会造成致命的错误。我不得不经常牢记在心，法国，以及别的国家，在很大程度上要根据维钧和我的表现来确定他们对中国的看法。我们是中国的展览橱窗。

很早我就从我的亲身体验认识到我们的任务如何艰巨。有一次到爱丽舍宫赴茶会，临别我请管事人召唤我的汽车。一般管事（像我们大使馆的王管事）都很敏捷，认识每位来宾的身份，懂得多种礼节。可是我坐着等了又等就是没有见我的车过来。我这才发现这位管事区分不清中国人和日本人。他去召唤日本大使夫人的汽车，而那里根本没有这么一辆车。如果说连一位一般认为是个中老手的总统府管事都区别不清，那就更不能指望普通的法国公务人员能弄清楚了。再说，谁管呢？

外交使团里我的好友之一是德·苏查·丹他斯外交使团团长的夫人，我早先就认识她。爱利司是个美国人，她的哥哥是《华盛顿邮报》的东家，犹金·梅叶，在和丹他斯结婚以前她是斯特恩夫人，因此法国人用这个名字的谐音开玩笑，称这位大使先生为恐斯特恩（畏缩的）大使。我和她常相往来，也颇欣赏她的美国朋友们开朗的友谊。确实其中有些人使我甚感厌烦，但我已经懂得装成很欣赏他们的样子。

有的时候我去某个公使馆拜访，开门迎客的是个穿得很蹩脚的女仆，接待的是一位手足无措的小公使夫人，我就重新体会初次的印象是多么重要。维钧和我作为中国的代表决不能稍有松懈，忽略我们的外表。美国大使威廉·蒲立德能不修边幅，也确如此行事，那只是因为美国当时是第一强国。一天，法国国民议会设盛大午宴邀请了所有外交使节和夫人。这种午宴意味着男宾要穿晨礼服，条纹裤和戴高顶礼帽，女宾要戴帽子，着手套，戴首饰。蒲立德用电话通知说他要晚一点来（这是允许的，因为我们都会有些事关政府首脑的紧急情况），于是我们在他到来以前就座了。当他出现时，身穿一套浅色哔叽便装，打浅色领带，不戴帽子，不戴手套，不穿大衣。德·苏查·丹他斯，我的宴会男伴转过身来，用不是很和善的口气对我说，这位美国大使似乎不妨穿着他的浴衣来赴宴。

还有一回，我们赴蒲立德大使的宴会，却不得不迟到。维钧于是向他解释，因为必须先去法国外交部会谈所致。蒲立德说：“你为什么不打电话叫他们上你那儿去？我就是这样做的。”

维钧和我正巧错过一次传说蒲立德真正不知所措的场合。他设午宴款待法国国务会议主席，他自作聪明，又邀请了这位国务会议主席（这个职位可与美国的国务卿相比拟）的亲密女友作为上宾。刚要开宴，出乎蒲立德大使的意料，这位法国国务会议主席的妻子驾到，她期待坐在她应分就座的席次上。座位卡要即席重新安排，客人们都在等候，因为那位亲密女友拒绝离开原座。全巴黎都在纷纷议论这件意外事件和蒲立德大使邀请国务会议主席的情妇所遭到的尴尬景况。过了几年，当这位国务会议主席早已下台之后，他决定带着这位情妇离开维希。他在夜间开车出了重大事故，这位亲密的女友死了，他本人却活了下来。

按中国人的思想方法来说，举止彬彬有礼包括伪装和优雅的言辞，着意掩饰你真正的内心思想。我受了一辈子的教育，要我控制感情，不可即时发作。在内心，我并非对人淡漠不亲，然而在我的公共社会生涯里却得到了这种名声。只有很少几个人能透过表象见到我这个真诚坦率女人的本色，对自己和所爱的人无比忠诚。

我从未想到在大庭广众之下公开批评我的丈夫。我见到许多西方妇女不时如此，而且并未因此受到责备。但在私下，如果我想到什么确有助于我们共同事业的意见，我就告诉维钧。有时他听得进去。有一次他听不进，结果几乎招致灾祸。

孙科博士，孙中山的独子，计划到巴黎进行正式访问，他除了自身的优越感而外，还自认是中山先生领袖地位的当然继承人。可惜他既缺乏他父亲的智慧也缺乏他父亲待人的魅力。我觉得这就使他感到我们要按他想象中应享的那种尊贵地位来款待他。

维钧为他安排一次午宴，邀请了若干法国的最高级的显贵，包括国民议会议长、里昂市市长赫里欧。平时总是由我安排座次再给维钧看一下，这次因为很重要，维钧亲自和秘书安排此事。他把赫里欧先生作为第一贵宾排在我的右侧，另一位法国显要官员排在我的左侧。他再安排赫里欧夫人坐在他的右侧，把孙科博士座位排在他的左手，男人中的第四个座席。

我理解孙科为人，觉得他很可能对在显要中被置于男人第四座席感到不悦，于是我向维钧建议在这种时刻不妨对礼仪稍作变通，把他的座位摆在按常规是我的座位上，而我则坐在他的右侧。维钧不同意。他坚持中国大使馆是中国地方，贵客应当是法国人。我想说服他，但是他不理睬我。

宴会一开始，我就知道我们犯了大错。坐在孙科对面，我看得出他的面色越来越阴沉。他很少和赫里欧先生及夫人谈话，对其他别人一句话也不说。他在用完甜点以后不等端上咖啡就走了，嗣后我没有听到他一句话，没有送过一束花或是一盒巧克力。我猜他一定向南京的蒋介石打过苛刻批评的报告，因为维钧几乎为此而去职。他连忙召请所有在欧的使节，包括当时驻苏大使颜惠庆在内，开会讨论。有报告送往南京外交部，我猜大概是向孙科道歉。不过他从来没有给我看过有关的往来文件。

我们到巴黎不久，中国政府拨出3000万法郎买下乔治五世大街上一所大而漂亮的私人房屋。维钧对派谁去选购家具和装饰内部颇费斟酌。他定了10万美元的预算，我建议选购古式的中法家具摆饰各半，混合陈设，一定很出色，但是为了办好此事，负责经办的人一定要回中国去采办。维钧勉强决定由我出差采办并负责装饰新大使馆。

时间因素十分重要，因为维钧要求在当时的财政部部长孔祥熙作为出席英皇乔治六世加冕典礼的中国特使到欧洲以前一定要完成装修任务。我找到一个法国经纪人，他有门路到各个艺术走廊搜求到大客厅里陈设用的路易十五时期的桌、椅、沙发等。但是我们需要从中国选购的部分还存在后勤供应的问题。

因此，我决定乘飞机。在1937年，商业航空事业还处于萌芽状态。只有少数阔人如张学良少帅有私人飞机及自己雇的机师。我在北京时，雅克・德・西伯尔伯爵及其夫人开自己的飞机从法国经过西伯利亚到中国，每晚停飞休息。我没有取道西伯利亚。我取道南线，经中东、印度，搭乘往往只有一个客座的小型机，又小又吵人，就像是用绳子绑、口香糖粘起来的。有时晚上住宿的旅馆很舒适，更多的时候我只能和衣坐以待旦，因为我实在不敢和那些跳蚤共同享用床垫。只要天气允许，机器无恙，每天一早起飞。

我敢说我是敢于尝试的头一位妇女，在今天我就办不到了。有一晚我睡在休息室的一张草垫上罩着一个肮脏的蚊帐（我们的无线电报员为我们做了一道菜烧肉片当晚饭，并把衣着整齐的我塞进了蚊帐）。分用着门外的一盏灯光，我在日记上写下：“这可不是为妈妈准备的旅行。”这也不是大多数妇女所采取的旅行之道，尤其是那些习于火车用专节，汽车用配备司机和跟班的罗尔斯—罗伊斯的妇女。不过这次旅行却是我生活中最可纪念的一章。

我一路常由于飞机的噪声振动而疲倦，耳聋、头晕，以及由于夜不成眠和食物的粗劣而感不适，可是我必须强打精神面带笑容，因为我受到各地华人有如迎皇后般的对待。他们把花束献给我，请我吃饭，开车迎送我。有些地方的人们在飞机降落场等候若干小时，只为看我一眼。

后来在飞行变得更舒适更随意的年代，我常常注视妇女们爬下飞机，就像她们从一国飞到另一国是做了一件什么激动人心的了不起的事。我几乎可怜她们没有体验过我那种长途旅行中原始的惊险感受。

我于2月10日上午9时20分离开巴黎的波日机场，头一天晚上在大使馆为我举行了饯行的晚宴。下面是我的日记。

“大使馆职员，陆军和空军武官和他们的妻子们都在机场为我送行，就是没有大使，我的丈夫。12时15分到达里昂，颠簸，下雨，有风。前往马赛，下午2时到，领事夫妇及法国机场负责人在机场接我。次晨5时起飞，陈领事送我去机场。我在零度气温下爬上一架摇摇晃晃的，没有暖气的水上飞机。我们后来在距拿坡里35英里的一个小而不起眼的空港降落。滞留两小时，换乘一架较小飞机。机师为了取悦我飞过科孚岛，真可爱，到处是柠檬、柑橘和紫罗兰。当晚住宿在一所简单但干净的旅馆里，房间里没有独用的浴室或厕所。

“次日，在机场冰冷的房间里待机。起飞。雨和大风。在距雅典35英里一个海岛上降落。再次在雨中起飞，气温零下9度。在喀斯特洛里宗着陆，很可爱的地方。岩石中显现出红色和蓝色的墙。法国航空公司的官员献给我美丽的花束。下午5时浑身冰冻抵达塔拉布鲁（的黎波里），在白雪覆盖的弯曲公路上驱车200英里经贝鲁特到达大马士革。又换乘一架破破烂烂的三引擎福克尔飞机经沙漠上空到巴格达，驱车4英里进城。奇丑而可怜的小驴，罩着肮脏面纱的妇女，破旧的马车，架鹰的男人，污秽的穆斯林，衣着破烂的贝都印人，阿拉伯人，肮脏的市场，挡你过路的带血的羊皮。欧玛尔·海亚姆[①]的诗令人难信是来自巴格达。底格里斯河是一道又脏又臭的河，两岸排着矮泥房子。食物不洁，咖啡浑浊和散发着羊膻气，卧室里满处跳蚤，唯一的慰藉是一次热水澡。”

其后：“乘我们桀骜不驯又吵又小的飞机离开巴格达。看到一架24客座的帝航大飞机，宽大、崭新、美丽。在布什尔降陆，糟糕的午饭，白脱像蜡油。再飞经异乎寻常的多石的荒漠，飞越遥遥的海面，看到阿拉伯的海岸，好多英里奇妙的石崖。借助于照明火箭在贾斯克着陆。非常原始，没有旅馆，不洁的休息室，侥幸的暖和天气。”

“到达卡拉奇，整齐清洁；大个子印度人送来可怕的食品。一架豪华的帝航八座客机停在我们的又吵又颤的铁皮笼子旁边。下一站停在焦特布尔，在飞机上俯瞰土邦大君的宫殿。焦特布尔的旅馆由大君建造并经营，颇豪华。终于睡上好床，但小狗嗥叫一夜。午餐时看到三个胖印度人，用很怪的英语交谈，发现其中之一是喀什米尔大君，驾驶他自己的漂亮毛特飞机飞行。到达加尔各答，不适。郑领事及萧先生开车来接，途中不得不停车以便我下车呕吐。次日到阿恰布（Akyab，在缅甸。译注），在公司代理人的精致小屋用午餐，再续坐颠簸摇晃的飞行到达仰光。蔡领事及诺夫太太来接应。”

其后：“仰光是个可爱的地方。在一个庆祝集会上，别人送我两把缅甸阳伞和一个缅甸银匣。当然我买了红宝石。真宝石40粒只卖15卢比。蔡领事和诺夫太太及中国侨领们到机场送行。”

接着：“曼谷，泰国。总商会会长来机场迎接。送我50个芒果和五个榴梿，奇臭而鲜美，蜜和蒜的混合气味，有足球大，皮上有巨大的刺。如果掉在头上能砸死人，但是老虎能剥开它并爱吃厚而多浆的果肉。我也正如此！再停万象，法国政府官员来迎接，请我吃晚饭，我以甚为疲倦而辞谢。再到达河内，由领事及夫人还有总督的侍从副官来接。已为我准备好旅馆

① Omar Khayyam，12世纪的波斯诗人。——译者

贵宾套房。”

我在河内为等候交通工具住了十天。这是个庄严质朴的法国城市，不像西贡那样轻松欢乐，而是灰沉单调，人们穿着深褐色的衣服。我在日记中评议：“法国和荷兰人用一种傲慢和鄙视的态度对待他们征服的国家，把那里的人民看成肮脏的奴隶。在法国总督的正式宴会上，上座都由白种的法国人占着，而那些穿着华贵绣花官服的安南朝臣却都坐在长餐桌远远的下手一端。连英国人对他们的殖民地考虑得都比他们周到些！”一位中国总领事馆职员的太太整天陪伴我，晚上就睡在我卧室门外的接待室里。中国人处处以最高的贵宾待我。

最后，我搭乘“一架小而又小的飞机，仅够装上我的行李和水果飞抵广西南宁。奇妙的省份，那儿没有乞丐，也没有高个子漂亮的男人。人人穿的是灰布衣服，玫瑰花大如碟，香气沁人，水果甜如花蜜，人民整洁有礼，没有别的地方能比得上。”

白崇禧是南宁的长官，但全省则在李宗仁统治之下。李后来失欢于蒋介石流亡美国，最后回到中国大陆在那里故去。白崇禧将军派汽车和他的副官送我到旅馆，再一次为我准备了贵宾套房。“备有卧室、会客室和浴室，可是床垫简直像装的是石头子。白崇禧将军和夫人晚上7时来访，在楼下一间单独房间备了丰盛的西餐宴请我。晚饭后，我和白夫人讨论节制生育问题，她结婚八年，生了七个孩子！”

“上午10时白将军和夫人在官邸请我吃午饭，吃这一餐够我饱三天。大个蒸螃蟹、辣椒、香肠、烤小鱼和肥嫩的蘑菇，最后还有大而甜的蜜橘。无论在北京或是上海，我没有吃过这样好的食品，这是来自得天独厚的好气候和土壤。他们希望我多住几天再到桂林省会一游。但我因为睡那种床浑身都硌坏了，我决定去广州。他们夫妇带着七个孩子坐汽车送我到机场。我没有给孩子们的合适礼物，只得不好意思地用红封套装了一张一百元的美金钞票给他们当礼物。在临行时，这位将军承认他和顾大使没有私人交往，请我把他的名字写一下！”

在广州，有刁作谦和弗洛伦司·文（Florence Wen），白崇禧的代表甘先生和夫人来迎接。甘夫人是一位很美丽的女性，刁作谦则是一位老朋友，南京外交部的代表，我在广州仍是白崇禧的客人。在一家饭店吃到鱼翅，非常美味，“我想我应当不再做这道菜了，因为我无论如何也比不上。”我开始采购物品，又留一天以便赴另一晚宴，然后乘晚10时开的夜班轮船去香港。在香港由弗郎索瓦·德·高尔苏伯爵和夫人劳拉（劳拉原姓夏尔，是爱达·齐亚诺的经常陪伴），东方汇理银行，以及中国、欧洲的朋友们日夜款待。我又会到我的亲密老友弗兰西斯·罗斯爵士，他在英国曾为我画过像。我看了他的作品，现在已全然是中国画法了。

两次去机场想搭飞机去上海都徒劳了，我决定乘船。同船的有我们的老朋友沙逊爵士，如我前文所述，他以为我已是个弃妇，所以不理睬我了。而到上海却有市长派专艇来接。欢迎我的代表队伍里包括我的两个儿子，真让我喜欢，嗓音深厚，长得都比我高了。

整个旅程用了20天。不久以前有人问我，在我一生兴奋而迷人的经历中有哪件是最光彩的。我马上回答，那就是1937年我从法国飞回中国的那次旅行。

1937年，中日战事再起，日本人向华北进犯，因此我没有去北京，但却把北京的一部分家具包括我心爱的18世纪制造，漆绘描金，挂着灯笼的床和餐厅的台架橱柜都包扎好运往法国。我还挑选了维钧小客厅和卧室里的一些古字画和家具运走。最重要的是把我的哈巴狗中的两只给我带了来，其中一只是死在巴黎的“宝贝”的崽子。我舍不得我其余的那些小狗。我无法知道它们和我其他的家具的命运。日本人占了我的大住宅，而在1949年以后则又由共产党接收了。我听说房子还在，不过情况究竟如何我就难以想象了。

我离家已有一年。两个男孩子一个14岁、一个15岁，都被妈妈出奇地惯坏了，她总认为我待孩子太严。她觉得教会学校的伙食太差，洗冷水澡对她的乖乖们简直太可怕了。于是给他们好多零用钱，好偷偷出校在摊子上买中式食品来补充学校供给他们的粗粝伙食。她在上海有自己的住房，是维克多·沙逊在上海的房产之一，一座新而富丽的公寓楼房中的一套，姐姐也住在那里。妈妈和我们同住的时候，曾把她的老女用人送回印度尼西亚她的家庭，到妈妈在上海住定，又把她叫来。她的确老得连做饭也担当不了，不过妈妈有她一起下厨房做菜，颇得其乐。

当然妈妈又老了一些。每次我和她别后重逢都感到这种变化。她对种花已不大感兴趣，对于烤面包现在也嫌“太麻烦”了。不过她的精神并未衰减，她的外孙们，尤其是我的两个孩子，使她情趣盎然。在维钧流亡加拿大，我和她住在巴黎期间，我生怕两个小男孩成天让女人包围着将来可能变得女孩子气，因此请了一位黑人拳师来家教他们拳击，当时他们只有3岁和4岁。那时妈妈以为我发疯。然而这项早期训练到他们上教会学校时却得到了益处。他们都成为拳击手，在一次青年会举行的卖门票的比赛中，福昌被选出来和一个从外国孩子中选拔的美国小男孩决一胜负。

妈妈为此非常激动，又怕他给打伤了，又盼望他打赢。福昌从来不肯输。他在巴黎上学时，有一次学校运动会要我为一项孩子们参加的赛跑买一个奖杯。我买了一个真银的奖杯，在送往学校前，在餐室里摆了一会儿。福昌年纪虽小，却决心要这个奖杯。我告诉他，奖杯不是给他的，是给获胜者的。他说，那我就一定要在比赛中获胜。他果然做到了。他还像妈妈那样对钱财很精明，这也是为什么她从心眼里偏疼他的一个理由。他积攒法国生丁(法国最小的辅币,百分之一法郎。——译者),谁也不想要的小钱，然后换成法郎。几个月的时间他攒起了近300法郎,他都放在他上衣口袋里。一天,他外出到树林里游戏,脱了上衣扔在地上,被别的孩子偷走了他的钱。他哭着回家，希望（我猜）他的眼泪能使我补足他所失去的钱。我说不行，他应当接受教训以后小心些。不过我猜妈妈一定心软了，给了他。她从来也拒绝不了他的要求。

我的姨侄鲍勃·简到青年会去看了这场比赛，带回比赛的故事，妈妈给我重复讲了好多遍，从不厌倦。和福昌交手的那个男孩比他大，可能训练也较好。福昌由于求胜之心很切，而且又在这样多的观众面前比赛，因此怯场，显得很紧张，他让对手打倒了几次。这时从教会学校学生们座席那边发出了裕昌的呼喊：“福昌，打他，不能让他打败你。”

福昌坐着定了定神，然后摆一摆头，立起来，打赢了这场比赛。观众为他反败为胜而大为激动，观众为他热烈鼓掌叫好。妈妈怅怅地说："我要在那儿就好了。"当然，即使是最钟爱他的外婆，那个时代的妇女们也没有去青年会看拳击比赛的。

我姐姐那时可说是风姿最盛。她一直是很丰满很好看。可是依我看有些过于死板。我的异母兄弟宗孝那时正和他的外室，一个年轻无经验的荷兰女子同居在日本，她长得挺黑。我知道琮兰对宗孝的正妻并无所谓，可是她却拒绝去看望他俩，我想主要是她讨厌那个外室女人的深色皮肤。我则高兴去看他们，到他们居住的公寓去享受那个女人所做可口的爪哇菜。我对新姐夫比对简崇涵更喜欢些。当然我们的关系大不相同，他除了尊重我是顾维钧夫人而外从没有其他的妄想。不过我能看得出姐姐仍然对他不时盘查。我的姨侄鲍勃·简不再和他母亲一起住，而有自己的公寓。我猜主要是要躲开她的利舌。我几乎每天去看妈妈时都见到琮兰，但是没有时间和别人交往应酬，虽说我这次在上海住了一个月。

我的主要目的是采购，我买了屏风和地毯，做帘帷和家具罩垫用的美丽的绸缎，两个小会客室的家具，客人房的床，能坐30人的大餐桌和配套的椅子。这是一份需要精力集中和组织，但却是我满心喜爱的任务。我记得每个房间的准确尺寸，每一把椅子，每一张地毯都有它的适当去处。我搭配好每间屋子的装饰织物和地毯。有一个下午孔祥熙博士陪着我选购，给了他深刻的印象，于是他要我对他计划中选购赠送英王和王后的几组屏风加以审定。

我的得意收获是从一所古寺中买到的有500年历史的一尊琉璃佛像，有15英尺高20英尺宽，正适合嵌入餐厅的一面墙壁。我在帷帘椅垫的织物中和黄色地毯的花纹中都配上与佛像长袍相称的美丽蓝色。还有一项是一对古老的陶制大龙；每个有10英尺高，用来装饰前厅。

孔博士邀我与他同乘"维多利亚"号轮船回欧洲，他此行是去参加英皇加冕典礼的。孔夫人不和他同去（风传宋氏姐妹都不愿向任何君王行礼），不过他携带女儿和儿子随行。我们于4月2日起航。两个儿子未到船上送行，因为我在头一天晚上已经和他们话别，看着他们回学校就好像丢了魂。另一桩难受的事是又和妈妈离别，不过似乎她还安心于她的小天地。

孔夫人和蒋夫人都到船上来为孔博士送行，祝他一路顺风，我又记在日记里（那一段我似乎记得比较勤）："蒋夫人摘掉手套和我握手。"真是难得的荣耀。在香港，我和何东爵士及夫人共进午餐。再继续航行经马尼拉、哥伦坡、孟买、那波里，于4月26日抵热那亚。我们在那里登岸，离英皇加冕还有三个星期。我差不多已离欧三个月。维钧在热那亚迎接孔祥熙，我带着小狗乘火车到巴黎。维钧陪孔在热那亚逗留一周，然后坐汽车回巴黎。

不久，交运的东西陆续到达。一张黄地毯四边织着龙纹，正好铺在60英尺×30英尺的前厅地板上，和把在门口的一对陶龙相衬托。我在天花板上挂起两盏6英尺的大吊灯，一盏在前厅，一盏在大厅的中央。在上"一楼"的盘旋法式楼梯上，我铺了一块古老的中国地毯，那是我几年前在上海买的，由于没有找到适当的用处，一直存在仓库里。

从楼梯登上"一楼"（这是按法国说法，其实就是二楼），有三间屋子——一间是大客厅，家具装饰全是路易十五世式样；两间小客厅，一间是女客用的，另一间是为男客人饭后喝咖啡和甜酒用的。我用买来的金丝织锦缎做大客厅的帷帘，用紫色带金线的天鹅绒做沙发、椅子的罩垫。"二楼"是餐厅；"三楼"包括我们的卧室、起居室和客人房。

当我完工后，我去维钧的办公室对他说："你知道我干得多辛苦。你要不要来看一下我的成绩呢？"

也许他为我打扰了他而不耐烦。也许他脑子里还有更重要的事。也许他是老老实实，我只看到他静静地把一切都端详了一遍，然后说："你浪费了10万美金。这简直是个四不像，一点不讨人喜欢。"

我简直完全垮台，然而一点办法也没有了。钱已经花完了。我参加茶叙，我出席餐聚。但是我取消了原来计划中为新大使馆所举行的一切活动，借口我还没有完工。最主要的是我惴惴于孔祥熙的来临。他要到巴黎会见法国政府首脑，但也要来看看我是怎样装点新大使馆的。

到他来临时，我已毫无信心，甚至讲不了一个女主人在这种场合下应当说的普通恭维话。他和维钧两人单独走上楼，我假装要和王管事说话而留在后面。最后我到大客厅里去等他们。孔博士走进来时，面带笑容。他对我说："这是我见到的全世界最美丽的大使馆。它真正反映了中国。"就在我正为解除忧虑又惊又喜而缓一口气之时，这位和气的孔博士指责一位把头向后靠在椅背上的年轻侍从副官说："年轻人，当心你在干什么。你把顾夫人的美丽路易十五世椅手蹭上油了。"

维钧仍然一句话也不说。过了几天，一个中国立法委员代表团来到巴黎。我受托为代表招待他们和夫人们。我尽责地带他们观光了巴黎，然后送他们回他们住的旅馆。我回到大使馆，走上楼如常向我的丈夫报告谁跟我在一起，都干些什么。

他问："你为什么不领他们到大使馆来？"

我回答："因为你说过，它一点也不讨人喜欢。我想这不值得浪费他们的时间。"

这是一个小小的报复，我不知道他懂不懂得。

在孔博士离开巴黎以前，我们为他举行一次招待会，请了大约1300名客人。迎来送往，我一共握了2600次手，如果有什么和大量人群握手的诀窍的话，我可从来没有学到。不过当我看到人们穿行大使馆，不像平常出席招待会那样互相闲谈，而是注视、抚摩、轻柔而敬重，就像进了博物馆似的，我衷心感谢。

十八

几番风雨

按照中国外交界内部人士的说法，任何人第一次访问一个中国驻外大使馆或是公使馆，就会见到一位年纪和她丈夫相仿的外交官夫人。第二次再去访问时，发现外交官夫人的年纪要比她丈夫年轻20岁或30岁。

我生活在一个中国妇女正在为从长期封建压迫的枷锁中解放出来而奋斗的时代，这种压迫是西方妇女们从未经受过的。我看到上海商店里的女售货员力图模仿美国电影明星的派头，穿着奇形怪状的仿制服装，头发烫得弯弯曲曲，就像非洲土著的少女。现在我观察外交圈子中的那些小老婆们，她们看到外国妇女所受的待遇，就起来造她们这种处境的基础的反。由于在中国，除了经双方家长的正式同意外，离婚一事是得不到社会承认的。因此，小老婆们的解放就需要玩弄花招。正式夫人给打发走了，一般是回到娘家，而那原先是二太太的小老婆却留下接了正室夫人的位置和权威。事情就是这么简单，而对合法的正妻说来只有羞辱。

但与此同时，许多妻子也不再逆来顺受。坐视她们的丈夫讨小老婆。

妈妈在她的时代里要算是开通的妇女。她厌烦父亲的小老婆，特别是看到她们生的男孩子接管了父亲的家业就讨厌。她离开了父亲，但从不考虑离婚。在这件事上她是十分正统的中国人。她一辈子是父亲的法定妻子，是用大红花轿迎娶到家的正室。而我是我妈妈的亲生女儿。

我也有些男性朋友，只是朋友而已。英国人比尔·利克特——类似英国的秘密的基辛格——首先是来找我，而不是找维钧，谈他揭露日本人阴谋，设法拉美国人参加大战的计划的。我拒绝听取他的详细计划，我不想知道这些。但是我报告维钧说利克特有一份秘密计划。维钧让我带利克特去日内瓦，在那里他见到孔祥熙并与之商谈。孔对他的计划也深感兴趣，但是不能从蒋介石那里取得实施此项计划所需要的经费。利克特之所以先来找我，是因为他和我、妈妈和姐姐认识多年。他就像我的一位长辈，我和我的孩子们在英国时，常常住在他的乡村别墅里。

1938年，我乘“玛丽王后”号轮船去纽约看我的母亲和姐姐。那次约瑟夫·肯尼迪，当时是美国驻英大使，也在同一艘船上。他有一套大房舱。他常常邀我到他单用的餐室里用晚餐。船靠码头前，船上的事务长粗鲁地叫我排到“外国人行列”中交验护照，这时是肯尼迪纠正了他，尊重了我的外交特权。还有《芝加哥论坛报》的主人罗伯特·麦考密克、斯克里普斯·霍华德出版集团的霍华德和1940年美国总统选举时竞选共和党提名的温德尔·威尔基，对我都很和善。还有一些男朋友年纪轻得可以做我的儿子，包括小约瑟夫·肯尼迪及孔祥熙夫妇的爱子孔令杰。

如果我对不正当的恋爱有兴趣的话，我是有条件做出这类事情的，可是我自身的尊严不允许这样做。我已结婚，还是两个儿子的母亲。虽说我丈夫并非经常对我很和善——实际上，他往往甚至对我很尖刻，使人不快——我也从未放纵自己起过搞这类事的念头。我丈夫有一次责备我对待外人“太随便”，那是在利克特领着几个别人来和维钧讨论他的秘密计划之后讲的。我听后甚感震惊而寒心，利克特是个老朋友，我对他的接待只是出于礼貌而已。

维钧则不然，他对待某种类型的女人并不止于礼貌。他存在可笑的弱点。他喜爱明显而笨拙的谄媚，听了能使他兴奋得脸红而吃吃痴笑。在中国的时候，尽管有些年长于我的妇女暗示我，我总觉得维钧不致深深陷入不正当的男女关系，因为他对自己的形象估计得非常高。但是在巴黎，我发觉我太天真了。我丈夫两次从事于这种事情，不仅是我，而且是整个欧洲的中国人社会都有所议论。

维钧以机智聪明著称，他能从任何窘境中脱身；我猜他一定自以为他也能隐瞒他的这类事儿。（他是个机敏的外交家，因而只要有了微妙棘手的问题，就会叫他去设法解决。例如，有一次在伦敦召开一个三人会议，由中国驻法大使顾维钧、驻英大使和宋子文组成。但我们的老朋友罗伯特·何东爵士的出现造成了困难问题。他主观地要求旁人承认他也是会议代表的一个成员，因此他不仅跟着出席每次的会议，还在旅馆的餐厅里以会议代表的身份在账单上签字。宋子文对此很生气，要求维钧设法解决这个问题。出乎维钧意料的是，他向何东指出他不是会议成员时，何东却提了个反建议：指派他为三人会议的名誉成员。这简直是厚颜无耻。然而何东在香港很有地位，对他不能直截了当地告诉他说他的建议无从考虑。维钧说他将考虑如何处理此事。最后他想出一计，既能顾全何东的面子，又能摒除他于会议之外，维钧对何东解释，由于何东是受英国政府封为爵士的，因此不可能包括在一个中国会议的代表名单之内。何东爵士得到了抚慰，同时他也理会他必须置身于会议之外）。

他对我用的手段则是完全抵赖。不论事情如何进行着，不论他的行动如何明显，我总是那个犯疑心病的有过之人，而他则是个神经过敏的女人的牺牲品。

1938年，我在纽约期间，孔夫人就住在华尔道夫旅馆。她邀我去，我几乎每天去看她。她是个了不起的妇女，稳重而自谦，但是很有智慧。她从不突出自己，乘汽车时总拉上窗帘。但她对中国的献身有如一位女王。

我终于向她吐露由于维钧的行为我是多么痛苦。她同意我的看法，这种情况令人难以容忍，但仍劝我要有信心——这一切都会过去。我真羡慕她对上帝能解决一切的深切信念，不过我还是答应回巴黎，对事情寄予希望。

那时期维钧的长子在纽约，但我生的两个儿子都在巴黎上学，而维钧的女儿菊珍在英国上学。她常在假期或“长周末”到我们这儿来。可是即使她在那儿的时候维钧也不住在家里。有一晚我在日记中记下："这位风流大使又像个夜行人一样溜出去会他的女相好了。"

菊珍正在经历着心理上的艰难的转变。她从她父亲那里遗传了一副好脑筋，但她自信心不足，以致穿得很不讲究，不注意自己外表，邋邋遢遢。我想她希望能和她父亲在一起多待一会儿，这正是他不能为她做到之点。

有一天，她正郁郁不乐，我决心对她坦诚相见。我说："菊珍，我不愿意当那种已经成为人们话柄的后娘，不过你可以听我的话，也可以不理睬我。如果你想做我的女儿，你一定要先去找牙医把你的牙整治好，跟我一起去理发店洗头烫发，然后让我帮你去买新衣服。"

她把自己锁在屋里哭了一场。我为她难受，尤其因为她父亲对我们俩都不摆在心上。不过她很快就明白我的话是对的，成了我的爱女。从此以后，我们建立了亲密的母女关系。

我很为她自豪。她的许多成就来自于她自己的智慧，不过我认为我也教会了她一些本领。她跟我的厨师学会了烹调，现在她比我更懂得做中国菜。有一次为了欢迎中国的大主教，我举办了600人的大招待会。我让她操持一切，包括中式和法式的食品。在大管事和厨师的帮助下，她把所有的事都办得十分完美。虽说她现在的天地里不需要她举办如此规模的盛会，我仍为她能有那种经验而高兴，我想她自己也一定如此。

1940年，她在英国完成学业以后，她自己决定回到中国参加抗战工作。她在重庆生活，1941年和一位她在那里遇见的青年人结婚。他出身名门，叔父继维钧之后任中国驻法大使。她的结婚嫁妆包括一条肥大的棉裤和一件相配的棉袄，这和我平日为她挑选的服装何啻天壤。他们现在住在纽约，这场婚姻非常美满。他是位科学家，而她已在联合国工作了28年。她于1947年开始在托管部任研究人员，目前在主管非殖民地化的部门担任非洲处处长。她负责研究和报告有关仍处于殖民地状况下的葡属地区、安哥拉和莫桑比克、南罗得西亚、纳米比亚（也通称西南非洲）等地的政治情形。他们为我添了两个孙辈，一男一女。这个外孙女现在住在瑞士，不久以前又添了小孩，使我当了太外婆。

我希望对维钧直截了当，但是我无法打动他。他就像着了迷。我只有一招，嘲讽并有意不理睬那个女人和她的丈夫。我日记中记着：“有一晚维钧招待使馆人员茶叙，转而赌起扑克。我先睡去了，而他们却在我的小客厅里（维钧喜欢在那儿打牌）一直打到深夜。第二天早上我埋怨他们吵得我一直睡不着。维钧却只说，我在北京时的聚会也经常让他无法入睡。”

就在几天之后，另外记着一段：“我从外面回来，看见那对夫妇和他在大客厅里。我没有进去而待在小客厅里。很快他走进来，装作向我要点糖果，而我一点也没有。过了一会儿，男的回家了，而女的却留下来陪他玩扑克牌。”

“第二天早上，他竟敢埋怨我对那对夫妇太不讲礼貌。我一针见血地对他说：‘难道我应该欢迎你的情人？’他愤怒地否认她是那种人。我没有再议论。”

我继续和他们一同外出，为什么我已记不起来了。日记又记下几天后同去歌剧院的一段当时的评议：“我真是烦恼而不幸。我看着这位风流大使穿着燕尾服打着白领带满面笑容地朝着那个女人，她身穿一件镶着不起眼的廉价皮毛滚边的丝绒外套。我穿着我的貂皮斗篷。摄影记者们纷纷来给维钧和我照相，不理睬那对夫妇。”

孔祥熙博士一直和我合得来。他到巴黎我们一起步行时，他总是让我挎着他的手臂，并说：“我知道你不喜欢我走得慢腾腾，但是你年轻而我已经老了。挎着我的胳膊假装我伴送你。”他那时还不算老——大约55岁到60岁光景——不过他的确有发胖的趋势，因而他非常习惯于穿宽大舒适的中式衣服而嫌西装的领子和领带太憋气了。

我知道他一定能理解我的问题，何况我已经告诉过孔夫人，因此我向当时已回到国内的他写信，请他把那对夫妇调离巴黎。在战争年代，向重庆通信最保险的方法是找美国人，我求了一位美国海军上将给我带信面交孔祥熙博士。不久以后，这位先生就调走了，他的妻子当然和他一同离开了。她至少在一个短时期内从我的眼前消失了。

经过上海战争的兵燹的人说，那种可怕的经历实在令人难以想象。中国人守了3个月，代价十分惨重。日本人烧杀轰炸，至少死了45万中国人。

如果不是我到临头发出警告，我的母亲、姐姐和我的孩子们恐怕都要遭此浩劫。

我1937年到上海采购的旅行结束后回巴黎不久，中日之间的局势越来越险恶。也许我们在巴黎比处在当地的人更能感到危险来临。这是我对为什么我的家庭不离开上海的唯一解释。我一再去信，但杳无回音。时间一天天过去，我急得要发疯。夜里根本睡不着。有一天晚上我出席德维勒饭店的音乐会和晚宴，不得不戴墨镜以掩饰我的黑眼圈。蒲立德大使开玩笑地说："你为什么藏起你美丽的面庞？"我把问题告诉他，说我恐怕家里没有收到我的信（后来发现我猜对了）。他自告奋勇说他一定将我的信送到。一位美国海军上将亲自将我的信面交给我姐姐。直到那一刻，她还没有觉出局势的严重。她的儿子把我两个住校的孩子接回来，全家设法弄到船票去往香港。上海开航时船上拥挤不堪，而到了香港后，这个都市已经挤满了逃难的人，他们只能睡地板或是住在旅馆的走廊里。但他们总算安全了。我的母亲、姐姐、姐姐的女儿和维钧的长子去了美国。我的姨侄鲍勃·简去了巴西，他希望离开他的母亲自谋发展。我的两个儿子搭乘一艘法国轮船，在船长的亲自照料下来到巴黎。我已设法找了法国政府办好手续。

我不知他们要在哪个港口上岸，不过他们在到法国后给我打来电话，我到巴黎的火车站接到他们。维钧全部心思用在从中国来的消息上。日本人决心要吞并中国，中共虽说口头答应合作，但他们实际帮不了什么忙。蒋介石知道必须取得国外援助。

美国虽然同情中国，但不愿被"卷入"。直到1939年美国政府才通过对日本禁运废钢铁法案，日本人当然是用来制造子弹的。希特勒、斯大林，还有墨索里尼成为对英、法的严重威胁以致中国的问题得不到重视。日本人1937年入侵中国东部沿海地区，迫使中国政府从南京迁到汉口，再迁到一个遥远的内地山城——重庆。

与此同时，当我的婚姻摇摇欲坠，当各条战线上战争一触即发之际，巴黎依然欢乐如常。温莎公爵和夫人在1937年6月结婚，成了人们议论的重点。我觉得法国人对她不够好，在接待贺客的队列时，法国人向公爵请安而对她只是握握手。在美国大使馆为新婚夫妇举行招待会时，蒲立德大使甚至没有和他们站成一行来欢迎前来的客人们。我发现公爵夫人很妩媚而随和。她曾经在北京待过一阵子，还记得几句中国话，如“仆欧，再来点香槟”。她参加我们的晚宴时，能灵巧地使用筷子，还笑话她的丈夫，因为他用了几分钟筷子，手指头就伸不开了。不过我没有向他俩中任一人行请安礼，因为我觉得只向公爵行请安礼而不向她行请安礼等于侮辱。

我的日记还记着：“在1938年，欧洲又为战争恐怖所笼罩，温莎公爵独自应邀到我们大使馆来吃晚饭，为了安全他已经把公爵夫人送往美国。他还劝我也去。我不愿离开巴黎，但我们总算张罗好把两个儿子送上一条开往纽约的轮船，到了那里他们可以进大学学习。巴黎马克让耐学校的校长告诉我，他们俩都合格。我看着他俩起航，还背着防毒面具。轮船上很拥挤，他俩只好睡在摆在游泳池里的行军床上。”

我还记下这个时期在巴黎：“车站上找不到脚夫，挤满了哭泣的妇女和穿着军服去往前线的男子。”我记下了希特勒、张伯伦、墨索里尼和达拉第的会见；还记下了我从芒鲍舍尔买了两件新衣，还买了一辆新别克牌汽车。

又过了两个月，1939年在巴黎发生大罢工，坦克奉命出动。但我去了伦敦一次，看到那里一切都“依然熙攘欢乐”。

在巴黎，客人们来来往往。中国驻俄大使观赏歌剧，我不无困扰地记下：“他打着白领结却戴一顶圆顶常礼帽。还有一位从费城来的‘美国疯子’名叫明尼·卡萨特，是画家玛丽·卡萨特的妯娌。她爱上了我，要我一定去美国，住在她家中（我去过了。每天晚上管家和听差的都要把醉得人事不省的她抬上床。她的红宝石、钻石项链，手镯和耳环一路撒在过道里和楼梯上。可是每天早晨“她醒来又活蹦乱跳”成为一个可爱的同伴了。当我1941—1943年在美国时期她成为我的一位好朋友。不幸的是，正像我许多别的好朋友，她业已去世。她是在床上吸烟失火烧死的）。”雕刻家乔·戴维逊给我做了一个陶土头像。我在日记中记道：“我一天又一天地坐在那里摆样子，把我累坏了。他也几乎要放弃了，他似乎没法把我塑得看起来是一个中国人（他最后终于完成了，头像现在摆在我的起居室里）。”

我们和法国总统勒布伦和夫人一起到朗香看赛马。由于我们的品级，“坐在总统包厢里，并在特设在背后的隔间买马票，那是专为特殊人物们准备的。少量的美味食品和饮料从背后的冷餐柜台不时送过来。”我还参加过一位有钱的美国人举行的舞会，和道格拉斯·范朋克及玛丽·壁克馥夫妇合影。那是在他们离婚之前不久的事。我还记下我的一位朋友B伯爵夫人的一件可怕的经历。她应邀和U夫人及U夫人的男友P先生乘U夫人的司机开的豪华轿车去乡下，几乎被P先生强奸。U夫人不仅不帮她自卫，反而帮她的男友撕伯爵夫人的衣裳。伯爵夫人半裸着从行驶着的汽车里跳到车外，汽车继续开走了。所幸她跳车的地点靠近一家乡村咖啡馆。咖啡馆的人帮她买了蔽体的衣衫，向巴黎打电话召来汽车接她回去。我在日记中的结束语是：“总算好，由于我的地位，这类不可思议的历险没有轮到我身上！”

我在大使馆雇了20人，一半法国人，一半中国人。王管事还是大总管。我们的外交往来酬酢一直继续着，直到最后人人都匆匆忙忙离开巴黎。我在日记中写道：“做大使夫人一定要有强健的体格。”但加了一段说英国大使德夫·古柏的夫人（她早先是戴安娜·曼纳斯贵夫人，曾在“奇迹”中演出）“似乎很节省精力，她从不去她会感到不称意的地方以免麻烦。甚至在她自己主持的聚会上她也只站在一边和她喜欢的人谈话，从不给别人做介绍”。

我还埋怨乏味的聚会：“没有身价的一群，不见经传，无人知晓；一滴茶和橘汁也没有。”还有饭菜，“该热的不热——管理很坏，不可原谅”。我又记着另一处宴会，“那些老公主、老公爵夫人们跌跌绊绊地向我请安”。回忆起波兰大使“款待太奢华，举止太像个王爷”。我提到一次去波兰大使馆作上宾，“30位客人和令人诧异的众多跟班，酒食都极精美”，回家后却“看到中国来的战事消息很坏，日本人要并吞我华北五省”。

此后不久宴会就终止了。到1940年6月中，法国的陷落已成为可悲的现实。在法国人崩溃的最后时刻，日本人迫使法国人关闭了从河内到中国的滇越铁路，而一部分是由20万中国男女老少用人力从崇山峻岭中挖出来的通往西方的中缅公路也被关闭了。

形势对蒋介石很不利。日本人占领了天津、北平、上海、杭州、南京和广州。英国人注意到日本人在广州距离中国香港和新加坡只有咫尺之遥，可是他们太一心关注欧洲局势，以致毫无作为。罗斯福总统送了100万美元救济遭受轰炸的中国受难者，并决定将太平洋舰队驻扎在夏威夷基地以牵制日本人乘机利用欧洲的危局。但这远远不够。

蒋介石不肯认输，他在被迫后退的同时炸开了古老的堤坝，淹没了大片土地。在中国那是勇气很高的时期。我和蒋委员长不相熟，因为他不重视社交。他的膳食很简单，只用15分钟就吃完饭离开饭桌，除非有贵客在席。即便如此，他也不再多吃或多喝一口而只是有礼貌地作陪到餐毕。我对他一直很称羡。我却看见他的亲近之人妄自尊大的行为。在第二次世界大战后，我们驻节华盛顿时，他的一位女亲戚访问华盛顿，不住在大使馆，使用维钧的汽车和黑人司机供她的夜生活之需。她常常把司机留在宴会所在或是俱乐部之外一等好几小时，直到她尽兴回家。这至少是太欠思考，因为司机第二天早上就要为维钧开车。一晚，司机生气就开车走了。第二天晚上她对司机说："你下次再敢这样，我就枪毙了你。"他说："夫人，你不是在中国，而是在美国，黑人也有他的权利。你休想开枪打了我之后能逍遥法外。"他向我复述了这件故事，我一直为他能说这番话而称道他。我认为蒋为人直率忠诚。尽管有许多关于他的亲近之人做出种种错误行为的传说。他对于私人财富和自身安逸并无兴趣。他需要的是军队和供养军队的钱及装备军队的现代化武器，但是他仅仅为了中国而关心。

1941年12月7日，他对总有一天西方会来援助他脱出困境的信念终于证实是正确的。日本人偷袭珍珠港，美国终于参战。对这个局势的转折，我和福昌在一年半以前就知道了，多谢许隆湖畔的那副灵应乩盘。

十九

第二次世界大战：巴黎和维希

战争使人全变成野兽。可是，日本人当年在中国虐害我们同胞的事件，听来却实在令人震惊，以致我怀疑自己是否还能再对日本人保持客气了。为警告其他人，他们把有名望地位的人全挑出来予以特别处置。我的一位颇负盛名的前辈友人唐绍仪——也是维钧已故前妻的父亲——脑袋就被一劈两半了[①]。唐自息影政坛后，便一心收藏精美的玉器、古瓷。这么一位真正君子，竟遭到如此结局，想起来我就痛心。

我们那时若在国内，性命恐怕也难保。我女儿菊珍很有勇气，回国全力帮助祖国抗击强敌去了。我住在战时的巴黎和维希，生活其实并不安逸，只是远不至于无法忍受或担心害怕。我很清楚那里就有人受着虐待，纳粹对犹太人的迫害真是惨不堪言。不过，作为中国大使的夫人，我的地位使我免于法国人所遭受的苦难。德、中两国没有交战，所以德国人待我还算谨慎有礼。我要离开巴黎去维希时，拿到通行证毫无问题，还能得到食品券和汽油票。战时物资短缺，这是事实，可是我从未饿过肚子。只要有钱，

① 是国民党特务暗杀的。——译者

到普鲁尼埃那样的豪华食品店，总可买到各种高级的罐头食品。法国人惧怕德国人，无疑有一定的缘故，但德国兵对我总是彬彬有礼。那些豪华的商店引得他们常去光顾，可是一见我来到门口，他们就闪到一旁，请我先进去。

就在法国刚刚沦陷时，我在距西班牙边境只有几英里远的圣让德鲁兹小住了几天。我住的那所别墅原为英国人所有。他们事前就恳请我来住下，免得房子被德国人占去。英国人离开时极为匆忙，连早餐用过的碟子都还摊在桌上。我来时带两个保姆——我的女仆和王管事的妻子，还有三只哈巴狗。我那只样子特别呆愣的小黑狗动不动就蹿上阳台，冲着大队走过的德国兵吠个不停，害得两个保姆整天担心。不多久，那里局势就变得糟糕起来——市场索性关闭，汽油也买不到——这样我只好回巴黎。维钧那时已随法国政府迁到了维希，与王管事和几个秘书住在一所拥挤不堪的旅馆里。

驻巴黎的各国使馆实际全搬空了。要说有人住，我大概就是唯一的一户。我们那位波兰司机住在使馆外，剩下的使馆人员只有一对年迈而腿脚不便的法国夫妇，一个是看门人，一个是女仆。他们住在楼下。楼上两层是餐厅和客厅，全部封闭。我把两个保姆安置在第三层楼我房间对面的客房里。再往上几层是办公室，也都闭门上锁。时值严冬，我们无法生暖气。幸好我的起居室内有座壁炉——我猜想维钧为此才特别喜爱这间屋子，并常携情妇前来。每过一星期，那对可亲的法国人就在炉上为我烧一次水，这样总算有点儿热水洗澡。

晚上，全城灯火管制，驾车也不准开灯，我只好闭门不出。巴黎那时满街跑着老鼠，又肥又大，到处都是，谁也不去管，结果老鼠便侵入住宅。司机每星期要设法把它们从汽车房清除出去，但它们很快又跑回来。我的哈巴狗特别怕老鼠。有天夜里，一群老鼠竟闯进我的卧室，爬上窗帘。我一下抱起那只吓坏了的小狗，尖叫着呼救。最后那两位法国老人和司机赶到，设法把老鼠全打死了。

白天我就去逛逛商店，买一点还能买到的东西。到晚上，我就钻进起居室，一面提防老鼠一面读书或听法语广播，有时就睡着了。

我那可怜的小裁缝是个犹太人。她战战兢兢地找到我，求我替她保存她珍藏的一点法兰绒、花边和绸料子，她要远走他乡。我没问她去向——当时也不便问。但后来她丈夫来取那几捆衣料时告诉我，她被送进毒气室害死了，而他是设法逃出来的。那时候，人人生活在疑虑、谣言和恐惧之中。若是有一丝灯光从我遮光窗帘中透出，警察就按铃找上门来，我就得亲自下楼应门，因为那对可怜的法国用人一天到晚胆战心惊。他们惧怕德国人，尤其惧怕警察。我常牵着狗穿过布洛涅森林公园，看见人们拣树枝当柴火，或者——那些胆大些的——上树锯树枝。爬树毁枝逮着就要坐牢。但是天气寒冷，生计无着，逼得他们只得如此。

我觉得自己仿佛就在地狱的边缘徘徊。不过，正如我所说的，我们使馆的中国人毕竟没遭受什么战争冲击。坐落在森林公园的母亲住宅被军人占去，做了一位将军的指挥部。我曾多次听过士兵如何糟蹋被征用住宅的可怕传闻，而且这种事我也经历过。我北京的公馆当年就被占驻的军队粗暴地毁了。不过，母亲住宅的事我倒无须担心。这位将军把房子保持得既完好又整洁。其所以如此，大概又因我们是中国人。柏林遭轰炸后，中国驻德大使的儿子到巴黎来任使馆随员，家具和衣物却留在中国驻布鲁塞尔大使馆。他找到驻巴黎德军指挥部，问有什么办法租辆卡车把那些东西运到巴黎。他这一请求一直转送到主管巴黎驻军的一位将军那里，而这位将军正好到过中国，当过蒋介石的军事顾问。于是，他亲自下道命令，让手下人把这位年轻人的东西捎上军用卡车运到了巴黎。

战时生活，若比起我平时作为大使夫人所过的生活，真有天壤之别。经过战前那种过于侈靡的酒宴应酬岁月，再过一种俭朴的日常生活，对我来说毋宁是一种解脱。当初，酒宴舞会，珠光灯色以及外交礼节，桩桩件件令人心旌激荡。我颇为得意的是，我们能保持中国大使馆的规格，宴客总有盛馔美酒，而且招待又那样得体。然而很快就厌倦起来，团团人群把你淹没其中。再者，法国沦陷后，我也能腾出时间想一想，我生活中到底做了哪些事，没做哪些事，想一想我同母亲、姐姐和孩子们的关系。

我也非常挂念顾维钧。维希那地方挤满了人，物资比巴黎更匮乏。不过，这艰苦日子倒使维钧对我更加体贴入微。我偶尔要乘火车或坐上那辆小型双排座别克车，带着从食品店买到的罐头，去维希为他改善伙食。他吃的远比我差，但他告诉我不要送，因为这些美味他不能自私地独享而撇下秘书们不管。何况那八九个饥肠辘辘的壮汉要分吃一小听肉糜罐头或虾罐头，很难说能起多大作用。若是知道还存在这样的豪华食品，怕只能使事情变得更糟。

维希自罗马时代起就是疗养胜地。仅有的两座旅馆全被我们大家挤满。我相信其中就有法国未占领区政府的总理贝当元帅。尽管条件如此，我们照样在卧室里款待客人。母亲和姐姐从美国寄来的食品到我们手时，剩下还不到一半。大约沿途的邮递人员饥饿难忍，禁不住自行享用了。我也无法责怪他们。实在说，外交使团享有种种特权。汽油富裕的时候，外交官们总要派出大小汽车去瑞士采买食品。可是后来汽油实在难弄到手，于是不可能再定期派车出去。况且，要买的食品即便在瑞士有时也很缺。巴西和阿根廷大使馆从国内运来整扇的肉，然后分给各个使馆。而我们的驻葡使馆偶尔也会送来一听咖啡粉或黄油，但饭菜可是我这一生中最单调的了。各国外交使团同甘共苦，互帮互助，结下深厚友情，反而比以往开茶会，通电话，设午宴、晚宴更能加深彼此间的感情。有时，我们打发司机骑自行车到乡下转转，看有什么可买。如果买到鸡蛋——小时候母亲为增强我的体质，总用生蛋喂我，一想起这情景，我再饿也不愿意吃它——我就把自己那份送人。同样，哪国大使碰巧找到畜心或他认为不能吃的其他部位，也总是送到我这里喂狗。

在维希，简直见不到茶叶、咖啡、肥皂和沙拉油。床单每月至多换上一次，因为肥皂奇缺。一星期中，最开心的是周六的晚宴。美国大使威廉·李海和夫人做东。这对夫妇有一所在维希屈指可数的私人别墅。每星期，他们就邀上两三对外交官夫妇去吃晚饭。那可真是让我们眼睛都瞪大了的“盛宴”。我们吃到了罐头肉食和罐头蔬菜。末了，居然还有冰淇淋。这就像我小时候在三宝垄，每星期吃一次冰淇淋作为特殊款待。我不知道他们是从哪里弄来的，还是怎么做的，反正这是难得的口福。

有一位来自美国芝加哥的寡妇，叫劳拉·柯里甘，在维希也有一所私人别墅。此人非常富有。战前她就用钱作楔子，打进社交界。我曾听说，坎特公爵结婚时，她送给新娘一件华贵的水獭皮外衣作结婚礼物。但在维希，这位寡妇设立一个私人机构，为法国战俘提供食品、烟草和衣服。美国那边的财源被切断后，她就变卖珠宝首饰和名贵瓷器，继续服务。她工作得非常勤奋，以至难得有时间款待别人。不过一旦款待起来，必有地道的咖啡、黄油供我们享用。有一天晚上，维钧当时在马赛，我到劳拉的别墅去参加她为西班牙大使举行的晚宴。当时，因为西班牙承认日本占领下的"满洲国"，中国已经同它断绝了关系。但这毕竟是社交场合，我只不过是宴会的陪客。饭后，这位大使提出用车送我回旅馆。他待人相当周到，于是我决定告诉他，维钧去英国遇到了麻烦。他现在正前往里斯本，开车送他的是中国驻葡公使馆的一位秘书。到那里后他再乘船或飞机赴英参加会议。但要到里斯本，维钧只能改道西班牙，因此随身带有假证件，证明他是位中国商人。问题是，他一旦受阻，被查出携有假证件，那事情就会弄得很尴尬。大使劝我不必担心，他会给马德里外交部打电话，告诉他们给顾维钧以一切可能的礼遇，到时他只需证实一下身份就行了。

我随即赶到马赛找到维钧，带给他这一消息。我觉得他甚至不清楚我为他做了些什么，他似乎有些听糊涂了。我这种感受大约和裕昌有一回感受的相似。那次他父亲在森林公园碰见他，由于脑子里想着别的事居然没认出他是谁来。不过，维钧在西班牙还是一帆风顺。我相信他很高兴自己被当作大使来对待。

我住在维希时还救过宗宣一命。有一天凌晨，天刚破晓，法国宪兵就喊醒王管事，说抓到一个中国间谍关进了战俘营。他们发现他扮作农民模样，企图偷越国境，准备把他枪毙掉。此人一再声称不是间谍，而是中国大使的妻弟，打算去荷兰回家。他们根本不相信这个衣衫褴褛、蓬头垢面的家伙，只是为保险起见才决定前来核实。

王管事多少知道一些我父亲那群奇怪的姨太太的事。父亲去世后，他曾随我回去帮忙料理丧事，见过宗孝和宗宣。而他们弟兄俩也都到过巴黎中国使馆——宗宣来探望他那可怜巴巴的玛莉，宗孝则刚携姨太太来巴黎观光——但王管事知道，只他自己去证明不足为凭，又怕惊醒维钧，只好打发他妻子来把情况告诉我。我随宪兵来到战俘营，证实这衣着破烂的囚徒确是我兄弟，这样宪兵才放他出来。我把他带回旅馆，让他更衣，给他吃饭。维钧为他办妥准许留在维希的手续。这时我才得知维钧不久要调离法国，去伦敦任驻英大使了。我试图说服宗宣与我们同行，但他妻儿那时都在荷兰，他不忍抛下不管。我以后就再没见到他。后来宗宣设法把妻儿送到瑞士，再去那里与他们团圆。他妻子死在瑞士，不久宗宣也因拔牙引起严重感染而丧生。当时盘尼西林尚未问世。宗宣有个儿子后来跑了出来，扒一艘运煤船偷渡到伦敦。我收留他并供他上学。他后来去了纽约。其实就是他向我谈起我侄女艾比的继承权问题。这样，我们（我是指宗宣和我）终于回到原先要谈的问题上。现在，我还常常关怀着艾比。

每当我驱车去维希时，我总要在我别克车的后排座上放置足够用于往返的汽油，如此一来常要把两个保姆丢在巴黎。一天，维钧打来电话，他只说："带上保姆和你需要的东西,到维希来。"这表示我们即将要离开法国。我明白我要与使馆告别了，也许一去不复返。这次我把能带的东西全部装进11个箱子，由火车运走。德国人在我通行证上盖上"11"的戳子时，我看得仔仔细细。然后我抱上小狗坐到汽车前排，挨着那个波兰司机。两个保姆只得蜷缩在后排，被散出来的汽油味熏得几乎喘不过气来。

在法国沦陷区与未占领区的交界处守候着一位使馆秘书，负责复核我的箱子件数。他数过，是11件，全准确无误地标着维希旅馆我收。但箱子运到维希后只剩下10件。丢的那只箱子里装着我所有的皮衣、貂皮斗篷、灰鼠大衣、水獭大衣，还有一件银狐皮斗篷，要值数千美元。此外还有些银器和母亲寄回美国的几双珍贵的尼龙袜子。秘书又回到交界处去查问。德国人一如既往，非常客气。但说明，箱子过界时件数确切：11件。他们对此无能为力，责任在法国方面。

我登报寻物，又出一笔可观的赏金，仍无下落。维钧等得不耐烦了，说他不能再等，必须动身去葡萄牙。于是他带几个仆人先走了，我和宗宣便留下来。时间一天天过去，所有线索我们全查遍。我住的房间也需要腾出来。一天，一位政府秘书来访，问我为什么不随我丈夫同往葡萄牙。

我向他诉说了箱子的事。这位秘书回去便报告给外交部长。部长发了话："外国驻法使馆的任何东西决不能在法国丢失！"

接着就发布一份由贝当签署的通告，说24小时内，若仍找不到中国大使夫人的箱子，必将军法从事。通告发出的当晚，箱子就找到了。除了写着我姓名地址的标签不见之外，箱子完好无损，连一双尼龙袜子也没有丢。转天早晨，就在我准备动身时，外交部派人送来一大束鲜花，大得要两个人拿着。

我在葡萄牙找到维钧，他要我去美国。我想念家人心切，尤其是我的两个儿子，所以我让他为我安排旅程。还没等他选择好自己的赴英路线，我已经在一艘美国小船上弄到一间客舱驶往纽约了。船航行九天，我那两个小保姆——我的女仆和王管事的妻子——晕船非常厉害。我把床腾给她们，自己抱着三只小狗睡在舷窗边的吊铺上。

我在美国一住两年。起初和母亲、姐姐同住在纽约东部一幢大公寓里，后来又搬进一幢不带家具的公寓。公寓坐落在第八十七街，离她们不远。我借了几件家具，又添些从救世军商店买来的零碎，就靠这些和孩子们在那里临时落脚。母亲移居美国后完全适应了那里的生活。她在华人区交了不少朋友，和他们打麻将，还同姐姐一起兴致勃勃地下厨烹调，宴请宾客。我见到她们桌上摆的那些美味，眼睛都瞪大了：整只去骨鸡，肚里塞满鹅肝；用竹叶包上糯米、猪肉和弗吉尼亚火腿做成的粽子；还有牛舌。当然，母亲最高兴的是有我的两个儿子在她身边。裕昌和福昌双双在哥伦比亚大学读书。福昌是从哈佛转去的。母亲很爱看美国电影，对音乐片特别着迷。只要听说有珍妮·麦克唐纳和纳尔逊·埃迪主演的片子，她和福昌从来一场不漏。

维钧那一年大部分时间都来往于伦敦和重庆之间。不过蒋介石终于觉得，我丈夫应当用更多时间在英国活动，招待名流和结识要人。维钧在英国也一向颇受喜爱。但他知道我深谙英国的风尚、习俗，懂得如何与那些王室贵族及显贵人物周旋。如果身边没有我，他是无法应付伦敦那种错综复杂的生活的。所以，他在一次由重庆返回伦敦的途中，特地在纽约停下来接我。要离开孩子和母亲，我心里很难过，但还是随他一起登上了“伊丽莎白女王号”邮船，前往伦敦。时间是1943年冬天。

二十

战时的伦敦

“伊丽莎白女王号”拆掉所有豪华设施，改做了运兵船。载员竟是原设计人数的三倍。底舱挤得一间要睡8位，以致有些人宁愿待在甲板上。成百上千的美国兵烦得难受，就把自己的姓名字头刻在护栏上。不过，维钧和我均按要人对待，虽然睡吊铺，却住进特等舱，有一大间自用厕所，而且我还有两个保姆服侍。若没有雾角昼夜吼叫，我觉得倒也很舒适。

那个雾角好像就在我的客舱外面。我终于喊来侍者，要他请船长关掉它，以便让我睡一会儿。这侍者是英国人，举止得体，听后不露声色，但想必去找过维钧。因为没几分钟，我丈夫便闯进我的舱房冲我说：“你难道不懂得目前在打仗？就为你能睡觉而要我们去撞冰山？像‘泰坦尼克号’那样？”

我瞠目结舌。我原以为他不过是在吓唬我，后来他告诉我说，我们随时面临危险，因为船上载有军队。我们没有军舰护航，唯一原因就是这艘船（还有“玛丽王后号”）航速极高，可以摆脱敌舰，但仍难免要遭潜艇的袭击。况且我们航行在北大西洋，这样雾中撞冰山的危险就更大。我讨厌的雾角声遇冰山便反射回来，向我们报警。

法国沦陷期间，住在巴黎时我开始变得有几分成熟，到伦敦后又长了不少见识。但丈夫是个身居高位的大使，这会使人陶然而忘乎所以。确实如此。别人奉承你，使得你开始盼人奉承。维钧那时身为同盟国第五大强国的代表。这地位足以使任何人产生错觉，认为我们了不起。

前不久，我得知1970—1972年任美国驻法大使的阿瑟·瓦德森辞官告退了。原来他认为权力显贵所带来的气氛对子女不利。我承认即便大人，要保持头脑清醒也不易。当你受人尊敬，拥有特权，又周旋于世界伟人、新闻人物和国运在握的权贵者中间，这时你就不禁头脑发热，觉得身价百倍了。

由于蒋介石拒不向日本人屈服，人们才争相与我们交往。外交大臣安东尼·艾登就是我们的挚友。他和顾维钧常常比赛，看谁对酒懂得多。俩人都认为自己品酒最在行。于是有一天晚上，管事克里利一旁斟酒，俩人蒙上眼睛就较量了起来。我们还应邀去唐宁街10号参加午宴或晚宴，不论主人是温斯顿·丘吉尔，还是后来的克莱门蒂·艾德礼。

丘纳德夫人——就是埃默罗德——在格罗夫纳广场处有所宽敞的住宅，喜欢邀些好友晚饭前后去串门小坐。一天晚上我正在那里，伦道夫·丘吉尔来访。埃默罗德态度冷淡，我由此看出此人不受欢迎。他若有所觉察，就不致自寻烦恼。可是他倒杯白兰地，往椅背一靠，两脚伸到咖啡桌上，自由自在。终于埃默罗德不客气地叫他一声，要他把脚放下。

伦道夫看看她："怎么？我想这里无人介意。"

埃默罗德回敬道："我相信中国大使夫人顾太太就看不惯。"

他又瞧瞧我，我说："这不符合中国人的习惯。"

他放下脚，不一会儿就起身告辞了。

我们抵英后就去白金汉宫作首次礼节性谒见。由于是战时，我们没有穿礼服，但我们与国王和王后[1]亲密地品茶，嚼着涂有薄薄一层黄油的面包。当时，商店里根本没有黄油卖。

---

① 英王乔治六世和伊丽莎白王后。——译者

玛丽王太后也成为我们的朋友。有不少次星期六早晨，就在维钧和我准备前往我们在阿斯科特附近租下的乡间小别墅时，我接到王太后侍从女官打来的电话，问我下午能否去喝茶，于是我常取消原定计划应邀前去。去时带上我在伦敦买到的最大一束鲜花——花还可以买到，但是没有包装纸或盒子。

王太后见我就说："近来只有你想着我哟。"其实不然，她仍然受到极大的崇敬和爱戴，但她大部分时间确是一个人独处。我们经常在她起居室里品茶，屋子四周挂着她家人的照片。她和她丈夫[①]曾在白金汉宫住过。我觉得她很乐意与那时的熟人叙旧。她常常讲起他们去印度和法国旅行的趣闻，而且一谈起孩子，提到大公主的次数总比提到儿子多。她说到国王时就称"我儿子"，如果说到国王妻子总称为"王后"。她常说："我想让你看看宫中我丈夫收藏的中国古玩。房间还是当年他布置的老样子，一直要保持到我死。哪天王后不住在那儿时我就带你去。"

她没有领我去过，但她的确来我们使馆喝过茶。这是中国使馆首次招待王室成员。王太后一向对中国食品怀有兴趣，我也曾对她谈过我在使馆宴请时准备的各式中国佳肴。甚至在战时，姐姐也能在纽约唐人街买到我需要的中式美味寄来，所以我待客时总能上一道中国菜（我定期寄给她支票，因而大多数风味食品都从美国寄来。往往包裹还没到手，铁听装的黄油和火腿就被偷走。可是对外观奇特的唐人街食品，码头工人却不屑一顾）。有一天，我问王太后是否能同我们一起进餐，尝尝中式饭菜。

她欣然允诺。但几天后，王宫官员客气地要求改请吃茶。原来王太后若去一国使馆赴宴，也必得应邀去其他所有使馆。当时伦敦的外国使馆实在太多，不过有些使馆偶尔也请她去吃茶。这样我按英国人的说法，改请"茶点小吃"，其实就是晚餐，有燕窝汤、鱼翅、香菇野鸡，还有中国的嫩玉米，每根都只有小指头大小。

那天在座的只有维钧、福昌和我。福昌当时碰巧在伦敦。报社得知王

---

① 英王乔治五世。——译者

太后前来，打电话问能否来拍照。王太后同意了。维钧告诉我时，我说如果惊动苏格兰场一下，也许更妥当些。不想我的建议竟博得他说出一句我难得听到的赞语。他这样说："没有别人想到这一点，你比我手下所有人都强。"

维钧在门口迎接王太后陛下，问她乘电梯去客厅，还是沿着古老的亚当式楼梯走上楼，她选择后者，由侍从女官跟随上楼。我候在楼梯的上口，向她行了礼。我们那位出色的英国管事克里利和一名使馆男仆一旁侍候着。随后，我们俩人亲密地抽起了烟。这时有人传话来说，摄影师们等在外面，打算在客厅为我们拍照。玛丽王太后断然告诉维钧："等我抽完这支烟再说。"

我觉得，对某些人——或许对做儿媳的人——来说，玛丽王太后令人敬畏，但在我眼里，她总是那样热情而富有魅力。这大概是因为她与非英国臣民相处会更随便些。不过，我宁愿认为，她是在我身上发现了她自己的某种气质和强烈的独立自主精神。后来当我们要别离伦敦，我去向她辞行时，她陪我走出来，在车旁与我吻别。

中国银行董事长宋子文来伦敦时，丘吉尔在唐宁街10号的花园中设午宴款待他。因为宋夫人没出席，我就作为女客主宾被安排在丘吉尔的右侧。宴会开始前，我们在等候首相的时候，丘吉尔夫人频频为我们斟酒。客人约有16位，其中有我朋友戴西·费洛斯（她丈夫莱吉是丘吉尔的亲戚）。丘吉尔夫人举止从容、态度和蔼，使得气氛相当轻松。可是，丘吉尔一进门，双目炯炯，迈着威重的步子朝我们走来时，大家一下子全静了下来。我们落座吃饭时情况也不很妙，丘吉尔的低落情绪又传给了别人。宋子文是个出名的脾气和善，能讨女人喜欢的人，此时也显不出昔日的温情了。

丘吉尔很喜欢戴西，常到她法国南部的家乡去绘画、休假。但他此刻在饭桌上绷着脸，即便戴西也难使宴会的气氛活跃起来。我觉得这是我应尽之责。于是我开始从他绘画的事问起，他渐渐兴致高起来，讲起了故事：他想画海浪时就雇人坐在船上，用桨拍水激起浪花。我们大笑起来。他也难得头一次露出了笑容，转身对我说，他在生前还要做一件事，就是猎一只东北虎（东北虎体态庞大，皮毛像熊一般厚实。我们北京公馆的墙上就挂有一张东北虎皮）。我告诉他，我敢肯定，猎虎探险的事宋子文就可以为他安排好。

这事没人搭腔，谈话再次冷下来。丘吉尔长时间一言不发，使我感到如坐针毡。最后，我指着面前的一个小盒子，问他是什么，原来是盛鼻烟用的。丘吉尔非常诧异我竟然没听说过鼻烟，于是乐意当场示范怎么使用，接着又讲起鼻烟的来历。蓦然间大家都找到了话题，宴会也活跃起来。

那会儿是战时，德军又在轰炸，所以伦敦见不到大型舞会和壮观的宫廷宴会，议会也不召开。召开议会时，一辆由八匹白马拉着的金色马车上面坐着身着朝服、头戴王冠的国王与王后，而我们其他人就在大白天穿着晚礼服。战时却特别亲切随便，小型宴会也自有情趣。在巴黎，招待宾客主要是公务和一桩苦差。但在伦敦，我与我们款待的宾客没有多少差别。有些人原是我们的老友，有些人则结为新知。我想假如没有针对小狗们制定的检疫法，我真要带着它们回英国看看，甚至也许会选在那里定居呢。有一次，我去拜访我的两位密友——比彻姆伯爵及其夫人。我在他们城堡里大发牢骚，对英国人爱狗却又制定检疫法颇为不满。我在北京时就认识他们——伯爵夫人到我家来原说和我一同度一个周末，结果在我家住了10个月——所以我讲起话来毫无顾忌。我的话想必很有说服力，因为后来伯爵曾试图废除此法，但未成功。

我们离开伦敦到华盛顿驻节后，有一天，几位中国官员称赞维钧，说他为赢得国际承认中国的地位做出了贡献。蒋夫人提醒说："别忘了大使夫人也起了重要作用呀。"这话由蒋夫人亲口道出，可说是莫大的夸奖，对此我非常感激。但我大儿子裕昌讲的那番话，才是我所听到的最美好的称赞。他父亲让他从业外交，如果从命，还可给他一笔数目可观的钱。可是裕昌却说："爸爸，中国大使多如牛毛。您有今天是因为娶了我母亲。我到哪里去找她那样的妻子？"

我的价值一半体现在我雄厚的财力上。当时，中国大使月薪600美元，住房免费，并配有两名仆人、一部汽车和一名司机。此外还有一笔招待费，数额根据职位及政府当时财政状况而定。任命中国大使，不像许多美国大使那样，看他们是否富有，能否自己出钱广为应酬，而是多半由于这些人唯唯诺诺，甚至阿谀奉承。像维钧那样具有很高资历的却为数甚少。而且，这些大使十之八九自己没钱，夫人也不富有，还要靠节省这笔招待费以备养老之需。

我们正是靠着父亲的财产，才得以轻松自若地周旋于欧洲的社交界。我丈夫虽然精明能干，但他国际声望的提高，却离不开我们的招待方式及中国使馆的装潢修饰。此外，我谙熟豪华生活，习惯于仆人服侍，所以在各种庆典应酬中，不论做主人还是做客，都轻松自如。我总能做到不失自己身份和本来面目。有些外交官妻子，往往由于阅历浅薄，害怕得想方设法模仿驻在国的生活方式和习俗，结果并不妙。有一位可怜的亚洲妇女，又矮又胖。她在觐见场合不穿她本国礼服（我在英国，每遇这种场合必穿中式礼服，直到我所有华服穿破为止），进宫时，却穿件地道的英国长裙。裙子从她又窄又厚的肩上垂下来，头上还插几根英国鸟羽，打扮得不伦不类，以致在英国贵族中传为笑柄。

由于我不怕表现自己，那些所谓不易接近的人——这些人全然不为金钱、头衔所诱惑——才喜欢我。我的好友戴西·费洛斯，她从不追逐时髦，而是创造巴黎和伦敦的时髦潮流。她的家靠苏伊士运河成为巨富。戴西结婚前身份是卢西尼·利辛日公主。别人留披肩发时，她就把头发往上梳，如果摩登女郎们迷上卷发，她就把头发梳直。她容貌并不美，却比容貌美更为出众——身材修长而且极为高雅。她的丈夫在战争中失去一条腿。她总称他为“先生”，外出一般不带他，留他守在家中与书为伴。那些衣着华丽的陪客们接踵而来，陪她到她想去的任何地方。其中有位福莱斯特勋爵，可能就是“桑特”惊险小说中男主角的原型。

戴西这个人还自以为是，说话离奇带刺儿。她总是把手说成是“纯白之物”。一次，她告诉我说她那红宝石项链被人盗走了，我隐约地暗示她也许是自己弄丢了。她摇摇头。

“不对，是我女婿偷走了，我可知道他。”

我还有位惹人喜爱的年轻朋友，乔·小肯尼迪。他不仅富有，而且衣着入时，举止可亲，使得不少姑娘为之倾倒。他父亲决意让他登上总统宝座，对此他却不以为意。假如他活着——他在一次飞机失事中丧生——我想他无疑会成为肯尼迪总统。我如何结识的乔，说来也有趣。乔的一位朋友是美国驻巴黎使馆的二等秘书，是陪我出去跳舞的年轻人之一。我的照片难得送人，但这位二秘一再逼着要，最后我选了张宴会的照片送给他。乔看到后就问："你这位女友是谁呀？"当他得知我不是二秘的女友，而是中国大使的夫人后，于是提出要见见我。

我们相处得很融洽。我常以他英国气十足而取笑他，因为他总拿一把卷好的雨伞，歪戴一顶圆礼帽。乔跳舞非常出色，只是因为英国时局严重，食品限量，我们很少有机会一起跳舞。

我其他一些好友中，还有埃默罗德·丘纳德、麦克利夫人、伊尼德·肯莫尔和维奥莱特·贝德福特。维奥莱特的父亲创建了著名的塞尔弗里奇百货商店，并把冰淇淋、苏打水引入英国。维奥莱特与德·西布尔伯爵结婚时，我住在北京。他们乘私人飞机从法国到达北京时也是我去迎接的。我们从1932年起就是朋友了。

"伊丽莎白女王号"邮轮穿过北大西洋，于1943年冬抵达苏格兰。使馆人员前来迎接我们，并备小宴为我们洗尘，然后引我们登上开往伦敦的列车。那天晚上，我实在疲惫不堪，立刻上床去睡觉了。中国使馆设于波特兰广场旁一座旧楼房。维钧和我在二楼各有一间天花板挺高的宽敞卧室，但我一觉醒来仍觉得很疲乏。比起我睡的这张床，船上的军用吊铺可要高级多了。我这张嘎吱作响的旧铁床架子上装了弹簧，由于床垫子松沓破旧，躺在上面都能感到顶出来的弹簧。

转天一早，我把整个屋子巡视一番，同样令人沮丧。一切都那样肮脏陈旧，看着不舒服。我对维钧说："我明白目前在打仗，但我们总不能这样生活吧。"他耸耸肩，到楼上办公室去了。我进去吃早饭，面包没有黄油，咖啡也不加奶油。不过倒有汽油，每个使馆都配给一些。维钧在楼上办公，去外交部时才用车。这样我决定出去买东西。

伦敦城一幅触目惊心的景象。我上一次来是在1939年。那时城里一派兴旺，充满欢乐。影剧院和热闹的餐馆比比皆是，比被战争破坏的巴黎要繁荣得多。可是眼下，伦敦到处都遭到炸弹及烈火的摧毁。原先熟悉的主要街景建筑所在,却留下了一座座巨大弹坑。那些被炸平改做停车场的地方，杂草丛生。街上几乎没有什么车辆。我难得见到的几个人，也都显得疲倦而寒碜。百孔千疮的、炸掉半截的楼房丢人现眼地立在那里。许多商店因无货可售，索性关门。

我到哈罗德商店才发现，我要买的床和床垫子已经脱销许久。问起来，店员不是苦笑就是摇头。我去小商店也没碰上好运。倒是有些稀奇的东西可买，像爱尔兰的雕花玻璃杯之类。后来我就收罗了些漂亮的玻璃海豚，这东西能给波特兰使馆楼的餐厅带来生气。但毕竟难解我燃眉之急，如何把使馆布置得能住人？客厅里连一把弹簧完好的带蒙布软椅都没有。

我回到使馆，茫然不知所措。还有一件讨厌的事情，波特兰使馆楼的房间因天花板高，室内冷得如同谷仓，我们取暖只靠着安装在各个房间里的那种老式铁皮炉子。我卧室里就有一个，于是我就坐下来与朋友们通电话。电话也很扫兴，听到的尽是些伤心事，所以打第二个电话前就不由得犹豫起来，唯恐再听到要找的人已经去世的消息。我的许多熟人被炸死了，有些已避难到乡下，还有些因雇不到仆人，不是搬进了小公寓，就是将家中房间封了起来。

我需要的家具一点一点连买带借总算置办了几件。如今寡居的麦克利夫人当时住在格罗夫纳广场一幢小公寓里。她很愿意卖给我几把大而座套漂亮的带扶手椅子和一张舒适而颜色鲜艳的沙发，还有几件精巧的白镴酒具，又从别人处借来窗帘和色彩明亮的坐垫。阴郁的环境一变，使馆原有的名贵嵌花家具和屏风就得以焕发出它夺目的光彩了。王管事设法在巴黎“大白房子”为我们定做了我们家用的亚麻织物——床单、罩子、毛巾和台布，连同金银餐具一起从巴黎使馆运到英国。我得知后非常高兴。这些亚麻织物和餐具运到伦敦时完好无损，使我大为惊奇。战时也会出现奇迹。

依然没解决的就是我那张讨厌的床了。

维钧觉得我挑剔过分，也许是吧。不过他睡得比我酣。为使那块松塌的破垫子睡着更舒服，我用尽一切伎俩也无济于事。有天晚上在一次便宴上，我的陪客达得利伯爵客气地问起我是怎么挨过夜间轰炸的？我告诉他，比起使馆里我睡的那张破床来，夜间轰炸也算不得很恼人了。

伯爵说："这好办，我回头就把我准备结婚用的床送过来。那位女士最后一刻变了卦，所以这床从未用过。"床转天就送来了，又大又漂亮，而且配有弹簧床座和垫子，甚至还有几条喜人的厚毛毯。1946年，我们离开伦敦时，我将这床连同借的其他东西全部归还了。一年多之后，我在纽约参加西尔玛·福伊、拜伦·福伊的夫人举行的宴会。席间，有人走到我身后，蒙住我眼睛说："猜猜看，我是谁？"我说猜不到。"您应该知道呀，"他说，"您睡了我的床三年。"自然这是达得利伯爵。

我们在阿斯科特别墅养鸡，还在花园里种上菜。鸡食很难找到，但我们用残羹剩饭喂鸡，所以能有足够的鸡蛋供应使馆人员。我们吃的黄油、罐头蔬菜、肉和奶酪均由美国寄来。巴西和阿根廷使馆依旧把它们运来的整片冻肉分送大家，所有亚洲使馆每周还可从英国政府那里领到充足的大米。乡下朋友也常把他们吃的东西带给我一点。那时候送一个鸡蛋比送卡蒂埃的小首饰更令人感激，因为这是从个人嘴上省下来的。有个美国兵很可爱。他是我排队等车时认识的，年龄比我孩子还小。他总定期到使馆来，给我带些巧克力和从随军小卖部买到的香烟。

我的体重从平时90磅减到85磅，因为体质衰弱又深受鼻炎的折磨。尽管如此，我们还是生活得比大多数人强。我女儿与新婚女婿带孩子从国内来伦敦时，三个人瘦骨伶仃像脱毛鸡。与国内条件相比，我们在使馆生活简直阔绰多了。

轰炸当然令人恐惧而疲惫，但疯狂袭击过后的精神紧张所造成的困扰也不亚于轰炸。人们不敢打电话，害怕听到朋友的噩耗。V-1火箭弹可怕得很，因为不易察觉，V-2更可怕，它体积大，爆炸后留下一个个可怕的弹坑。每当警报一响，我就义不容辞带领仆人钻进地下室的防空洞。我那只小黑狗（我从不在夜间放它出去，因为无法找到）警报一响就跳到保姆手臂上。至于我自己，我先前讲过，不愿意在使馆挨炸时被活埋在防空洞里，要死就死在楼上。奥利芙·佩尔与我想法一样。她丈夫是美国驻葡萄牙大使，在伦敦战争罪行委员会工作。她把为我画像当作战时难得的一种消遣。有一次，当V-2火箭疯狂袭击，把使馆周围炸满弹坑时，她却坚持作画，我也正襟危坐，连头发都没有动一根。

顾维钧把我带回英国，是因为他知道我对他有用。然而随着时间的流逝，他看到我对客人很亲热，客人对我也少拘束——如同他早先在北京所看到的那样——于是对我忌恨。他不是无故迟到，就是有意挑剔，借此发泄对我的不满。我们经常为他姗姗来迟而吵架。他时常很晚才到车站，以致火车临开时他才登上车厢。爸爸、妈妈一向谨慎守时，从不迟到。所以在他们看来，迟到是最无礼的事。有时我怀疑，维钧磨磨蹭蹭是有意惹我发火。

一天晚上，有位经营棉花发迹的英国勋爵邀请我们与几位王室成员共进晚餐。宴会8点开始，不过有王室成员参加时，理应早到一刻钟。这样，大家可等待王室贵人夫妇到场时向他们致意。维钧从办公室下楼时就晚了。我提醒他的听差，要他快些，但他就是快不起来，等我们上车时已是差10分8点。车子在漆黑的路上开得又慢，我们赶到时众人刚好列队走进餐厅。维钧和我既无法与主人寒暄，也不能向王室成员致意。他伴着自己的太太排在客人行列的末尾进入餐厅实在是丢脸的事。随即我们带着窘意，偷偷插到自己的适当位子上。我丈夫本应从中吸取教训，然而他偏不。

还有一次，他要我陪同他和秘书周书楷去曼彻斯特参加市政会（周是个野心勃勃的青年，常陪维钧去伦敦和外地参加各种集会。我丈夫这样做的理由是，他要使这个年轻人领略欧洲的文化。但他有所不知，周是在利用他作脚踏板，对他毫无忠心。这一点我们在华盛顿时才发觉。不管怎样，当时他却经常与我们在一起）。维钧讲演时总要让我陪伴——有时他讲得很精彩，妙语连珠，娓娓动听。在曼彻斯特，他讲了大约45分钟，与往常一样博得热烈掌声。他讲完后，主席朝我鞠个躬说："现在，我们想请顾夫人讲几句话。"

我吓坏了。我唯一一次对公众讲话，是1942年在华道夫大饭店举行的一次战争救济宴会上。我丈夫没出席，所以我就被邀请代表中国方面致谢词。就算不是接着他那样的辩才再讲话，对我的困难也不小。我于是环顾四周，看该怎么办。维钧两眼直视着前方。最后，我在困窘中认为除了站起来尽我可能讲上几句之外，别无他路。

听众约有400人，多半是妇女。这样我就讲些中国妇女的生活状况。我讲到农家妇女如何同男子并肩开山凿石，修筑缅甸公路，她们之中有些人如何在那种严酷的环境中丧生。但我指出，中国妇女不论社会地位高下，从发育成熟到结婚，都要受到家庭的严格管束，实质上像囚犯一样。婚后她们羞于见人，不苟言笑，除一心养育儿女外从不抛头露面。

大会主席非常高兴，告诉我——还有我丈夫——我必须回来向更多人发表演说——“不是400，很可能是4000人”。我为这小小成功感到得意，答应请他等我的回音。乘火车回去时，我同我丈夫和周秘书坐在一个包厢里。维钧一言不发，使我心中不安。我自问做得不算坏，但我希望由他作出评价，于是有些傻气地问他看法如何。

“你应该星期天到海德公园，再给自己搬个肥皂箱子站上去。”这就是他的冷冷结论。

我并没有对那所说的4000名妇女讲话。不过我仍继续——至少在维钧看来——干着蠢事。现在通过回忆，使我有所明白，我认为他对我有双重的心理。我受到欧洲人的欢迎，被当作他们自己人来看待，即使在贵族富豪中也是如此，对此他愤愤不满。他实在宁愿娶一个温柔、谦恭的小妻子，然而他又得利用我。

讲到求人帮忙——不论是求中国人抑或欧洲人——维钧总是端正而死板，但我出面他并不干涉。如今回想起来，我有时真为自己的做法感到惊讶。我学着比尔·蒲立德的规矩，从不去找陌生的达官贵人，而要他们来见我。

尼娜·马迪瓦尼——就是那个曾与芭芭拉·赫顿结过婚的年轻王子的姐姐——有一次对我说，她丈夫丹尼斯·科南道尔想在华盛顿英国使馆谋个差事。丹尼斯是阿瑟·科南道尔爵士的儿子，人很和善。我想这有何不可？（此外，尼娜又是我密友。我知道我们即将去华盛顿，有她在我身边也是件乐事。）我于是打电话给当时由厄奈斯特·贝文领导的外交部副大臣赫克托·麦克尼尔，请他来与丹尼斯夫妇一起品茶。

闲谈片刻后，我便把丹尼斯的想法告诉了他。麦克尼尔答应尽力协助。他信守诺言，果然为丹尼斯谋到一个使馆二秘的差事。但丹尼斯断然拒绝了。为此我总是感到心中不安。原来他不愿意向任何一位大使请示汇报，他要求在麦克尼尔手下工作。

还有一次，哈利街的一位医生问我有没有办法制止一位上海妇女进入英国？原来他与这女人干了蠢事。尽管那女人已经结婚，她坚决要到英国继续与他保持关系。我总算说动了维钧，由他出面制止那个女人前来英国。

1945年，福昌决定参加国民党中国军队。我建议维钧与那位主管中国军队的将军谈谈，当时此人就在伦敦。但维钧不肯张口求人。我只好把福昌叫到伦敦，并邀那位将军前来喝茶。不出三天，福昌就身着戎装，当上了那位将军的英文副官。

英国若能修改一下检疫法就太好了！我那三只可怜的小狗一到英国就受到检疫法的处置。一只受病非常厉害，我只好给它服安眠药。另外两只毛都脱光了。然而，我只要活着就绝忘不了处于战火中的英国人所表现的那种善良与豪爽。他们确实做到众人为一人，一人为众人。并把他们善良的心推及愚笨的中国外交官及其爱惹麻烦的夫人们。

有个星期六，我们应邀去伦敦郊外吃午饭。我们吃得很满意。东道主是位英国报界大亨，栽培饲养自己的食品。可是，到了大雾滚滚袭来之时，我们才动身回家，大概比应该动身的时间迟了些。在油烟似的浓雾中——这种雾英国人称为“豌豆汤”而我把它叫作“油腻豌豆汤”——我们憋得气都喘不上来。为设法返回伦敦，我们只好让仆人打着提灯在车前引路。

城里自然一片漆黑。我们按说该在车里过夜，等到天明再走，但维钧坚持说他知道如何乘地铁回波特兰广场。其实他乘地铁次数还不及我多，也就是一两次。我们把仆人留在车内，然后找到地铁入口，估摸着上了车。最后我们发现行驶方向不对，只好又下车。

我们连咳带喘在雾中绝望地漫行。最后奇迹一般，竟跌跌撞撞踏进了警察分局。我们向警察诉说遇到的麻烦，并表明我们身份。他们给我们送来热茶，又打着提灯陪我们走回波特兰广场。我们没完没了地走，单靠我们自己是绝不会找到使馆的。一想到维钧和我要在某一个门洞里蜷缩到天亮的光景，我不由得连连向我们的向导道谢，诚心诚意地请他进屋在暖和的床上过夜。可是他谢绝了，说能遇到我们真是莫大荣幸。随即就在我们从胀痛的脚上扒下鞋子时，他又高高兴兴地踏入浓雾之中。

我丈夫还要定期去重庆与蒋介石及政府其他官员会商。因为那时没有直达班机，他不得不搭乘经常遭到袭击的军用飞机，这可不是能频繁来往保证安全的那种旅行。所以他一到重庆总要留几个月。

维钧一走，官方应酬的差事免了，我留在伦敦反觉无事可做。一些外交官夫人参加埃德温娜·蒙巴顿领导的红十字会的活动，缠绕绷带。但我的好友埃德温娜非常清楚，无论什么要用到手的技巧的活儿我都无能为力。至今我连短衫的扣子都缝不上，甚至穿鞋都不穿系带子的。不过我开车技术一向很好。

因此，我向内政大臣申请，能否到救护队去工作？我的想法使他大吃一惊。外交使团的家眷不可能被接纳去做危险工作，因为政府担待不起。我接受了他的意见，不过我知道还有绕过他的路子。于是我直接向救护队申请。他们急需援助，也不管我是谁。救护队司机并不缺，但是缺少帮手给医生和男护士们煮咖啡和为他们需用的医疗器械消毒，他们经常要做急救手术。我主动要求值夜班，因为我知道白天我可以睡觉，而许多英国妇女还要去工作。

我这4个月中每天工作8小时，从午夜到翌日早晨8点。我总是吃过晚饭就上床小睡片刻，裤子、靴子和内衣就放在床边的椅子上。到午夜前，我便穿戴停当，等救护车喇叭在我卧室窗下一响，就冲出去钻进汽车。

我们被派往贫民居住的东区一带。那里遭到狂轰滥炸，每夜如此，令我难以消受。每次袭击过后，人们就用高大的狗来扒出人体，通常是牧羊犬。每支巡逻队有两只狗。这些狗受过训练，知道什么时候瓦砾下埋有活人，死尸却无人顾及。我为精疲力竭的工作人员煮好热咖啡，备好器械消毒用的开水。有时，他们奋力抢救来不及送医院的重伤员时，就把我叫去打着提灯照明。我永远也忘不了这幅惨景：孩子们从瓦砾堆中被拽上来，有些孩子胳膊中还夹着娃娃。他们往往都是在五六英尺厚的瓦砾堆下面找到的。每次袭击过后，整条街道方圆半英里内到处是羽毛，都是从床垫子和鸭绒被中散落的。

维钧离开伦敦期间我一直没闲着，但我并未告诉他我所做的事情。否则他就会反对，说我不应违反内政大臣的命令。我这点贡献算不得什么，仅仅做个短期帮工而已。然而通过这种活动，我正视了战争现实，明白真正受害者既非指挥军队的人，也非谈判缔约的人，而是无权发动或停止战争的平民以及身受其害而不明原因的儿童。

我知道我们待在伦敦的时间越来越短，所以一想到要离开这个我所热爱、所钦佩而又有许多挚友的国家，我就不免伤感。我的许多朋友现已作古,但我仍怀着感激之情想到他们,这些人总是在我们需要的时候加惠于我。后来在华盛顿，当维钧与我愈加疏远，甚至觉得他不再需要我时，我就回顾在伦敦的那段美好岁月，以此为解脱和安慰。

1944年秋，顾维钧作为中国首席代表参加在华盛顿召开的敦巴顿橡树园会议，这次会议为联合国的建立奠定了基础。我随后同一位他要找的使馆秘书来到他身边。飞机飞了17个小时，我们坐在折叠椅上，士兵们则在拥挤的飞机里席地而坐。转年春天，维钧又参加旧金山会议。这次会议起草了联合国宪章。我没有伴他同行，结果事后才知道维钧找到他那位寡居的相好，并为她谋到个联合国职员的差事。裕昌就在旧金山他父亲的手下工作。那个女人乘飞机来时，他父亲要他去机场迎接，裕昌坚辞不允。

不出意料，1946年维钧出任驻美大使，同时被任命为联合国安理会的中国代表。他7月离英赴美，当月4日抵达美国。

我留在伦敦照看行李，并归还我所借的家具。清单我保存得很仔细，所以凡使馆付钱的东西都留了下来，我个人用品又接着运到华盛顿。还有一些家具——其中有我那张漂亮的18世纪的卧床——是我从巴黎运来的，只是从我公馆带出来的其他许多珍贵的屏风、柜橱和地毯都留在了巴黎。我本打算让下一任中国大使尽量将巴黎使馆保持成我布置的那样子，但万没料到，我的财产有朝一日会全部落到共产党的手里。

一切办妥之后，我又向王室成员道了别，随后感到坐卧不宁。孔令杰少校也无所事事，他战时一直驻在伦敦。我们常在使馆招待他，把他当作自己的侄儿看待。这样我们便决定到斯堪地那维亚各国去转转，那里我还从未游览过。我头一站到巴黎，打算买几件女服设计师杰奎·法赫设计的风靡一时的流行时装，以便填补我空空如也的衣箱。然后我们去挪威和瑞典。在那里我们受到中国使馆官员的热烈欢迎。因为当时只有政府官员才可以打海外长途电话，所以当中国驻瑞典使馆主动为我接通姐姐的电话时，我大喜过望，可是姐姐一听说是瑞典的长途，就挂上了电话。我又试着打了一次，仍然如此。我的确没有再找她通话。

我们优哉游哉地消磨时光，品尝着农家美味，这时我接到顾维钧打来的电报，要我立即赴美。我国驻瑞典使馆为我订好直达的飞机票。我到美国时，总领事和他手下官员，还有宋子文夫人的姐姐张如恰到机场迎接我。由于总领事没有妻室，张就代尽主人接待之谊了。

二十一

英国志异

我在英国感到无拘无束的另一个原因，就是英国人通常对待怪癖行为的态度。你只要不危害别人或让人讨厌，人家就以宽忍，甚至纵容态度来看待你的信仰和行为。我对灵异奇迹的兴趣成了我生活中一个真正重要内容。然而，由于我这种兴趣，有时在某些地方就让人感觉我非常怪诞。在英国，我找到了同我一样相信灵异的朋友，有些经历说来颇为引人——当然，也不乏失望。

如果你真相信，就不会盲从，不会听信江湖庸医。我有只小狗患白内障，我用在北京大街上花了不到二角五分钱买的药粉就治好了。它那层白翳消失了，视力后来一直很好。换件事再讲：特里迪加爵士研究灵异之学很有造诣，由他介绍，我和肯莫尔伯爵夫人长途跋涉到布莱顿，去拜访一位名叫阿莱斯特·克劳利的相士。人家告诉我们，此人甚至能呼风唤雨。他往街心一站，指令云彩降雨，正好落在他身上，两旁地面滴水不沾。然而不管他早先盛名如何，我和伊尼德找到的只是个脏老头子，一个醉醺醺的酒徒。特里迪加爵士自己也不相信，说："我认识他的时候，他是个甚至比魔鬼还厉害的巫师！"我指出，只好怨我那时还不认识他。

还有一次，我和秘书飞往囚禁德国战俘的马恩岛，去访一位古怪的医生，据说此人法力高强。我们在一个简陋的小旅店里过夜。这位医生想尽办法让我们吃惊。他有个助手，被他施了魔法后变得神志恍惚。她只披一条被单——这是我和秘书亲眼所见——据说在这种恍惚状态下，她可以从单子里面变出各种稀奇物品。可是她掏给我们的尽是些小玩意儿——钥匙啦、珠串啦，诸如此类——毫无价值，以致我断定这些东西就藏在她座椅下面。我们又等着观看医生养活着的一群小动物，据说他能把它们摆布得俯首听命。但最后我们决定还是回家去。医生开车送我们到机场，并装出一副正经神气告诉我，如果某夜他的灵体来访，我切勿惊慌。但至今他一面也没露。

很明显，我不轻易上当。我之所以讲这些，是因为我们身边那些骗子，或是因过分图钱或滥施法术而失去法力的那些人，使我失望而厌烦。不过，一旦有真凭实据，我便深信不疑，结果就得到了报偿。

我们刚来英国时，我感觉浑身乏力，易受感染的鼻窦也开始犯病。一天，我那只在检疫隔离期患了重病的可怜的小狗刚被兽医麻醉后睡下，我正为此特别苦恼。这时，埃及大使前来吃午饭。我打起精神，以尽地主之谊。但我情绪很低落，因为我们的医生告诉我，我必须先住院他才能加以治疗，而私人医院的所有病房又都预订出去了。

我的苦痛显而易见。最后大使对我说："为我们看病的那位巫医，您为什么不去试试？我们的人认为他医道高明得很。"

不论什么事，什么人我都极愿意尝试接触。可是，听说这位名叫圣·乔治的先生住在海罗，我就说明我们实在没有汽油。大使提出亲自开车送我去。我不知维钧怎么想——我也不想知道——反正我穿得暖暖的，随他一同前去了。

圣·乔治先生看着并不让人喜欢，一个黢黑的矮个子，头发油腻腻的。他一开口我就担心："必须先给您检查一下，看我能否治好？"他要大使留在候诊室，把我带进他的办公室，让我和衣躺在沙发上，全身放松。他过来握住我两个拇指，静伫约莫5分钟，然后点点头，要我坐起来。

“我能治好您的病，但您必须每周来两次。”

我告诉他这办不到，并解释说汽油成问题。

“那您务必乘火车来，我妻子会驾马车前去车站接您。我如果没有把握治好您的病，就不会让您受这份累。您也太瘦了。我有农场，自产牛奶、奶油和黄油。我妻子会为您做些营养饭菜。”

我同意了。接着他又让我平躺下，双手在我身子上方挥舞一通，我顿觉昏昏欲睡。我睡了约有半小时，醒来后就觉得精神爽快些。但仅此而已，鼻窦依然疼得厉害。

那天是星期四。到下个星期一，我打听清楚乘火车去海罗的路线，圣·乔治夫人果然前来接我。治疗后，她用自产的黄油为我做了一餐可口的苹果馅饼。这次，我除又感到轻松些外，丝毫不觉怎样。火车班次少得可怜。这样，我很晚才回到伦敦。到使馆后，我就累得有心承认维钧说得有道理：我是在白白浪费时间。转天，当医生打来电话，说到下周一、二他就让我住进一家私人医院时，我便决定放弃在海罗的治疗，转而让医生负责了。我打电话给圣·乔治先生。他说他觉得我是在办蠢事，然而并未多加指责。

过了周末，我就感觉好多了，疼痛大消。星期一那天，医生通知我说，星期三医院将能腾出空病房，届时他为我做鼻窦引流。但随着那天慢慢过去，我就实实在在感到鼻窦仿佛已经被抽空了。到星期二早晨，当圣·乔治先生打来电话时，我竟然不知如何是好了。

他说：“您感觉好多了，是吧？”

我说是这样。

“那您今天务必前来接受治疗，否则疼痛还会复发。”

我于是取消了医院约诊去他那里。以后，我每周去两次，一连数月。我完全改变了对他的初次印象。圣·乔治先生既和蔼又斯文，思路特别敏捷。我们一面吃着他那脾气温和的德籍妻子为我们做的可口饭菜，一面高谈阔论中国哲学。我发现，我付给他的诊费都用来经营一个诊所，为穷人治病。他把病人扔掉的拐杖拿给我看。他并不富有，但收入足够维持他的农场，添置他们夫妇需要的有限奢侈品。他生活的唯一目标就是助人为乐。

到了1944年夏季，我就每周只去看他一次，有时两周一次。我的鼻窦没有再犯病，不过他一直向我保证说："经我治疗会使您青春永驻，身强力壮。您来一次，我就让您变个样。"我身体感觉格外良好，因而非常感谢他。

一天，电话铃响起来。原来是我在维希的熟人劳拉·柯里甘打来的电话。她那时一直住在克拉里治饭店，想约我去共进午餐。我推托说我已另有约会，她便说："请您辞掉，我现在亟须帮助。我肯定只有您知道那个人住在何处。"

我好奇心盛，于是答应前去。其实我不太喜欢劳拉这个人，但对她从事的战争救济工作却很钦佩。她丈夫是芝加哥的一位企业巨子，留给她大约3000万美元，她就靠这笔钱楔进了欧洲社交界。她的钻石首饰和裘皮衣服都是珍贵无比的，但她往往喜欢反复戴一种首饰。

她边吃边讲，说几年前在印度，她和她丈夫曾请一位占星家绘制了命运图。那人预言到她丈夫的死，她却把自己那张图撇到了一旁，因为她的死期似乎远未来临。然而最近她翻出那张图，发现如果上面说得不错，她的末日就在眼前，因而极为恐惧。她把日期指给我看——1944年11月26日，就是即将来临的日子。

她端起咖啡杯子的手直颤抖："我可不想死呀，蕙兰。您一定知道有人能救我。您相信信仰疗法，是吧？难道就没有哪个中国道士能改变这张图？"

我说我们不在中国，而这方面的行家我在英国一个也不认识。接着我想到圣·乔治先生。我说我不敢保证他能救你，也不敢肯定他是否愿意尝试，不过我可以问问看。劳拉要立刻去见他，但我坚持先给他打个电话。我告别劳拉后，便在家给圣·乔治先生打了电话。

圣·乔治先生那时已成为我的好友，但我们谈起话来依然正正经经。我把劳拉的事跟他讲了之后，他说："顾夫人，因为劳拉是您的朋友，我愿意救她。可是，推迟死期并不容易。你是无法置死神于不顾的。她必须找个接近她的人替她死，实实在在接近她的。"

我听后吓一跳，就说道："我可不想当替死鬼，也不让我丈夫当。他对我们国家太宝贵了。”

这位先生于是说：“办法倒有一个。我建议在她死期尚未过去时，您和您丈夫不要再去见她。”

我依然心有余悸，但也为劳拉惋惜。我打电话给她，要她自己与圣·乔治先生联系，并建议，如果他救了她，一定多多行善，付诊费时慷慨解囊。她一口应诺，只要能救命，凡事都乐于做。我没有再和她联系，但常能从圣·乔治先生那里得到情况。他对我说，劳拉正在办理租用盖特公主街的一处住宅。租赁交易复杂，而且颇费时间。

我好奇地注视着他。他笑了笑：“您朋友得救啦。不过，我说不上谁去替她死。那要由死神自己决定。我安然无恙，但却让我妻子避开了柯里甘夫人。您还要继续回避，无论您还是您丈夫。”

劳拉预定死期来到的那天以及过后，我都没有得到她的消息。克拉里治饭店告诉我说，她已搬进她在盖特公主街的住宅。这样，我便给那里打电话。

劳拉说：“我不但活着，而且精力旺盛。依我看此事从头至尾都是欺骗，尤其是您那位圣·乔治先生。您猜他让我干什么？给我一些皱巴巴的纸，让我每夜烧成灰，再用一杯水服下去。简直胡扯！”

“那么您照办了？”

“照办了，因为我害怕呀。可是他总骗我，说有人会替我死。我的熟人个个身体健康。看在您的分上，我给了他25美元，可不要再跟我提他的名字了。”

我撂下电话，火上心头。假如圣·乔治先生确实延迟了她的死期——这我相信他已经办到了——那么劳拉实在是忘恩负义。而且与其财富相比，她给那点钱简直就是侮辱。我决意把她忘掉。

然而就在转天早晨，《泰晤士》报便登出一则讣告，说1944年11月24日，侨居开罗的英国人莫纳爵士饮弹身亡。莫纳正是劳拉在盖特公主街所租的那幢住宅的主人。劳拉不相信他会做替死鬼，虽然也承认，莫纳去开罗前的那几个月中，她为最后商定租房事宜曾多次见过他。我仅又与劳拉见过一面，那是几年后在纽约的一次午宴上。她执拗要谈她与圣·乔治先生的那段交往，并当作笑料来嘲弄我。此后不久，她便死在芝加哥一所医院的手术台上。

我们使馆古老陈旧，我都怀疑早在我搬进之前就闹鬼。但我也明白，因为我信神信鬼，所以会惹出种种怪事来。甚至有这种可能：鬼觉得和我相处轻松自在，喜欢恶作剧。有一天，我的一只小狗喜爱的一块玩具石头找不到了，小狗总是伴着这块石头睡觉。白天我就把它放在我卧室内那座黑色大理石的壁炉上。那天晚上，我那只可怜的小狗一夜不睡。这样，转天我便打发6名仆人把屋子上上下下搜了一遍，寻找那块石头，但没交好运。石头不翼而飞了。

下午，我去参加一项慈善活动，在那里碰到一位算命先生。我给了他一个几尼，让他为我看手相。我没讲我是谁，不过他一看我是中国人便猜出了几分。然而，我还没提到失去的那块石头，他就告诫说，我住宅闹鬼，但又说鬼都非常友好，只想耍些小把戏，戏弄戏弄我。

我告诉他我小狗玩的石头丢了，他点点头，“别管急，石头被偷走了，但自己还会回来，不要再费时间找它了”。

几天晚上之后——充其量不过两三个晚上——我正对着梳妆台镜子梳头，忽然听到有东西“嗵”的一声砸在身后的地毯上。我一转身，发现那块石头掉在地毯中间。我进屋时还没有，这我敢肯定，而且室内就我自己。是精灵把石头送了回来，以后也没再偷。那只小狗后来一直玩它。死后，这块石头也随它一起埋掉了。

在我许多心爱的物品中，有一支母亲从纽约寄给我的钢笔，这些东西战时在伦敦是不可能得到的。我对自己的东西向来漫不经心，但我的小女仆心很细。我一扔掉钢笔，她就跟着我后面拾，然后放回我的手包里。一天，我出门换手包时（甚至外面在轰炸，我也要换手包来配我的服饰）发现钢笔不见了。

我喊来小女仆。因为卧室总是锁着，钥匙只有我们两人有。她清楚记得，上次是在梳妆台上拾到钢笔，并把它放回到我手包里的。我们于是把包翻过来抖，又各处查看——抽屉里、地板上、床底下，钢笔无影无踪。那天午后，我出门参加一个集会，直到5点多才回来。我拿钥匙打开门，看见那只掏空的手包仍在沙发上。我拿起来伸手一摸，发现了那支丢失的钢笔。

我又把女仆喊来，问是不是她找到的。她一副迷惑不解的样子："不是，太太。您走后我一直没进屋。我最后一次看到时，包还是空的。"

那层楼上，只有顾维钧和我有房间。我的秘书虽然有间小小的专用办公室，但出事时她不在，又是妖精在捣鬼，只能这么说。

1944年下半年，伦敦陷入一团糟。警报频繁，敌机轰炸，经常造成紧张不安，把我们都折腾得筋疲力尽。由于这一时期的紧张局势，加之频繁返回重庆，维钧尤觉疲惫不堪。有一天，我把这情况告诉了圣·乔治先生。他说，他有位朋友，是赫布里底群岛上的伊斯里岛岛主，很愿意邀我们前去做客。在那里可以尽情休养，尝尝丰盛的美味。这位岛主患有一种遗传病：月亮一圆就变得疯疯癫癫，现正在医治。圣·乔治先生在为他看病，每逢月圆就要上岛到他城堡里去。

我对我丈夫讲时，没提这位岛主病情细节。他不相信圣·乔治先生治愈了我的鼻窦，所以有关信仰疗法的事，我们一概回避不谈。不过，他倒很乐意离开伦敦去休养。况且，赫布里底的情况听起来不错。圣·乔治先生提醒我说，那位岛主生性腼腆，我们少见为佳。不过我们去做客他会很高兴。果然，他差不多立刻就来了信，欢迎我前去，想住多久都行。

我们乘火车到格拉斯哥，再换乘一架小飞机上岛——维钧带着他的秘书，我带着那只名叫小玉的小黑狗。一上岛我们宛如置身于另一个世界。岛上没有灯火管制。入夜，城堡一片辉煌。这位岛主自己养牛养猪、喂鹅喂鸡，还养一群羊。牲畜饲料也是自己种。我们膳食极佳：吃的尽是奶油和鲜蛋，有次晚餐甚至还尝到鹿肉。使唤仆人和园工也不在话下。只要抬个指头，马上有人前来照应，就如同住在世界最豪华的饭店里一般。别人对我说，东道主还能搞到最纯正的苏格兰威士忌。这位岛主性情文静，深居简出，使得我们几乎觉察不到他的存在。他难得下楼一顾那丰盛饭菜。但只要一来，看到我们尽情享受他的款待，他就格外高兴。这反倒使我们觉得，好像是在为他做了什么似的。

维钧和我被安排住在城堡一侧的两个隔开的套间里。我住的是为新人准备的洞房，俯瞰一座大花园。远处，波涛汹涌的深蓝色海水撞击着礁岩，景致美不胜收。这种环境会招鬼，所以，我在夜间听到轻柔的步履和裙子在床边沙沙地打转儿，就丝毫不觉惊奇。其实我别无他虑，只担心我那只可怜的小黑狗。它几乎发疯了，总是低吼着在我床上爬来爬去。一天，我离开房间去花园时，发觉忘记戴面纱。戴面纱是为防止蚊蚋叮咬我面颈。我折回去，在走廊里就听到我屋内传出阵阵惨痛的呻吟声。我推门一看，里面阳光灿烂，一派平和。

当晚，维钧秘书备了一桌可口的中餐宴席，款待东道主。他与我们同桌进餐仅此一次。中菜很对我口味。饭后，我通常睡眠很好。但那天夜里我却无法安睡。身体无恙，只觉心神不宁。

银色的月光泻进卧室。月亮即将变圆，圣·乔治先生转天就要上岛。我走下床，坐在梳妆台前梳头，这样有时会增加我睡意。我从镜中可看到洗澡间那扇门的手柄。猛然间，手柄旋转起来。我急忙过去，推开门，里面空无一人，我想这是幻觉在作怪。待我坐下后，手柄又转起来。我跑到走廊，身后跟着那只吓惊的小狗。我一下想到，维钧从来不信我说的鬼或信仰疗法，是他在恶作剧。然而他躺在床上睡得正香呢！

第二天，圣·乔治先生来时，我告诉他我睡眠一直很糟，他提出要为我驱鬼。他在屋内独自待了不过半小时，以后我就再没听到有什么动静。他又为我看了病。这样，在岛上的后来那些天——那非常愉快的两周——我睡得就像孩子一样安稳。我们接到一份电报后就被召回伦敦。电报说，维钧已被任命为中国首席代表，出席华盛顿召开的敦巴顿橡树园会议。按惯例，这项任命本该由中国驻美大使承担。由此可见，维钧的才干受到了极高的赏识。

我们动身的前一天，岛主邀请我们乘汽艇环岛观光。北大西洋一如既往，汹涌澎湃。当我们靠码头时，船打了个转，圣·乔治先生一个趔趄没站稳，手杖掉进了海里。一个浪头涌来，又将它冲走。岛主正要发动汽艇把它追回来，这时就听圣·乔治说："不必，我能叫它回来。"我们大家都盯着看。手杖那时已被冲到15至20英尺远的地方，只见它掉转头来，又回到了码头。

二十二

华盛顿的使馆生活

中国大使馆坐落在华盛顿伍德利路，离华盛顿大教堂不远。那所房子历史上很有名，它原是苏格兰出生的美国人，发明电话的亚历山大·格林厄姆·贝尔的产业。贝尔在世时，那里远离市廛，僻静寥廓。汽车问世后，使它与市区的距离缩短了。但房子建在一座方圆23英亩的小山上，地势很高，去那里要经过一条土道，走这条土道实在令人怵头。结果，大家就给它起了个绰号，叫“缅甸公路”。

旁边是富丽堂皇的特里加伦庄园，住着美国前驻俄大使乔·戴维斯和他妻子，庄园的女继承人玛乔里·梅里韦瑟·波斯特。戴维斯出使莫斯科期间——诙谐的人总把他那本书称作“顺从莫斯科”——波斯特积蓄了不少稀世财宝：俄国黑貂皮大衣、绿宝石、沙皇专用银器、皇宫用的餐具瓷器和另一套为奥地利皇帝弗朗茨·约瑟夫制作的餐具瓷器。他们回国后，波斯特便在此地为她丈夫建造了一所配有正式厨房的小书斋。这样，他可以在里面著书立说，收藏书籍。

我们那片地方景致很美，就是房子存在着大多数中国使馆的那些缺点：简陋破旧，死气沉沉。前任大使[①]虽能讲英语，但带有浓重的法国口音。结果，据闻有位参议员的太太听了他用他最好的英语演讲之后，竟说："真可惜我不懂法语。"如果一位大使不能流利地讲驻在国语言，那真是个极大障碍。我们在英国时，有位南美洲国家的大使，他讲的英语几乎没人懂。一天，他出席议会召开的一次会议。会上，他的国家因赞同纳粹遭到了温斯顿·丘吉尔的猛烈抨击。随后爆发一阵热烈掌声。这位大使因不懂讲话内容，也跟着鼓掌，不久，他就被召回国了。

维钧终于从中国政府手里得到了充足资金，修筑那条土道。可是修缮房屋的预算却分文没有。1946年，那一年是蒋介石最艰难的时期。这不只是因为在使馆产业上已开支了35万美元，而是由于他要应付内战。日本人已经被打垮，但此时蒋却在同共产党进行一场生死存亡的战争。中国需要盟国支援。然而，随着第二次世界大战的结束，法国和英国甚至美国（此时罗斯福总统已经逝去），对援助外国人打仗逐渐失去了热心。

假如在过去，我就会出去买我需要的东西，连想都不要想。可是我逐渐意识到，如果照以往那样大手大脚地花钱，我的私蓄恐怕会难以为继。母亲在巴黎的住房给了我，却被当作公共房产让人占用了。不过. 法国政府最终裁定房子仍属于我所有，并指令居住人按每月10美元付给我一笔租金。共产党率军由北南下时，接管了我国内的住宅和不动产，其中包括我北京的公馆。甚至属于维钧亡妻遗留下来的珠宝——为留给菊珍，我把它们存入天津银行的保险箱——也被闯入保险库的日本人没收了。我离开伦敦前，把我的钻石花冠子又卖给卡蒂埃，觉得这东西美国妇女不戴。其实我大错特错了，我第一次出席一个舞会时，就看到马乔里·戴维斯和波莉·古根海姆戴着它。还有，我听了一些朋友的劝告——他们认为，轰炸时，伦敦银行保险库也不保险——把另外一些钻石在伦敦典押，其中就有那颗我小时候母亲给我的80克拉大钻石。我用这笔钱买了股票和债券。至今，我的伦敦银行仍为这些典押的珠宝支付利息，以便保持不致期满被卖掉。

① 魏道明。——译者

我尽我所能重新安排了屋内陈设。铺上我的中式地毯，挂上我的画像，再添上我买的几张漂亮舒适的沙发和几把安乐椅。这样一布置，使馆原有的中式雕花家具就显得格外夺目了。还有一间宽敞空屋，是原房主用来打乒乓球的。窗子全是玻璃，俯瞰外面一块草坪和此园由此得名的两株橡树。我在窗上挂上淡绿色纱帘，把它改做了玻璃厅，作为我们正式宴客的场所。这块地方能容下32 ~ 34个座位，但只要有可能，我宁愿把来宾人数限制在26 ~ 28位。这样坐起来更舒服些。餐桌铺上我那漂亮的法国桌布，再配上母亲给我的金银餐具，效果实在令人叫绝。如果举行小型宴会或午餐便宴，我们就用那间中式房间，里面摆有两张桌子。

美国各州的名称，我现在记起来仍有困难——像内布拉斯加这样的名字我真难记住——所以，我能体会外国人记中国省、市名称的麻烦。起初，要确定某某议员是来自何处，对我来说实在头疼。所以，一碰到安排正式宴会座席，我就晕头转向。假如能换个方式像我在庆祝中国节日时借助于帮手，举办盛大的露天招待会来款待，困难就大部分能得到解决。可是，那些两院议员和夫人们不喜欢那种方式，总希望受到正式筵席款待。这样，为避免由于我的座次安排伤害任何人，我决不同时邀请两位地位相等的贵客。而且，一旦对座席安排发生疑惑，我就找礼宾部门或一位年资高的大使去核对。

我继续按我的习惯，坐在餐桌正中，面对维钧。但有一种例外，就是蒋夫人在场时，我就把自己位置让给这位第一夫人。一次，我为她举行晚宴，贵宾有副总统尼克松。我把尼克松安排在她右侧，让当时参议院多数党领袖威廉·诺兰坐在她左侧。我坐在尼克松先生旁边。维钧右侧是尼克松夫人，左侧是诺兰夫人。这似乎有些小题大做。可是，从事外交工作，如果办事不周，不论出于无知还是疏忽，就会有损于自己国家的形象。即使大国也难免干出蠢事来。据说，英王乔治和王后伊丽莎白访问白宫时，陪同王后出访的贝德福德公爵夫人，就因一个侍从女官的头衔而遭到冷遇。其实，这顶头衔极为荣耀，国王只授予公爵夫人，但白宫最初认为她不过是个女侍，起初安排国宴贵宾席位时将她排除在外。尽管后来失误得到了纠正，但有一段时间，所有有关人员都非常尴尬。

泰国使馆有一次设宴答谢国务卿约翰·福斯特·杜勒斯及其夫人。我们作为第三位的宾客应邀出席。然而，使我们惊讶的是，泰国人没有把杜勒斯夫妇安排在主贵宾席位，却将他们自己的国务秘书及其夫人分别安排在女主人和男主人的右侧。他们是住在使馆里的上宾，自然需要礼遇，但决不可高出被访问国的国务卿。那样做的确失礼，杜勒斯夫妇对此镇静处之。但事后，杜勒斯夫人对我说："你能指望这种人干出什么呢？"

我一向欣赏克莱尔·布思·卢斯的机智和出言辛辣。记得有一次，她谈到那位她很不佩服的韦恩·莫斯参议员时，就说他"让自己的马踢了脑袋"。又一次，一位民主党人问到她"水门事件"时，她巧妙地答道："至少还没有人淹死在里面。"我知道，当她奉命出任驻罗马大使时，她为赴新职着实花去很多时间做准备。她请教了许多人，其中就有比尔·蒲立德和我丈夫。

然而，当她打电话给我，要求出席欢迎蒋夫人的宴会时，她却不可能知道添一个人意味着什么。我们已邀请了32位客人。若添上她，还得再加一位男宾，并重新安排座席。因为我们不能把她摆到不起眼的位置，但又不能使她高出两院议员的夫人们。餐桌安排已比我要求的挤多了。不过，我们还是尽力而为之。我们像往常一样，在餐厅里挂上一张座位图，标出客人席位，另外再放上座位卡。

宴会前，维钧和尼克松商定席间致辞的确切时间——尼克松在先，维钧在后。致辞前一刻，总管事要负责停止上菜。这项工作必须做得像钟表一样精确，以避免出现混乱和尴尬局面。我的手下人都是受过非常周密的训练的。

就在预定致辞时间到来的前几分钟，我见到卢斯夫人起身作简短发言，感到非常吃惊。她没有坐在餐桌的我这一头，而坐在诺兰夫人那一头。维钧无可奈何地看看我，但我只能摇头。她讲了话，后来宴会结束时又坐到蒋夫人旁边。而且，在我依次带领女宾去与蒋夫人个别交谈时，她仍占着位子不走。尼克松夫人办事一向圆通谨慎，后来告诉我，她当时费很大气力才说服海伦·诺兰夫人没有站起来指责卢斯夫人那样做不得体。

作为新到任的中国大使的夫人，我引起一阵轰动，这使我感到颇为惊讶。我刚在使馆安顿下来，就接到女记者们提出的各种采访请求。先前，我从未这样引人注目过，维钧才一向是新闻界感兴趣的人物。不过，我一点不讨厌会见报社记者，我发现他们既聪明又富有同情心。而且，提问之深之广也使我大为吃惊。我答问时尽可能使用外交辞令，但绝不枯燥。有时，我怀疑维钧是否读了这些采访报道。他从来没提起过，我也只字不讲。我的珠宝，特别是我那些出自清宫大内的翡翠，成了人们的热门话题。有时，议论过分，令我难堪。有一本杂志在我照片下的说明中写到，我是"世界最漂亮的女人，浑身珠光宝气"。我宁愿少一些这类肤浅的称赞。

我来美国后不久，我们就同其他外交使团一起被邀请出席杜鲁门总统的就职典礼。我的头脑还是英国气十足，把它说成了加冕仪式，竟让维钧抓住短处了。在1月份阴冷的一天，我们上午8点入席。我拿上了热水袋、狐皮毯、毛围巾、皮手套和皮帽子。尽管如此，到杜鲁门宣誓就职，我们被领入白宫午餐时，严寒已然刺透了肌骨。结果，我们全被冻得寸步难行，若吃过热热的午饭，我们能回家洗个热水澡休息一下，那也不至于很糟糕。但不行——我们还要到寒冷的户外，坐在露天看台上，观看没完没了的列队游行：士兵、坦克、大炮和骡子，直到天黑才回使馆。接着，我们要洗澡、更衣，匆匆吃些东西，再赶去参加就职大典舞会。我们在包厢坐上好几个钟头，等候欢迎新任总统和第一夫人贝斯·杜鲁门，并向他们表示祝贺。

我们同加拿大人和法国人挤在一个包厢内。法国人排在第四，我们第五。我累得一坐下就黏在座位上。但艾丽·博内夫人念念不忘她排在我前面，坐立不安，以便杜鲁门总统来到我们包厢时，第一个向这位国家新首脑致敬意。舞会结束后，交通混乱不堪，致使许多人无法上车。我们坐进自己的凯迪拉克牌汽车，缓慢移动，一路又接了几位步行的朋友，其中有亨利·卡伯特·洛奇（这里顺便一提，我们在参加下一届艾森豪威尔总统的就职典礼时，组织安排就好多了。宣誓一结束，就把我们领入温暖的临时小屋，并为我们拿来热饮料和美味的三明治，让我们吃点儿点心，以等待白宫午宴。

而且我们能坐在温暖的包厢里观看列队游行。舞会前后的交通也秩序井然。此外，由于博内夫妇已返回法国，我们便排在第四位，因此，我不会再使艾丽担心，唯恐我先于她接受总统的问候了）。

后来，我由礼宾司司长夫人介绍，认识了杜鲁门夫人。杜鲁门夫人很可爱。可是，我觉得她并不真正喜欢自己的角色：她总是让别人处理那些款待宾客的礼仪和细节（我后来发现艾森豪威尔夫人也是如此）。外交使团团长巴西大使的夫人举行茶会，把我介绍给大家。这里，以及我拜会外交使团的诸位夫人时，又发现一桩新奇的事：在华盛顿出席茶会，你若是受到女主人请求为大家斟茶，那是莫大的荣幸。实际上，有时会收到雕版印刷的请帖，邀请你斟茶。在欧洲，斟茶、倒咖啡是管家的事，然后由听差递送。但在美国，夫人们会排成队，接受你的服务。最尊贵的女士斟茶，第二位贵宾倒咖啡！

我们刚到美国后不久，就开始了一连串的社交活动，凡是华盛顿的重要俱乐部都选我们为荣誉会员。几乎没有一天我们不被邀请参加外交活动或社交活动——每天至少一次，有时两次或三次。我自己还要设午宴款待和拜访客人，并负责在美国的中国人救济工作。我们每月差不多应邀参加一次白宫举办的白领带活动，即去听两个小时古典音乐会。这是杜鲁门总统特别喜爱的活动。因为我对音乐一窍不通，所以我常常害怕身着盛装，在一间闷热的屋里坐个没完没了，有时，我就回想那天真烂漫的岁月。那时，我还年轻，一想到被邀请去白金汉宫或爱丽舍宫或白宫，心情就一阵激动。

我认为，美国妇女比世界其他任何国家妇女都要开朗，她们独立性强，心胸豁达，也很少嫉妒。东方妇女虽说到中年就变得精明了，但似乎绝不如美国妇女那样自信。我还发觉，美国那些有影响的政界要人非常坦诚而又富有同情心。很快，我就同中国人的好朋友们熟得直呼起名字来，如众议院少数党领袖乔·马丁、好争执（但我觉得很可爱）的威斯康星州参议员乔·麦卡锡、新罕布什尔州的斯泰尔斯·布里奇斯，还有内华达州的帕特里克·麦卡伦。在非政治性的节日，我就邀他们来吃饭。那时，维钧在台湾，我只想找几位知己小聚。有天晚上，我招待西班牙无任所大使唐·雷克瑞卡，邀请帕特里克·麦卡伦作陪。尽管美国当时与西班牙关系不和，但我知道麦卡伦通情达理。那天晚上过得很惬意，是不折不扣的社交。我记得雷克瑞卡说了一句话把我们全逗乐了，他说："我不是无任所大使，而要最终任大使。"后来他们成为挚友。关系如此亲密，连马德里的一条街竟被命名为麦卡伦街。

我姐姐极想成为美国公民。为此，花去了数千美元聘请律师，但毫无结果，因为限额已满，我向参议员麦卡伦提及此事，他就是麦卡伦移民法的起草人，他答应将关照此事。不出3个月事情就办妥了。我姐姐的女儿在上海患肺结核，生命垂危。我去找新罕布什尔参议员斯泰尔斯·布里奇斯（1953年，他是参议院共和党领袖。转年成为代总统），问他有什么办法能把她接到美国来。他和麦卡伦谈后，麦卡伦这样决定：病人和一名护士可以接到美国，条件是我保证有医生去接，并用救护车将病人直接送往疗养院，此事若没有我从中尽力，她恐怕难以活在世上。可是，她对我却怀有家传的那种莫名其妙的嫉恨，如今竟然连话也不跟我讲。

我还出面帮助了上万名身患疾病困在印度的中国军人返回台湾。这些人在印度被拘留，但释放后，不是去讨饭就是要饿死。许多人还染上肺结核。共产党不要他们，蒋介石又无法将他们送回台湾。我对乔·马丁说，要是把这33000人送回台湾，该是多么人道的行为。这样，他们至少可以死在本国土地上了。乔·马丁告诉我说，他同斯泰尔斯·布里奇斯谈过了。布里奇斯说他将尽力而为。不久，我就收到乔·马丁的一封信，告诉我说，那些人已被遣返回去。他这样做可说全出于他的善意关注。因为在那个困难时期，这种人道行为是难为台湾国民党政府所重视的。至少，有关这个问题，我没有听到过他们对此事的反响。如果顾维钧收到过什么信息的话，[①]他也从未对我提及。

过去，我不认为我的丈夫有狂妄自大——过分骄傲的缺点。在伦敦时，

① 此事另见《顾维钧回忆录》原书第七卷，其经过（中译本正陆续由中华书局出版）与此处所述有所不同。——译者

他举止文雅，一贯循规蹈矩，小心谨慎，绝无傲慢表现。然而到美国后，他一身兼驻华盛顿大使和联合国安理会代表。这双重要职使他俨然以大人物自居起来。甚至丢掉第二个职务后，他依然盛气凌人，令我难以忍受。

我到华盛顿后，发现他为自己占了使馆最好的一套居室——一大间卧室，配有梳妆室和浴室。还有一间与卧室相接的起居室，起居室另端通向一座紫藤遮荫的大阳台。同一层楼剩下的两间小卧室留给我挑选。这两间卧室都小得容不下我那张中式大床，而且与卧室相连的浴室也很小。

我选择了离他房间最远的那间卧室。我买了一台新空调机、一张带有弹簧床座和垫子的窄床，一张书桌兼充梳妆台。好在我那时年轻不需要成行的化妆品。

我观察到，维钧似乎变得日益高大。他为所欲为，不与我商量。他对待我，就是忍让，供吃供住，人前客客气气，私下抛在一旁。不经允许，我甚至不能动用他的汽车和司机。我用车时，要向管家申请。管家请示这位大使后，再将“裁决”转告给我。我办私事就用一部旧别克车，由我的秘书驾驶。如果没有客人，维钧和我从不同桌进餐。他每天10点半起床，在屋内吃早饭,很晚去餐厅吃午饭。我也习惯了把他的种种决定当作“指示”服从，不作争议。这使人有种不折不扣的感觉。

一天，我决定不再挤在那间小卧室里受罪了。我搬到上一层楼，那里也有间大屋子，我把它改成卧室兼起居室。我把门漆成绿色，墙壁刷成淡紫色，天花板刷成鲜蓝色。我把我的画像悬在楼道的迎面墙壁上，又在地板上铺上中国地毯，然后拆箱取出我的中式卧床、衣橱、椅子和屏风。这套考究的旧式家具是用槽和榫头装的，不用钉子和胶，因而装运时可以拆卸开。但组装也相当麻烦，所以我早就请人画出了图纸。仅就那张床而言，一个人要用9个小时才能装好。此外，我又绕室悬挂中国的宫灯，这一切使人留下深刻的印象。

我的浴室现在也和维钧的一样大了。我屋内一切总是收拾得一尘不染，这样我可以待客了。消息一传出，许多人——有女士也有男宾——要求来参观我的卧室。而且《生活》杂志还为它拍了彩色照片。我还有个小平台，可以俯瞰维钧那座大阳台。

维钧这个人陋习很多。每天，他吃过早饭喝好咖啡时，总要叫管家端盘碎肉来喂那3只哈巴狗。然后指着户外树下的几只猫，逗引它们。这些猫是我们从前房主那里收养过来的，但我没像他们那样把猫崽溺死，所以猫就繁殖起来。有时维钧就把狗放出去。一天，我那只最心爱的小狗跑掉后没回来。我打发5个人出去找,最后发现它蹲在一所支路上的房子的大门口。原来它前面拴着一条大狗，吓得它不敢动一动。这只小狗很可能会被咬死，所以这次它几乎走失，使我们俩全吓得要命。可是维钧继续把狗撒出去，而那只狗一跑出门,他就冲下楼跑上马萨诸塞大街,为抓狗竟不顾阻碍交通。一想起这位大伟人不惜失身份跑出去抓一条小狗的场面，我心中就浮起一丝快意。

有一次，我病了多日，我秘书把狗放出去后又带回到我的卧室。维钧并不挂念我，但午饭后喂狗时发现小狗没露面就问是怎么回事。别人告诉他，狗在楼上我房间里，并说我发高烧，病得厉害。午饭后他来到我房间，打开门探进脑袋。我正躺在靠对面墙我那张中式卧床上，他问我是否见好。

我告诉他我患了流感，要他躲开。他点点头，过一会儿说：“那好，多多保重。”

他关上门走了，直到我病好才见到他。

维钧每个星期要到纽约去度周末，从星期五一直待到下个星期二，与他那位在联合国工作的女相好相会。他带着她去波多黎各。有一次他被召回台湾时也带上她。有人寄给我一张他走下飞机时的报纸照片。照片上，他独自走在前面，他那位女朋友挽着他的私人秘书顾毓瑞的胳膊跟在后面。别人一定也能认出她来。维钧大量时间“不办公”，使某些素有往来的人颇为烦恼。比尔·蒲立德在台湾时就抱怨说，维钧上午从不待在办公室，而且外出度周末，一去就是好几天。

在我看来，中国男子比其他任何民族男子更耽于色欲。我们有位好友是大使,比维钧年长。他总是把他的情妇安排做他夫人的护士,外出时带上。终于，这女人有了两个孩子，于是被收房。而这两个女人谁也不觉得难堪，因为那个时代的中国妇女就是这样生活。这位大使夫人自幼缠足，被丈夫劝说后放开了。这样，那位“护士”的职责就是每夜为她揉脚。

许多其他中国官员也把自己的情妇带到驻在国，列入人员名册，给以秘书或是管家的名义。有时，某个情妇施加压力，这位官员索性就让他妻子离开，尽管她是在国务院注册的太太。然后他在一家中餐馆设宴，当众把情妇作为夫人来引见。而她也就算是夫人了。

然而，这种做法却遭到过中国驻联合国大使，也是后来驻华盛顿大使蒋廷黻的夫人的抵制。这个女人受过教育，能讲英语，但既不年轻也不漂亮。她一无朋友，二无财产。他们年轻时，她曾出资供她丈夫上学。后来她丈夫抛弃她，收一个管家做了“夫人”。她眼见婚姻无可挽救，于是背上一块标语牌，站在联合国大厦之前，向公众宣示她丈夫违法重婚。她的照片登在纽约各家报纸上。这个女人在大楼门前等候前来参加联合国大会的当时台湾“外交部”部长叶公超,呈递一封封申诉信,诉说她所蒙受的伤害。叶客客气气地把信收下，回到华盛顿中国使馆后便嘲笑起这位可怜的夫人，说她肩扛标语牌，样子实在荒唐。我却不觉得可笑，但也不知道能为她做些什么。

这位夫人写信给我，问我能否安排她与罗斯福总统的遗孀见面。我问她：“那又能起什么作用呢？”她也说不清，她只想求得公道，她从未得到的公道。

维钧的所作所为令我不高兴，虽然这种感受外人很难猜晓。他大言不惭地说，正是因为他，我才享受到当大使夫人的荣耀。这种话我无法接受，他从不承认我已经把父亲的一大笔钱给了他。

我1946年初到华盛顿时，在纽约萨顿广场租了一套小公寓，刚好住下我和那几只小狗，这样我可以常去探望母亲。她和姐姐就住在附近的一幢大公寓里。母亲身体很糟糕。随着年龄的增长，糖尿病并发症也日益严重。然而，在纽约守护母亲显然不现实。因为我在华盛顿的日程安排越来越紧。来访者常常接踵而至，有些人在使馆一住月余。而且来访的中国人，即便不在使馆留宿，也得由我们陪同游览，殷勤款待。

我把患病的姨侄女接到美国，送她住进疗养院以后，我姐姐就变得心烦意乱，忧心忡忡。我感到母亲得不到她所需要的照应。我把这一情况告诉维钧，于是我们决定接母亲到华盛顿与我们同住。母亲很高兴。我去纽约接她，并把她安置在使馆一间客房里。我能守护母亲真是幸运。她明显流露出对维钧的钦佩，结果，维钧也情不自禁地对她好起来。1947年冬，我接到安·罗伯逊（我的好友，一位将军夫人）的邀请，去棕榈滩做客。母亲催我前行。她并不知道维钧和我之间已有隔阂，但却能看出我精神倦怠而且很瘦。可是，我刚到棕榈滩，我的秘书便打来电话，告诉我母亲病危。我随即飞回家，发现母亲已经不省人事了。

医生认为她需要送回纽约向她原来的内科医生就诊。这样，我和一名护士护送她上火车。那边有救护车迎候，把她径直送往勒鲁瓦医院。其时，我才清楚，她身患癌症，已到晚期。几天后，她就去世了。我姐姐早已在哈茨代尔买下一块墓地，母亲就安葬在那里。我时而前去，在她墓前献上鲜花。我非常怀念母亲。

顾维钧为她举行极隆重的葬礼，请了一位中国牧师致悼词，中国官方许多知名人士也前来为她送葬。在众多名誉执绋人中还包括在纽约参加联合国会议的一些大使。我们有警察护送，这样，葬礼队伍可以浩浩荡荡地通过红灯而不必再停下来。

顾维钧以此种方式向世人表明了他这个学者对岳母所应尽的尊敬，同时表明，只有他的重要地位才能举行如此盛大的葬礼。我知道母亲喜爱体面和排场，所以我心里非常感激。但母亲去世使我的精神受到了严重打击，我很长时间不能从失怙的哀伤中恢复过来。我暗自悲恸，外界纷纷表示慰问。其中使我最为感动的是乔治·马歇尔将军写来了亲笔信。我没有再返回棕榈滩，至今也不愿前往。我只能以成天忙碌来排遣我的哀思。

在外界看来，当大使夫人，乘飞机享受优待（包括准许带狗登机，这一特权我至今怀念）似乎很有诱惑力。可是时间一长，这种诱惑力就消失了。这不过是一种工作，一种需要完成的工作而已。然而我常想，我若是能掌握社交之外的某种技能，岂不更好一些？

罗斯福总统执政期间——我们那时不在美国——蒋夫人颇受白宫青睐。她是总统最喜欢的人，美国社会一时为之倾倒，其名声和所受到的推崇不亚于英国的温斯顿·丘吉尔。她曾在国会联席会议上演讲，我想这对妇女来说还是第一次。她是女人，而且又是漂亮的女人，这本身就为她增色不少。她经常穿一件长长的中式旗袍（虽然我也常穿，但为在公开场合露面，我就按流行式样把它裁得短些）。她有珠宝首饰，却很精明而从来不戴。我所见到她戴的，至多是枚不起眼的普通别针或一只戒指。人们议论说："只要她一心想要取悦某人，那就没有办不到的。"

杜鲁门总统或许从未给过她什么殊荣。他当总统时，只请她到白宫喝过茶。

罗斯福夫人在她的一部书中，抱怨蒋夫人"不明白民主的真正含义"。我想，就罗斯福夫人的观点而言，这个说法是公允的。然而，这两位女性毫无共同之处。蒋夫人早年求学于美国卫斯理女子学院，但成为中国第一夫人后，她在美就受到了王室贵族的待遇。据我所知，她从未以第一夫人身份到过欧洲。1943年下半年，她伴随她丈夫及约50名秘书、随从组成的代表团，参加了开罗会议讨论对日作战问题。我一直难以理解，顾维钧竟然没被邀请参加，特别是我国的代表团要比美、英代表团小得多。

我听说，蒋夫人和她的侄女、侄子——孔令伟、孔令侃在白宫做客时，把白宫当作旅馆，两个年轻人支使得仆人团团转。我还听说，有一次蒋夫人要她侄子凌晨3点接通英国大使哈利法克斯爵士的电话，坚持要亲自和他本人通话。

顾维钧任大使期间，蒋夫人常来美国。大半时间她或者把她的大本营设在她侄女孔令仪那儿——孔在纽约第五大道有幢宽敞住宅，或者住到她姐姐孔夫人那里去。她姐姐在长岛有所房子。她仅有一次与我们住在一起。那是1953年艾森豪威尔当选总统之后。

处在我的地位上，我发现蒋夫人是位非常心细的客人。我们俩绝非亲密。我从不幻想要直呼其名字。甚至她与我要好的那一阵，她也没有直呼过我名字。她饭食简单，喜欢吃诸如鸡汤面之类。她住了十天到半个月，离开时对仆人们很大方，拿出1000美元让他们去分。她也知道管理仆人的难处。当时，她大侄女孔令仪和我们住在一起，她的工作需要她晚间在外，有时回家很晚。我就让仆人为她等门。蒋夫人自己也没有固定作息时间，所以知道后便建议我为孔令仪再配一把钥匙，这样就不至于打扰仆人了。

蒋夫人有时通宵工作，白天需要小睡。她每次起床后都要换她的丝绸床单。但她想得非常周到，带上自己的床单，省去了麻烦。蒋夫人作息时间很不规则。不过她在华盛顿时，我们使馆人员整天围她转，没有出什么问题。她既不吸烟也不喝酒。

她来我们这儿做客的时候，国民政府已经迁到了台湾。在此之前，她常来华盛顿处理对华救济事宜，并探望对我们事业有帮助的那些朋友。她真是不遗余力。除了自身的使命外，她各处都去，我也得跟随前往。我记得有位叫多萝西·汤普森的战地记者，发言没完没了，我们就一直坐听到完。我们款待蒋夫人时总是在午后举行使馆茶会，邀请妇女界名流，或是午后举行鸡尾酒会，邀请男女宾客。晚上再举行盛大宴会，餐厅能容多少就邀请多少。每天都有密码电报打到蒋介石那里，报告她的行踪及所取得的结果，或是对要人们态度的反应。蒋夫人在华盛顿时，维钧每天晚上睡两三个小时。我的工作也差不多同样辛苦，不少次我要一连工作18小时。

有时，委员长前妻之子、现台湾头号人物蒋经国也到使馆小住。他那时是“太子”，被视为中国第二号人物。我同他素无瓜葛。不过他很民主，离开时总要和仆人握手，但不留小费。他弟弟当时在美国陆军部队学习西方战术，是个讨人喜爱的小伙子。他的妻子已故去，他告诉我说，几星期前她的灵魂来看过他，“她走进屋，两臂抱的全是书，活生生的，使我真难相信她死了。一会儿她就不见了”。

在华盛顿时还发生一桩怪事，牵涉到维钧在伦敦时的秘书周书楷。我们总认为此人对我们，尤其对维钧一向忠心耿耿。而维钧确实也待他很好。我们到华盛顿后，周奉命调到纽约。当时我的秘书是顾维钧亡妻的侄女，她仍然也称我们姑父、姑姑。周经常来华盛顿，不久他们告诉我们，他们订婚了。

一天，维钧收到台湾寄来的一封信，扰得心烦意乱。信中说：有人给台北“外交部”拍发过一封电报，说顾维钧不宜做大使，应予召回。电报是用密码拍发的，这密码只有驻外使团的团长与外交部联络时才用。当时在美国，还有一位驻外使团团长，就是联合国安理会的郭泰祺大使。他在长岛有所宽敞住宅。维钧到那儿去拜访他，把电报抄件拿给他看，接着说：“这种密码只有你我才能使用。”

郭大使同样大吃一惊，他喊来他妻子，因为她掌有保存密码的抽屉钥匙，他问她是否还有人看到密码，他妻子摇摇头说：“只有你的周秘书，你打发他到抽屉里取过东西。”

维钧问周在什么地方，听到他刚刚返回台湾，毫无办法，只好将此事报告给台湾，并告诉他的内侄女，他侄女便解除了婚约。然而，官场中怪事真多。这个想攫取维钧职位的卑鄙家伙，不想却在外交部找到后台，因而得救了，他成为台北“外交部”的重要人物。而且当驻华盛顿大使几经更迭后，他居然捞到了他垂涎已久的职位。不过，那时候这个职位已经没有什么重要意义了。

二十三
筵席将散

在华盛顿的这10年中，我结交了不少朋友，官方、非官方的都有。有些人现已作古了，有些退休后远走高飞，搬到亚利桑纳和新墨西哥州去了。我身边的挚友就剩下现住在纽约的赫伯特和多瑞思·布劳内尔（赫伯特是艾森豪威尔执政时的司法部部长），还有现在华盛顿的巴里·戈德华特夫妇。我陪佩吉·戈德华特在拉霍亚时，常去机场观看巴里驾驶自己的飞机着陆，再有就是施肇基夫人，目前住在华盛顿。她丈夫曾任中国首届驻美大使，认识我父亲。施夫人与艾丽丝·罗斯福·朗沃思年纪相仿。我最后一次见到朗沃思夫人时，她已年届九十，走起路来比我还快，看东西也不戴眼镜。我问她："朗沃思夫人，您怎么做到看东西不戴眼镜的？我就得戴眼镜，否则什么也看不见。"她回答说："蕙兰，有一天我出门忘记拿眼镜。我原以为必须戴眼镜才能看清我要去的公寓的门牌号码，这次，我只好强使自己用肉眼去看。回家后，我就把眼镜撇开了。"

真是位了不起的妇女，施夫人也是如此。到我们来华盛顿时，她丈夫已经退休，夫妇俩住在沃德曼公园旅馆附近的一幢大公寓里，身边仆人成群。她总是亲自为他端早饭，别人谁端盘子她都信不过。她常常穿上防尘罩衫，用毛巾裹头，跟着女仆前前后后收拾。我去看她时，手里就放张卫生纸，以免碰门把手时留下印迹。施肇基早已故去了，施夫人现在独自过活，身边有一名护士。我每次到华盛顿，她就邀请我去做伴。但我对她说："施夫人，我身上的尘土让你无法忍受。"

早先那个时代，同属某一阶层或某一阶级的中国人彼此间都很熟。唯独我的挚友无一例外是英美人。我最钦佩也是最喜爱的一位女友，是我的邻居马乔里·梅里韦瑟·波斯特。她虽然极为富有（她父亲是波斯特谷物公司创始人），却是一位非常出色的经营家，而为了她的许多慈善事业不辞辛苦。她精力充沛，抵得上10头公牛，为人也毫不虚伪。如果她在你家做客，见到地上有一片纸或一个线头，也要过去拾起来。她举办的晚会是一流的，但她像我一样不喝酒。

有时，马乔里有个什么活动，事前就悄声对我说："别带维钧来。"她认为维钧太刻板。其实，维钧只是不习惯马乔里所喜爱的那种豪华排场，感觉不自在。马乔里在棕榈滩有所宽敞住宅；在阿迪朗达克山区的一座山头上有一处"营地"；还有一艘与航海邮轮差不多大小的海上游艇。外加她在华盛顿的大住宅——一所可供观赏的建筑物。

我到她的营地别墅拜访过她几次。营地约有30间房子和一间配有餐厅、舞池和厨房的大厅。她经常把留给女儿黛娜·梅里尔的房间让给我住。她女儿是电影明星，第二个丈夫所生（马乔里结婚四次。乔·戴维斯是第三个丈夫）。在营地，早饭不论吃什么、何时吃，都要在房间里吃。午饭很随便——露天做的三明治或煎饼。但晚饭总要坐在大厅里享用，饭后跳方阵舞。马乔里极欣赏这种舞蹈。我却不然，但经不住她一再劝说，结果发现自己也不知不觉走进舞池，欢快地跳了起来。

她的游艇上备有豪华的特等舱，可容下十几对夫妇。乔·戴维斯任大使时，他们就乘这条船去莫斯科。我并不特别喜欢乘船游览，但在她的坚持下，我偶尔也去凑凑趣。方便的是，船上各种舱室很多，甲板宽敞，你可以独自走开，静静待一会儿。如果在特里加伦住宅宴客，马乔里就要请上两三支乐队，其中一支专为方阵舞伴奏。我想维钧最讨厌这种方阵舞。

他一沾上体育活动或跳舞就笨得出奇。可是，只要一跳方阵舞，马乔里就要把客人往舞池里拽。

据传，马乔里曾付给乔·戴维斯前妻100万美元，买通她与丈夫离婚。我真想象不出为什么——依我看，此公并不值得追求——不过我初来华盛顿时，两人仍在热恋之中。在英国大使馆的一次晚会上，我还看到他们手挽着手。马乔里为他造的那所书斋，就是她堕入情网时的爱情象征。以后，她对戴维斯腻了，那地方又成了打发他的去处。这样，他就不会碍手碍脚。而且时间一长，戴维斯甚至睡在那里，索性不回正房了。

对于手下众人怎么有效管理，我多少还是懂一点，但我却毫不具备马乔里那样的精力或那种要求尽善尽美的癖性。在营地时，我通常起得很早，但也早不过她。她8点就穿好外衣，监督仆人清扫我们昨夜用来聚会的那间大厅，然后指使仆人给地板打蜡并摆好当晚吃饭用的餐桌。

马乔里拥有的委实太多了，包括她那天生丽质。相比之下，可怜的乔显得那样迟钝。有一次，当她明显表露出对他的不耐烦时，我就问她："马乔里，那你为什么要嫁给他？"

她眨眨眼说："是他引诱的我。"

引诱，这用来形容我所见过的某些女人对男人的那种做法，实在合适不过了。这些女人往往愚蠢而毫无身价，但似乎却能迎合许多有嗜痂之癖的聪明男人的那种独尊心理。我就见到我家发生过这种事。而且，在华盛顿和纽约的社交界中，这种事在我周围也屡见不鲜。有一位运动员，他名门出身，非常富有，名字也常见于报纸的社交栏，却与一个普通的妓女同居。他把她藏在纽约城外的一幢小公寓里，大概就在河对岸的新泽西州。他那漂亮文雅的妻子最初肝肠欲碎，继而感到颜面丢尽。然而，她却用典型的美国方式解决问题。她雇了一名身强力壮的侦探，两人一起来到藏娇地点。侦探砸开门，他们看到她丈夫昏睡在沙发上，鼾声大作。那女子身穿睡衣坐在对面。这位夫人警告她说："跟我丈夫一刀两断，否则就把你剁成肉酱。"那女子吓得魂不附体，穿着睡衣逃之夭夭。这个故事就是我朋友——那位夫人一天吃午饭时讲给我听的。末了，她又补充一句："此后，他就再没有交‘女朋友’，谅他也不敢了。”

我在华盛顿的一位好友与一位富翁结了婚。她这是再婚，并很感激这位丈夫。因为他为人大方，对前夫孩子又好。但有一天，她发现他与另一个女人同居，还为这个可怜的小东西添置首饰和皮衣。我这位朋友伤心至极，问我该怎么办。我不明白她为何来找我。唯一原因就是我在国外，特别在容忍情妇存在的法国居住过很久，她觉得我能为她出谋划策。我替她着想，告诉她该怎么办。说来也奇怪，当你置身于事外，就能变得挺聪明，真是当局者迷旁观者清。

我说：“他对你和孩子都不错。你年纪不小了，他也同样。他不想离婚，这不过是些寻欢作乐的举动而已。睁一眼闭一眼吧。”她听从我的劝告，一切相安无事。终于那个女人使他厌倦了，于是被他抛弃掉。

马乔里爱玩弄她所谓的“出其不意”。一次在营地晚宴上，她把女士们全安排到餐桌的一边，把男士们安排到另一边。她还爱开玩笑。一天，我宴请几位女士，其中有马乔里和马撒·朗德特里。马撒当时主持一个叫“会见新闻界”的电视节目。维钧常在此节目中露面。马撒是位相当精明的女事业家，对政治很敏感。但她来华盛顿后，依旧保持以往的自然、纯朴风格。那天我上一道维钧最爱吃的中菜：一大盆汤菜，是用鸡爪和火腿及各种香料煨成。汤煨得很浓，不仅味道鲜美，而且鸡爪烂如胶冻。

马撒问道：“蕙兰，这是什么菜？”

还没待我解释，马乔里便开了口：“哎呀，马撒，你真不该问。蕙兰是中国人，口味独特。这是她叫厨师到停尸所买来的死人手炖的。”

马撒随即离席，跑进客房厕所呕吐起来。我跟过去，尽量向她解释说，马乔里不过是在开玩笑。可是，马撒无法再入席，我只好让她回家了。

甚至还在马乔里决定与乔·戴维斯分手之前，我就知道他们的爱情已经完结。在一次规模较大的宴会上，有人请乔讲几句话。他起身讲述了他的职业生涯。结束时，对马乔里为他所做的一切表示感谢。然而，马乔里竟没起身道个谢字。这种情形和这对情侣的过去——马乔里还在被“引诱”着的时候相比，真有天壤之别。

一天早晨，她打电话约我去吃午饭。我不想去聚会，便如实相告。她说："不行，就只有我们三位。"她和乔那时几乎连话都不讲了。我不明白她为什么召我去。午饭后，她把我领上楼，告诉我她要同乔分手。

我问道："你所有那些漂亮东西怎么处理？也打算留下？"

她摇了摇头："不，我已经准备好一处住所。每天夜里等乔熟睡后，我就让搬场汽车开来，把我所需要的东西全拉到我的新住宅去。"她从头至尾干得非常利落。后来，乔也搬了出去，房子就长期空在那里。马乔里1973年故去，我想那所房子至今仍然空着。

人上年纪，最悲伤的莫过于失掉朋友。我在华盛顿有位挚友叫鲁思·斯图尔特。她生性腼腆，不善交际。这位可怜的鲁思相貌非常俊美，只是面部有块烧疤。她感到破了相，所以总是低着头，交谈时也从不望着你。她要款待客人，就领朋友们去听歌剧，因为在剧院不必交谈。鲁思有足够的钱在纽约买一幢公寓，可是她神经过敏，不愿意独居。这样，她经常住在广场旅馆（在那里，她总要从客房服务处订羊排喂狗）或是住在约克俱乐部，她长期在那里包了一间客房。她若是不住，就总是让我去住。1964年，我正在巴哈马探访朋友。那年，鲁思在大都会剧院首演之夜订下两个包厢，款待一些朋友，其中还有挪威大使。客人们聚齐后左等右等不见鲁思露面。最后，有几个人找到约克俱乐部，打开门，发现鲁思躺在地板上断了气。

鲁思可怜哟。她父亲是内布拉斯加州参议员吉伯特·希契科克，一位富有的出版商，鲁思是他的唯一继承人。我从未见过她的丈夫，实际连听也没听她谈过。给我的印象是，他们一起生活时间不长，也没有孩子。鲁思从来没立过遗嘱，所以撇下的4000万美元全部散落到她远亲的手中。她的狗被放在动物商店里拍卖，那位服侍她35年之久的忠实女仆也被抛下无人供养。芝加哥《论坛报》报业家族的马里兰·麦考密克将狗买下并把女仆雇走了。我若是当时在那里，也会这样做的。我和鲁思都爱狗，这种共同爱好使我们结交。她有一部罗尔斯—罗伊思牌汽车。但她的狗不喜欢坐这部大轿车，所以她就常常开一部"雷鸟"车。

朋友比起财产来，真不知重要多少。可是，我每想到我在巴黎的那幢小住宅，仍不免怒起心头。多亏一位法国前总理的朋友帮忙，这幢房子才重归于我。法国沦陷后不久，有个专门伪造文件的骗子，知道我们不在法国，于是拼凑一套假文书将房子盗卖给一位矮矮的法国皮货商。这位皮货商连同他一大家人就搬了进去。战后我得知情况就飞往巴黎，请了律师。最后，骗子被捕入狱，房子也被确认为我的财产。然而，法院明显偏袒自己的国民，判决居住人如果支付房租，仍可继续留住，而且租金数额极不公正地确定为每月10美元。

假如我一直住在法国，这种事本来不会发生。我怀疑法国法院这样做，是考虑到维钧已驻节华盛顿，断定我不会劳神来打官司，但我要打。我记不清我去巴黎有多少次，应有四五次。后来，我将此事与一位流亡华盛顿的法国人卡密尔·肖唐讲了。此人曾数次出任法国总理，是位共济会会员。当时，这个组织在法国极不得人心，所以肖唐再次下野时，他和妻子终于决定离开法国。这对夫妇颇有胆识。他的妻子后来一直教钢琴帮助维持两人生活。肖唐交给我一封信，是写给巴黎一位警长的，后者也是共济会会员。

我去见这位警长，一进门我就受到了尊重接待。然而在我讲明来意后，警长说："不行，夫人，我帮不了您。这幢房子位于纳伊区，不属我管辖。"他告诉我纳伊区警长的姓名，并说我可以说是他提的。

在纳伊区，我也受到顺利接待。这位警长没让我久等，恭敬地把我让进他的办公室。我把事情又诉说一遍。天哪，他无能为力，这不归他管，我必须去找执达吏。

我根本不清楚什么叫执达吏，是干什么的。但我拿到此人的姓名、地址后，就去找他。他的办公室在一座旧式楼房的顶层，没有电梯。我顺着昏暗的楼梯拾级而上，终于来到一间肮脏的办公室。里面，一位满脸胡髭的人正坐在那里弄着文件。至此我才明白，原来执达吏不过是监守人中级别很低的官员，每月拿一定数额工资，负责监管财产的。

我又把问题重复一遍，并称呼他"大师"——一种只有教授和高级律师才配称呼的头衔。我讲完后，他耸耸肩说："尊敬的夫人，我很愿意帮助您，不过总不能把人撵到街上去呀！"

我说："大师，那我该怎么办？"

他又一耸肩说："我真希望我能帮助您，不过……"

我们对视着，他显然在等着我离开。可是，我脑子不知被一种什么力量所支配，猛然间记起父亲的做法。我于是说道："大师，我不是法国人，也无侮慢之意。您能否告诉我，监管这幢住宅每月付您多少酬金？"

他踌躇片刻，答道："35000法郎。"

我说："我加倍给您。"没等他开口，我就掏出钱夹——幸好我带着足够的法郎——随手抽出一张10万法郎的票子放在我们之间的桌上。我想这数目当时约合250美元。

他接着就说："夫人，您两天后将拿到钥匙。"他要我那天下午2点在中国大使陪同下到我住宅去。

我们乘使馆汽车到达时，宅门开着，院子里堆满家具。我们看到那位执达吏从二楼窗户往外扔枕头和毯子，他一见到我们就拿着钥匙跑出去迎接。

"夫人，卡车还在路上没到。但房子几分钟后就能腾空，您到时就可验收了。"当我看见那个皮货商和他瑟瑟发抖的一家人最后从房中走出来时，我觉得自己就像个杀人犯。他们站在草坪上等着汽车来。最后他们走了，大使和我择路穿行，查看了我这幢破败的小房子。房子被糟蹋得令人可怕。母亲的全部家具早已被盗走，那位小皮货商和他一家人也不善于维护。厨房蒙上陈年污垢，楼梯破损，栏杆不翼而飞。后院是母亲先前栽种漂亮鲜花的地方，现在杂草丛生，到处是空罐头盒子。

我锁上前门，从此再没去过。我发现顾维钧把房子抵押出去并忘记支付利息。我就出面办理，把押金全部付清后以10万美元的价格将房子卖给一位法国银行家。这幢住宅的售价本应再高些，但我讨厌再为此事争执下去。况且，我往返奔波，聘请律师已经花掉好几千美元，总算高兴地看到事情有了结果。事后我明白我太不沉着。不过，我再也不想要多余的房子了。

我对基督教变得感兴趣，是受我的朋友孔夫人影响的结果。有本书上说，是克莱尔·布思·卢斯说服我皈依了天主教，这不对。克莱尔加入天主教时我还在英国，甚至我不记得当时曾读到过有关这件事的记载。孔夫人则总是对我说："不论你什么财产被剥夺，只要爱上帝，你就不会受到任何伤害。"她的丈夫是孔夫子的直系后裔，但正因孔夫人笃信上帝，才使她变得如此坚强。

孔夫人是卫理公会教徒。我对基督教的各个教派，同我对联合国各会员国一样，知之甚少。但我买了一部《圣经》研读起来，发现它的确引人入胜。尤其使我感兴趣的是《旧约》中的故事。我去找于斌大主教，他那时一直在南京和台湾。先前，我曾让杰克的姐姐——尤尼斯·肯尼迪找过他，因为我那时感到她根本不清楚共产主义在中国的威胁实际意味着什么。她曾经被人说服，认为共产主义在中国仅仅意味着土地改革。

于斌大主教说，他对传教并不精通。他让我去找一位精通此道的美国人富顿·希恩阁下。这样，我在希恩指导下开始学习。他每周末来使馆一两次，每次与我待上大约一小时。我敢肯定，他没过多久就变得对我不耐烦了。因为有一天他告诉我受洗的时候到了。我同意受洗，觉得这将会给我带来安宁与平静。我生活中失去的，以及我在见过的修女们身上观察到的正是这种安宁与平静。然而，我确实不知道下一步——行坚信礼——竟还有这么多清规戒律。

一天上午11点，在一座小教堂里，奥博伊尔大主教为我行坚信礼，在场的只有他和希恩阁下。我身穿一件朴素的外衣，而大主教身着法衣。我心情激动得发抖，我觉得这种场面我真不配。

我尽量做一名虔诚的教徒，去教堂并遵守教规。不过，我时刻忘不了母亲的那种纯朴信念所具有的力量。她没有正式入教，却坚信——主普度众生。每天晚上，她在窗前一边烧香一边对天祈祷。袅袅的香烟把她的祷告送上天国。那情形对我的吸引比去教堂做礼拜可大多了。当我听说神父和修女抛弃贞洁誓言，同其他人一样发生性关系并结婚时，我认定天主教与我们的道教或佛教没有什么区别。这样，我就不再做天主教徒了。

战后那几年，我需要个人安宁，与中国需要民族安定是一样的。维钧在华盛顿任职的10年间——1946至1956年，蒋介石和国民党在中国所面临的困难达到了顶点。华盛顿共和党朋友们试图援救我们，但哈里·杜鲁门和国务卿迪安·艾奇逊却毫无恻隐之心。杜鲁门下令裁减了驻华美军。马歇尔将军赴重庆安排停火，可是共产党拒不遵守，继续进行阻击战和游击战。一年之后，马歇尔放弃调停。国民政府迁回南京，与此同时蒋夫人赴华盛顿请求对我们提供急需的援助，但遭到拒绝。

1947年，中国内战进入第二年，局势比上一年更为严峻。我们从美国买来飞机，又于1948年得到急需的武器和作战物资，然而为时已晚。共产党力量非常强大，拒不妥协。蒋介石及其部队试图撤出满洲防地时，被共产党军队切断退路。价值数以百万美元的美式物资装备落到共产党手中。到1948年岁末，国民党军队已经损失达100万人。蒋为了拯救其军队和装备，于1949年将他们转移到台湾。蒋本人也于同年12月到达那里。

在我看来，蒋此时所建的一件奇功是他在顽强抵抗的同时，救出约3300件古代艺术珍品，使之免遭红军破坏。这些无价艺术珍品目前在台湾很安全，它们保存在台北市一家漂亮的博物馆内并在那里展览。博物馆本身也是按古代北京建筑风格仿建的。展品每月更换，那些未展出的都储藏在地下带有空调的水泥库中。美国游客只要持有护照，可随意进出台湾并观赏这些珍宝。但我们这些中国台湾人却必须领到出入境许可证，才允许进出美国。

我想一定有充分理由做出这种限制。不过，由于我持有国民党的护照，这就使我所遇到的麻烦更为突出。我移居美国是经过特许的。可是不办理宣誓书，我就无法到承认红色中国的国家去。这个东西很麻烦，要花很长时间，还要经过一套烦琐的手续才能办成。我认为这不公平。我希望在不久的将来，能做一些调整，使之更有利于我们这些持有台湾护照的中国人。

肯定地讲，我们无法洞察未来，尤其年轻时无法预见我们将来的命运，是一种福气。可是，我偶尔做梦却能预见未来发生之事。我并不常做梦，不过一旦做梦，感觉就很强烈，不由得你不信。所以，无论我是否清楚梦中的含义，我都明白这梦必有所指。例如，1953年总统大选之前，艾森豪威尔将军与艾德莱·史蒂文生竞争总统宝座时，我在竞选前五天做了这样一个梦。我梦见一条粗壮电缆紧绷绷地穿过一间大厅。电缆下挤着一群妇女——清一色的女性。这情景消失后，我又见到一头象和10、14两个数字。我知道象是共和党的象征。但梦中其他内容却使我摸不着头脑。不过，我在一张纸上精确地记下了梦中所见，并把它放进一个信封封好，交给我的秘书玛格丽特·钱，我嘱咐她竞选揭晓后再启封。后来，艾森豪威尔获胜，梦中含义便不言自明了。

那条粗壮电缆代表着无法抗拒的结局。那群妇女就是众多支持艾森豪威尔的女性选民。但10和14两个数字似与梦境无关。直到后来有人告诉我，我才明白。原来艾森豪威尔的生日就在10月14日。对于梦中其他内容，我或许还能凭想象得到，可是一个美国总统候选人的生辰，我一个中国人又如何晓得？

我做梦的事，通过雷·亨利和洛厄尔·托马斯之口，在华盛顿和纽约传播开来。我当时一直关切美国总统竞选给台湾带来的影响，所以，我敢肯定这梦由此而得。理查德·尼克松是共和党副总统候选人，一直强烈报怨杜鲁门和艾奇逊制定的政策，说这些政策将促使世界共产主义不知不觉地领了先。我还记得尼克松的原话，他说："艾奇逊校长所把持的学院遏制共产主义胆小如鼠。"

我前面已经讲过，我是在华盛顿才真正变得成熟起来的。过去那么多年，我一直就是个娇惯了的孩子，刚愎自用，不动脑筋。在我的障眼云翳消失后，我再回顾那段生活，就感到一种遗憾和惋惜。不过，有一件事可以证明我的进步，那就是1952年至1954年，我连续3年到各地巡回演讲，论述中国妇女问题，以期激发公众兴趣，援助国民党中国。我每晚到一个市镇，待上一夜，转天为各妇女俱乐部或大学演讲。往往是，我很晚到达一地，接着上床睡觉——我通常住在筹备演讲会的人的家中——早晨起床后，向主人寒暄一番，随即利用喝咖啡或吃午饭时间会见客人，然后登台演讲。讲完便动身赶往下一站。

我的演讲主题就是我曾在曼彻斯特即席讲到的"中国妇女解放"问题。曾经有一个时期，中国女婴不是被抛弃以致死亡，就是被卖掉。有时，走投无路的母亲就把女婴扔在当地教堂的门口或外交官的家门口，希望孩子能得救。这样，长期以来，在中国只有这些妇女是不缠足长大的。在传统的眼光看来,妇女就是生儿育女的二等公民。除去少数几位贵妇人——皇后、贵妃、唐代女诗人们以及1908年死去的威严可畏的西太后——中国妇女无不遭受残酷的压迫。即便婚后，妇女在夫家也被视为奴隶，受到家中最年长的妇女的虐待。这位当家老太常常辱骂儿媳和孙媳，以此报复她早年受到的同样虐待。有些境遇悲惨的少妇只好寻求唯一可能的解脱——一死了事。

我生活的这一时代，在中国妇女中已经发生了一次不流血的革命。以往，姑娘上学的想法被认为是荒唐可笑的。然而我这一辈中，一些上流社会的青年女子，诸如宋氏姐妹，却到美国求学，并学有所成，在她们丈夫的政治生涯中起到重要作用。例如，蒋夫人因其丈夫不会讲英语，就经常参加谈判。我还在北京住的时候，连那些毫无特权的普通中国妇女，也开始走出家门，在外工作挣钱。而在此之前，一般农家妇女只配与男人一道出工筑路。

我演说中有一点没有明讲，就是我自己也终于尝到了自由。我自食其力，穿上中式旗袍，戴上一两件精美首饰。凭借几点提要，向数百名听众发表演说。我不再腼腆，心也不慌。我一一回答可能问到的各种问题，有些问题问得确实奇特。我得到了报酬——每讲一次1500美元!

一天晚上，我又做了一个非常生动的梦。我梦见我正坐在通向一座可爱的花园的门口，突然间一个火球从楼梯上滚下，像一个燃烧的足球，擦身边而过却没有碰着烫着我。火球径直向有几条大狗卧在那儿的花园滚去。转天早上,顾维钧突然告诉我,他奉召回台湾,要立即动身,原因没有告诉他。但我心里明白，他的大使任职将从此结束。当他返美后，他对我说他已经辞职了。我知道蒋夫人为他说过好话，但没起作用。

第二天，我带上我的小狗，提上一只装了几件衣服的箱子，坐上汽车向纽约驶去。鲁思·斯图尔特在约克俱乐部的房间依然空着，我就在那里先落脚，再寻找住处。我根本没有向维钧告别。

我梦见火球其实就是预兆。大难来临，顾维钧在劫难逃，也使我险遭不测。然而它却没有触及我。在那座可爱的花园中蜷卧的那几只友善的大狗，代表着那些善良、忠诚的朋友。他们留在我身边，并一直扶持我度过这些岁月。

二十四
回首往事

顾维钧出任中国驻巴黎大使的时候，陈维城是驻伦敦使馆的二号人物。这位老先生很有意思。一天，我问他有多大年纪，他说是55岁。

我随口说道："哪里，您很早就55岁了。那时我孩子还吃奶呢。"

他眨眨眼说："我不像你们年轻人总在变。我要是发现合适的年纪，就抓住不放。"

这些天，我常常想起他说过的话。我现在独居，身边只有两只小狗。它们不再是北京哈巴狗，而是一只拉萨狗和一只狮子狗。我住的是一间卧室的公寓，俯瞰纽约东部那条河。屋内地板铺着我从北京公馆带出来的几块中国地毯和那里一位军阀送给我的一张白熊皮。起居室里摆着我那张古香古色的床、椅子、衣柜和几扇屏风。这些东西也是从北京带出来的（不幸的是，我最漂亮的屏风却留在了那里），四壁挂着我的画像，是我在世界各国首都居住时别人为我画的，还有我们住在北京时弗朗西斯·罗斯爵士为我和维钧所绘的画像。房门附近处摆上雕塑家乔·戴维逊在巴黎呕心沥血为我塑造的陶土头像。只有一张画我付了钱，就是艾德蒙·杜拉克在伦敦为我画的那一张。他要求为我画像。后来，我就决定收藏这张画，于是他以公道价格卖给了我，虽然我有位现已故去的朋友曾出1万英镑要将它买走。

我最初离开顾维钧搬到纽约时，在萨顿广场租下一套公寓，以便我和我的小狗有安身之处。我那时连炉子都不会点，更不用说煮鸡蛋了。我的两个中国女仆也已离开我，回到华盛顿另找了工作（我的中国厨师已在旧参议院办公大楼附近开了餐馆）。从此，我时常站在花园里，嗅着隔壁那两位年轻单身汉烹调时的飘香。有时，其中一位走到窗前看我，而我就要喊一句："闻着好香呀！"于是，他们便邀我这个素不相识的人进屋品尝他们的手艺。不明我身份的人们表现得如此友善，使我看到一片新天地。

现在，我已经学会为自己做饭了，是看着我女儿学的。她年轻时跟我的厨师学到了这门手艺。我做蒸鱼时，就放上小葱、鲜姜，佐以豆豉。豆豉像一颗颗小橄榄，是我在唐人街买的；做鸡时配上青椒、玉兰片和香菇，烹调海味就放上各色各样的配料。中式饭菜的烹调主要依据自己的口味来斟酌。比如，我碰巧不爱吃荸荠和花生，但不少人就很喜欢。烹调一般不费事，但准备起来颇费工夫，要把各种干原料发上一夜，还需很多的刀工。许多知名人士，如我已故老友、前驻英大使、国际法院法官郑弗庭（天锡）等人，都是中菜烹调高手。郑一走进中菜馆，厨师就能认出来，并恭请他亲自下厨。他做菜时先配料，但繁复的刀工活总是由他的夫人来做，郑夫人不在场时就由其他女客担当，除了我都干过。因为我总是借口手笨就躲掉了。如今，剁剁切切我都能干一些，但做的饭菜远不如大多数人那样复杂。而且，我一人吃饭时就不用我那精美的牙筷，而用塑料筷子。它们可放进洗碟机里刷洗。

在我现今生活中，的确一切都是从方便的角度来安排的。所以，在我多年为管理一大群仆人做家务而操劳之后，能动手为自己做些事情真是乐在其中。这听来好像很奇怪。可是那些年中，我能安排30人的宴会和数千人的招待会，却一点不懂怎么干最简单的家务。当我明白如何去邮局买邮票时，我觉得就像是探险。现在，我自己去市场采买，并每天在住所附近的小公园里遛狗。

一天，我返回寓所时，一位素不相识的妇女拦住我，问我是不是顾维钧夫人。接着就说："我记得您当年是我见到的最漂亮的人，衣服时常变换。”我的容貌想必有些吓人，因为她赶紧补一句：“当然，您现在还是那么迷人。不过……”

我回家后心绪低沉，我意识到岁月给我带来变化。我仍然保持着年轻时的体重，也从不穿围腰。每天早晨我精神抖擞地做操、踢腿。我能非常舒服地在地板上打坐——这是一种中国功夫——摆出瑜伽功莲花坐的姿势。但后来我感到刺痛，发觉患了关节滑囊炎。我看书要戴眼镜，东西放错地方就找不到，女仆来后发现就在眼皮底下。我的小厨房里挂着镶着镜框的我们家庭的照片。我边看边把自己同这些摄于巴黎—北京—伦敦的照片比较，并考虑是不是要做一次整容。

后来，我觉得我也得到了补偿。既然我已不在公共场合出头露面，不再享有特权，我就能想说什么说什么，想做什么做什么了。我过去有占有欲，喜欢逛商店买东西；现在，我的珍贵珠宝和大部分皮衣，连同母亲送我做结婚礼物的金银餐具，一齐存进了保管库。为应付某个特殊场合而拿出几件来实在不值得，而且实在危险，所以我几乎不去动它们。三年前，被强盗抢去了价值25万元的珠宝。我现在认定这是有内线串通作案。我那幢公寓大楼里住着一对鬼鬼祟祟的夫妇，一定是他们为强盗做眼线。后来这对夫妇连房租都没付，扔下家具就溜掉了。我的东西没有一件投保——珠宝保险费高得令人不敢问津——而且，警察至今没发现被抢的钻石、翡翠及从卡蒂埃商店买的那串珍珠项链的踪影。

然而我感到，在我被抢的这段遭遇中，最使我耿耿于怀的，还是那几个陌生人对我动手的经历。那天下午大约3点钟，我外出遛狗回家。我踏进寓所，正弯腰为小狗解脖套时，突然被人推倒在地。他们捆起我的手脚，把我抬上床，用床单、毯子像卷春卷似的把我裹了起来。

我并不害怕，因为我认定若不作声，就不会被伤害。强盗中有两个年轻白人。我问他们能否把狗牵来，放在我身边，他们照办了，相当斯文。他们清楚放东西的位置。我眼看着他们径直朝放珠宝的抽屉走去，把母亲送我的那些举世无双的珍宝一扫而光。就是几天前，我还要把那串珍珠项链送给我儿媳、福昌的妻子艾迪斯，但她却没有要，不肯从我身边要走——

这串没有用处的东西。

强盗离开前，把我起居室的电话线从墙上扯掉，但他们没注意到厨房里还有一部电话。幸亏我每天锻炼，左蹬右踢替自己松了绑。我打电话给一位朋友，法国妇女莫尼克·达吉。她报了警，并给公寓服务台打了电话，随即又赶到我家。我若是能找到园光的瞎子求教一下——就是我在北京曾找过的那些老头子，珠宝或许就找回来了。有段时间我常去小珠宝店寻找这些首饰，但总不走运。我肯定现在都到日本了。

前几天，我儿媳指着“时装”杂志上的一幅服装照片对我说：“您为什么不买呢？这衣服式样配您正合适。”

我说道：“艾迪斯，买了又什么时候穿呢？”

当年讲究打扮的无穷乐趣我记忆犹新。记得出席英国议会开幕式的那天，我戴上我最好的珠宝和头饰，一清早盛装前往。但如今，这种活动我就在电视中观看了；整个过程能看得更清楚——而且不费力。多年来，不管我是否愿意，我都得应付那些晚会、舞会和宴会，还要举办答谢活动。对客人，也不管我是否喜欢，必须一律以礼相待。有此一番经历后，我就很讨厌参加大型聚会了。我从不出席鸡尾酒会，对邀我去棕榈滩那样的旅游胜地，也一概回绝。那些地方，一天到晚就是聚会。

此外，要享受时装、打扮、戴珠宝、着轻裘的乐趣，就得有汽车和司机。最理想的再有一名男仆和一位身材合适的绅士陪伴。否则，我倒宁愿与老朋友一起吃顿便饭。我也不在乎把我安排在餐桌的哪一边，只要不在桌下就行。

人未必越老越明智，我的人生哲学或许就蠢得很。然而，我不可能相信其他任何生活方式。我觉得硬把自己插进另一个人的生活里是错误的，我主要是说那些缠住人甩也甩不掉的女人。我认为，那些需要你、喜欢你，与你志同道合的人定会选中你的。结识名人，富豪并不重要，生活中更要紧的是一个人的头脑和性格。狂妄自大的人要敬而远之，男人患权欲病要比女人多。做人要知礼、要纯朴、要直率，避免不愉快的事情，但也不要把人与生活看成就是这个样子。我母亲过去总说：“知足常乐，不要奢求。”

有些人具有一种气质——我两个儿子就有——能把那些爱缠人的人，尤其女人，吸引过去。

我觉得,在我有生之年,有责任阐明我的信念和行为准则。但我也学会，凡事有违心愿的，最好不冲突，而是轻松地说上一句："好啦，你过你的日子，但别指望我去过。"

我的孩子们都知道，他们是我生活的中心，而我和我的两个儿子和女儿菊珍很靠近，他们从不与我争吵。顾德昌是维钧的第一个妻子所生，他现在台湾空军部队服役。

我不相信我了解的那种妇女解放。我觉得每个妇女都该受教育（我若是被送进一所好学校，而不是请人在家教些舞剑、骑侧鞍马之类的本事，那该有多好！），需要时能做事养活自己。我无法想象那种当姘头供男人作乐的下流事。

我认为，做妻子的主要责任，是维持家庭的完整。这样，她可使后代感到家族和传统延续不断。我觉得白种人对老人的态度很野蛮。我看报载温莎公爵夫人参加她丈夫的葬礼后独自回家，感到震惊。有时候，我想起小时候，我家中整天充斥着怨恨和冷漠，简直成了家风。不过我也记得，父亲去世后我在爪哇时，母亲娘家的亲戚对我多么善良，又多么尽心。

我不赞成离婚、易妻、酗酒和过放荡生活。我过去抽烟，1959年，我在马尼拉时，只能等泛美航空公司空运纸烟给我。于是我讨厌起这种嗜好，一夜工夫便戒掉了。我感到非常幸运，因为我知道而且能如此说，我的孙辈都是出色的中国血统青年。他们不吸毒、不酗酒，视我为一家之长，体贴、爱护我。

我仍是老脑筋，认为男人应是一家之长，处于中心地位。不论女人多么聪明、多么能干，她似乎决不可以支配丈夫。若是那样，她就使丈夫雌伏，而自己也就不成其为女人了。丈夫一定要感到他是主人，只有这样，她才能得到他的爱和尊重。我女儿就是这种人，而我，可惜却犯了错误。假如我年轻时学得更明智、更世故些，我可能就会容忍顾维钧对某种女人的诱惑，把它视为小事一桩而不去计较了。

不过，有一件事我做到了，就是保住我这个家没有散。顾维钧把另一个女人带到墨西哥，并在当地中国使馆做了介绍，以后居然在众人面前把她当作夫人。但我认为这个女人是冒牌货。我才是顾维钧的夫人，他孩子的母亲。黄家活着的这辈人中只剩下了我自己。使我引以为自豪的是，艾比的哥哥，我曾照顾过并供其在伦敦上学的宗宣的那个儿子和他妻子于今在巴哈马岛上的家中特地为我准备了一间屋子，还在游艇上为我装修了一间房舱。每逢新年，顾家的孙辈全给我贺年，祝我长寿。他们还非常尊重我的意见。我的外孙迈克尔在底特律工作时，结识了一位美国姑娘。当他带她来看我时，我没有表态。不过，他看出来我并不喜欢她，或者并不欣赏这种异族通婚的想法。他下一次又带来一个姑娘，是位可爱的华人，我立刻首肯。我想他转天就去求婚了。

我儿媳艾迪斯是个艺术家，对我很孝敬。每次她公公邀请她去吃饭，她都要征得我的同意。我女儿菊珍，虽说她职位显要，各方面都很出色，对我也是非常敬重。1972年，她和丈夫首次去大陆探望她夫家人，特别要被引见给她从未见面的婆母（联合国为回国探亲的各国雇员支付路费，两年一次。并非官方派遣，只作为在联合国工作的一种福利待遇。他们夫妇在1974年再度省亲）。这首次远行意义重大。我想去向他们道别，却犹豫是否送他们一直到肯尼迪机场。在这种情况下，菊珍就说，她到我寓所来向我辞行。我知道她工作很忙，为节省她的时间，我就乘车到她寓所去和她话别。我的体贴态度和行事使菊珍深受感动。

我的生活既平静又安宁，因而有时间去回顾往事，并试图以历史为鉴来认识未来。有时候，我夜间失眠，就想起那些自以为永立于不败之地的人物——德国大独裁者希特勒、清朝的皇帝们，尤其是令人生畏的西太后，甚至还想到蒋介石和理查德·尼克松，这些人无一不尝到了失败的苦头。我怀疑，当今那些狂妄自大，自以为超凡的野心家们是否也会偶尔清夜自问自己未来的命运如何。我还看到，那些新生的国家过于重视自己的力量和地位，认为即将成为新秩序的一部分。我不禁记起，就在中国取得联合国安理会的席位时，那些非洲小国是如何表现的。

就我的国家而言，我只盼望着它在所有中国人重新团聚之后变得更加美好。现在，蒋介石已经作古。或许他的宿敌毛泽东死后，我们中国人能再相聚。我确实听说，中国目前正在放弃许多愚蠢的革命政策，例如，那些被赶到农田去做苦力的优秀老艺人，现在被召回，向年轻人传授高贵的古代艺术。否则，这种艺术可能完全失传。或许这两位老人去世后，美国会摆脱其尴尬境地——为一个被其冷落20年的所谓中华人民共和国，而抛弃一个多年的忠实盟友。美国人现在承认了红色中国，以期待它成为美国的贸易对象，并提供金光闪烁的财富。

我的两个儿子都有美国护照。裕昌生在华盛顿，依法取得美国国籍。福昌违背他父亲意愿，也成为美国公民。可是，我现在只有台湾的非外交护照，外出旅游麻烦重重。在我享受了多年的特权之后，让我像乞丐一样等候在门口,实在受不了。我上次去马尼拉一帆风顺。刘锴是驻马尼拉大使。他在毛泽东使节取得安理会席位后，离开联合国。他和夫人，还有他儿子及使馆秘书在飞机上遇到我。就在我走出机场去欢晤我儿子裕昌时，他的秘书便负责为我办好了所有的烦琐入境手续。裕昌因不是外交人员，不得不在外面的炎炎烈日下等候。与他一起的还有数百人，也在等待迎接同机到达的亲戚和朋友。

我没有虚度时光，也毫无厌倦情绪。我在远东参与了两次大生意。我觉得我与印度尼西亚有密切的感情联系。这不仅因为印度尼西亚是我的出生地，还在于我了解那里的人，对他们怀有深情厚谊。从我同印度尼西亚领导人的交往来看，我还认为，这些人富于才智，具有献身精神，比起世界其他国家的政府首脑毫不逊色。

我父亲从来没有像马乔里·波斯特的父亲那样教我如何经商。因为在他那个时代，妇女管理一个像他那样的企业，实在没有先例。但是在那多少个夜晚，我长时间地听他讲，使我对用人和经营业务，尤其在亚洲怎么处理，多少有了些了解。1968年，我与另外两名东方妇女在印度尼西亚开设了一家贸易公司。那时候，印度尼西亚需要多种物资。这样，我们着手经纪采购船只和烟草、自行车等物品。后来，我们逐步设法取得印度尼西亚方面原有的特许权。三个合伙人投入了巨额资金，但到年底，我才知道驻在印度尼西亚的那个女人靠不住。这样，我和另一合伙人被迫结束生意，采取法律手段进行了清理。

此后不久，一家美国石油公司找到我，并付我一笔可观费用，请我打通在印度尼西亚的石油特许权谈判的渠道。我正准备动身去印度尼西亚，但我发现这些人根本不懂如何同那里的人打交道，于是我退回那笔钱，不再插手此事。我知道他们的方法行不通，所以不愿意拿钱做一次明知徒劳的旅行。

目前，我正会同美国律师和另外一些印度尼西亚律师，设法索回我父亲留给我的产业。其中有些已由我的亲戚——母亲家的人——访查清楚了。可是，确认我的所有权是个很复杂的过程。因为我父亲那个时代，华侨不享有法律上的任何权利，也没有白纸黑字的合同或记录。我了解其中困难，并保持要打赢这场官司所必需的耐心与灵活。假如我处在一个不同环境，遇到历史上更开明的时代，我知道我本可以接管父亲的企业，并如同父亲在世那样引导它渡过历史上的困难时期的。

然而，正如父亲当年所意识到的，我也意识到回顾往昔毫无意义。我现在这种境遇也有其长处：我不再为日常生活琐事而分心。自从被抢之后，我如果继续戴着珠宝四处去，孩子们就会为我的安全担忧。他们催我把珠宝统统卖掉。这想法我不赞同——我的珠宝并非代表我的财富而是反映我的个性——不过，我也知道把它们存放在保管库里用处不大。这样，我就选了些翠饰拿到纽约第五街最有名的珠宝商那里。我和他们是老相识，也信赖他们。他们开出收据，说这些饰物鉴定后开价。价钱一开出我就大吃一惊。那点钱不过是我买时价格的零头儿，更不必说它们的现值了。我再去时就带上我的律师。我需要有证人来证实，我全部珠宝原样归还。后来，珠宝商解释一番，说那是误会，所开出的只是一件的价钱，并非全部。即便这样，开的价钱也太低了，我拒绝出卖，于是他们立刻加价一倍。我感到左右为难，就去请教一位国际翡翠玉器鉴定权威。他能定出这些首饰的实在价格。我什么时候准备卖，他就为我提供准确的价格。

偶尔为参加某些特别晚会，我就从保管库拿上几件珠宝来戴，以便聚会时取乐于我的朋友们。譬如，我就戴那件碎宝石镶边的大红宝石腰带扣，非常漂亮，实际不很值钱。这件带扣是达赖喇嘛访问北京时送给我的。而且，由于当时送给我的场合，这件礼品对我具有特殊意义。当时，达赖是在雍和宫的坐床殿接见我和顾维钧的。

我如果出门旅游，就宁愿回到东方。1959年，我在香港住一年。回去时把我的儿媳和两个孙子带到了纽约。1967年和1968年两年，我接连去了新加坡、曼谷、东京和香港。不过我的家在纽约。那里有我的朋友，身边还有年轻人——有我的孙男孙女、侄女艾比，还有姨侄鲍勃·简。我尽可能去亲近我的姨侄女、我姐姐的那个孩子。但她在家中只与一个人、我女儿菊珍相好。我并不记恨她。我风烛残年，余生有限，现在活着就需要珍惜。

1969年，我在东方。我姐夫严恩槱在纽约去世。我同他与同简崇涵（我姐姐的第一个丈夫，死在印度尼西亚。姐姐和我没掉一滴眼泪）一样，并不熟稔。但我们关系一向不错。我觉得姐姐待他很不好。有一次他准备离开她，是我恳求他哪怕仅仅是为了母亲的缘故留下来，因为我那时还在英国。我想，随着时光的流逝，他和琮兰都已进入老龄，惯性起了作用。不过，他的死，也可以算作一个篇章的结束。我收到电报后心情不安，但又觉得没有必要再绕半个地球返回去参加葬礼。所以，我没有回美国。

1970年，我回到纽约后，常常去看望我姐姐。她住在帕克大街，离我住的东河公寓不远，相聚很顺利。可是我发现，无一例外总是我去找她，她却难得来看我。她把时间全花在她女儿莉安的身上了。莉安的年纪与菊珍相仿。而且，姐姐还与儿子鲍勃及儿媳吵过架。鲍勃的妻子是中国驻智利大使的女儿。

一天午后，我去看望我姐姐时，把一只贵重的玉镯丢在她柜子上。当天晚些时候我再回去就找不见了，我敢肯定玉镯让她女仆给拿走了。但我姐姐却告诉我不要声张。否则，女仆一气之下会离开的。那只玉镯虽说值钱，但这并不关紧要。我恼的是，琮兰仍像往常一样，首先想到旁人，为别人的情感担忧，而不是首先想到我。我并不生气，只是觉得伤心。所以后来的几个月中，我就很少再登门了。

后来有一天，我女婿打来电话，告诉我琮兰因患癌症无法动手术，从医院被送回家中，生命垂危。我急忙赶去探望。她身体极为虚弱，但她开了口，语气近乎渴望："我可好久没见到你啦。"那天下午我就一直坐在她床边。她时而小睡，时而和我交谈。我们没讲什么重要事情，只是姐妹之间的交谈。最后我看她实在疲倦了，于是起身离开。我很高兴能和她待上一个下午。因为转天我再去时，她已昏迷再也没有醒来。

我不知道是谁请的顾维钧来致悼词，我推测是我姨侄女，也许是他主动要求的，因为我姐姐后一个丈夫是他上海的同学。不管怎样，他还算顾及体面，没有带那个女人前来。我们说了话，他说他为我姐姐感到难过。我想这是由衷之言。他身体看来还不错，除此之外，没引起我任何反应。自然，他比先前老了。

我姐姐和母亲都葬在姐姐早先在哈茨代尔买下的那块墓地中；我姐夫的骨灰葬在一块大石板下面。我打算死后火化，但不埋在石板下。我要我儿子把骨灰带上高山之巅，随风撒去。我不知道我那时能否也回到那儿旁观。我想我一定会的。

我遇到过能预知自己死期的人，我可办不到——这也使我感到庆幸。不过，女人怀孕时我能看出孩子是男是女，我自己怀孕时就知道。我外孙女在瑞士临产时，家人都认定是男孩。我却在几星期前就告诉菊珍："你千万别失望，是个女孩。"我果然说得不错。

我多次听说过，菲律宾的巫师靠信仰治病。华盛顿的一位朋友告诉我，她患静脉曲张，那里一位巫师为她动过手术。他手往她腿上放一放，腿就被切开。他随后取出静脉递给她。她说那些静脉样子就像一根根线头儿，而且伤口马上就能愈合。她伸出腿让我看，样子完全与正常人一样。此后，她又带她女儿去菲律宾找那个人，原来姑娘背部血管有三处栓塞。美国医生告诫说，血栓要是到达心脏，孩子性命难保。这位巫师用手指了指那三处血栓，接着就从背上取了出来，留下三个白点很快就消失了。在这以前，我的朋友路易斯·安斯伯里曾要她女儿脱下衣服让我看过患处。我还听说，曾有两个患晚期癌症的男病人从瑞士飞到菲律宾来接受信仰治疗，巫师为他们动了手术。他们回去后，西方医生就说癌症已100%地根除了。

这样，我上次在菲律宾住时得了病，就决定去找路易斯·安斯伯里荐举的那位巫师。由于菲律宾气候变幻无常，我关节滑囊炎突然复发，左臂几乎抬不起来了。我儿子把他的车连同能讲英语的司机，还有秘书一起交给我使用，这样，那位秘书为我约好时间，我们一天下午前去那里。

候诊室挤满了美国人和菲律宾人。我要求主持诊所的医生给我看，但他并不重视我。轮到我就诊时，我被带进一间屋子，样子很像家具齐全的饭店卧房。一个年轻巫医——不是那位名医——提着一台电动按摩器走了进来，告诉我脱掉外衣。他在我臂膀上按摩了约五分钟，离开时告诉我到服务台去交费。服务台的人说，诊费须交300比索——约合12美元时，我很生气。我的胳膊不见好，又没有受到名师治疗，况且那按摩器我家里也有。我秘书机警地解释说，夫人上午外出购物没剩下钱交诊费。

几天后的一个晚上，我与几位朋友吃饭时，向他们讲了这段经过。他们说，人们认为那位名巫医的法术已丢得一干二净，现在不过是个骗子，专从轻信的人身上捞钱。可是，刘大使夫人建议我去找她听说过的另一位信仰治疗巫医。此人非常纯朴，叫乔·奥贝托。他在远离市镇的一所陋室，施法行医。转天我们就驱车前往。一见到等在那里的大小车辆，凯迪拉克、吉普和自行车，长长一列从山上排到山下，我就大吃一惊。诊所很小，却干净得一尘不染，就像乔·奥贝托本人一样。靠墙有一圈木椅，四壁贴着耶稣和圣母玛利亚的彩色画像，为烛光所映照。屋子正中有一张大桌子，铺着一块干净的塑料台布。奥贝托口操一种听起来好似马来语的本地方言他加禄语，由裕昌的司机译成英语。他让我脱去外套躺在诊台上，脸朝下，也没给我施催眠术。我的秘书就站在旁边，一切她都目击。奥贝托既没为我量血压，也没问我年龄或有什么其他疾病。我只是感到他在我背上轻轻点了一下，毫无痛感。在那片刻中我担心又是个骗局，接着他指给我看，在他助手端着的一个玻璃碗中有一团黑色的黏块，带有淡淡血迹，他对我说这东西将被烧掉。我的秘书告诉我，这黏块是他从我肩里拿出来的。伤口只流了一点血便马上愈合，不留一点疤痕。然后，我就穿上外套回家了。

遵医嘱，三天内我不得浸洗全身或进任何冰镇饮料。他解释说这是惯例，已婚的还要忌房事。奥贝托没有提收钱。我的秘书在桌上放下一张10比索的票子，看来他很满意。

整个一星期我感觉良好，但后来又疼起来，连我那沉沉的手包都提不起来。于是我又去找奥贝托。他解释说疗程并未全完，肩里仍留有一小团黏块。这次，他切开我部分肩膀，依旧不觉疼痛，伤口流点血，没有缝，也没留疤，只是取出一小团黏块，比上次小得多。我回家后仍按医嘱惯例行事，三天后便痊愈了。在后来的三个月访问期间，我一点也没再犯关节滑囊炎。

可是我患了感冒，体温高达101华氏度。咳嗽、扁桃腺发炎，鼻窦也疼得厉害，我不得不取消与儿子共进午餐的约会。我儿子要派他的医生来为我看病，我说不必。我穿上衣服，坐车来到奥贝托施法的那个陋室。这次奥贝托没在家，他兄弟阿莱克斯为我看病。候诊的足有一百多人——欧洲人、美国人，还有菲律宾人——但我秘书解释说我病得特别厉害，这样我立刻被带了进去。我又躺在那张台子上，这次是仰卧。阿莱克斯用一个指头指着我脖子，接着轻触一下。我秘书告诉我脖子被切开了，他从里面拿出一小团血红的黏块。然后我起身回家了。那天下午我一点不见好，但当晚我能入睡，转天醒来，便不再发烧头疼，扁桃腺也消肿了。突然间我想咳嗽。头天晚上，我秘书在我床边放了一个碗。我端起来，一股可怕的绿色黏液从嘴里涌出，吐了一碗。我看着恶心，把它倒进了厕所。我吐完后立刻好了，告诉儿子医生不必来了。

就在我准备动身返美时，我又去奥贝托那里一次。每次诊费不过10比索。我那天5点左右从市场走回家时扭伤了踝骨，疼得厉害并肿了起来。我不愿意这样乘机回去，就让司机开车带我到奥贝托家里去。我们到那里时，天色已晚。但奥贝托还在，好像专门在这种热带地区昏暗时刻等着我来。这次他说："我们不必切开了，这不算病。我这次用磁疗。"他让我坐在椅子上，自己蹲在我面前，用力握住我的脚左右扭动。接着按摩我的腿，从下一直按摩到大腿根部。我感觉腿非常舒服。他又把手放在我踝骨上方，我只感到一股疗效奇特的热气。若是别人如此告诉我，我是决不相信的。然后他对我说，凡事要成双，所以我须转天再来，双腿一起按摩。

我转天早晨到那里，跟他解释说，我第二天动身起程。他按摩了我双腿后，告诉我不会再出麻烦。果然我病去肿消，也不疼了。随即他让我站起来，从头部向下抚摸我的脊梁，边摸边说："这意味着彻底治疗。治好踝骨，使关节滑囊消炎，您回美国时一切痊愈。这就算我的送行祝福吧。"

我计划定期到菲律宾去，看望我儿子并资助奥贝托兄弟。我一生并非总是那么荣耀。或许外人看来，这种好生活令人向往，求之不得。可是，我体验到的不幸太多了。在我年事已高、阅历丰富的今天，我足以意识到这就是生活的一部分。世上无人不遭受折磨，或是这方面，或是那方面，正因如此，才使我们相识、相怜。我相信我来生会学到更多东西，生活起来会更有作为。我认为用不到上百年时间才转世，而且我一旦转世，相信会与旧友重逢的。我想我大概没有见到我转世的父母，但现在述说不定。

我离开华盛顿时，听说顾维钧与那个女人和她一家人搬到纽约芒特弗农场的一幢住宅里，王管事跟着他。王把对维钧已故前妻的忠诚奉献给我。他不但是我的总管，还是一位忠实、可靠的朋友。我感到我们夫妇分手刺伤了他的心。据说王管事死于心脏病，但我觉得那是因为他看到自己为之尽瘁的一切瓦解冰消而忧伤致死。

我有许多热爱我的好朋友，这就是对我的一种报答。既然旧友已经故去，我就结交了一些年轻的朋友，并从中得到了快慰。我想到我的律师、福昌的朋友马克斯·布劳克。他为处理我的琐事花去大量时间，我想到萨顿广场我邻居那两个年轻单身汉乔·艾伦和贝尔·勃克雷。他们在我做胆囊手术出院回家后，经常为我端盘子送饭。

我还想到我的狗。这些年来，它们各以不同方式给我以忠爱和欢乐。我希望有朝一日，这些狗、我的"犬子"，也将再生转世。如果是这样，我知道我们一定还会团圆的。